U0903812

本书受中共重庆市委宣传部与重庆师范大学
部校共建重庆新闻学院专项经费资助出版

“巴山传媒论坛”文库（一）

FANSIYU DUIHUA

反思与对话

中国广播电视改革开放四十年

颜春龙　赖黎捷　主编

中国社会科学出版社

图书在版编目（CIP）数据

反思与对话：中国广播电视改革开放四十年/颜春龙等主编.
—北京：中国社会科学出版社，2020.6
ISBN 978-7-5203-6030-2

Ⅰ.①反… Ⅱ.①颜… Ⅲ.①广播事业—成就—中国
②电视事业—成就—中国 Ⅳ.①G229.2

中国版本图书馆CIP数据核字（2020）第035408号

出 版 人 赵剑英
责任编辑 陈肖静
责任校对 刘 娟
责任印制 戴 宽

出 版 中国社会科学出版社
社 址 北京鼓楼西大街甲158号
邮 编 100720
网 址 http://www.csspw.cn
发 行 部 010-84083685
门 市 部 010-84029450
经 销 新华书店及其他书店

印 刷 北京明恒达印务有限公司
装 订 廊坊市广阳区广增装订厂
版 次 2020年6月第1版
印 次 2020年6月第1次印刷

开 本 710×1000 1/16
印 张 16.5
字 数 238千字
定 价 86.00元

凡购买中国社会科学出版社图书，如有质量问题请与本社营销中心联系调换
电话：010-84083683
版权所有 侵权必究

纪念改革开放40周年：中国广播电视发展论坛暨新时代卓越新闻传播人才培养论坛

2018年12月18日

论坛合影

纪念改革开放40周年
中国广播电视发展论坛
暨新时代卓越新闻传播人才培养论坛
颜春龙
大会现场

念改革开放40周年
国广播电视发展论坛
新时代卓越新闻传播人才培养论坛
ning Forum for Journalism & Communication Elites in the New Era
纪念改革开放40周年
中国广播电视发展论坛
专场：
传媒学术前沿与期刊主编圆桌论坛
圆桌论坛

胡占凡　中国文联副主席、中国电视艺术家协会主席、中国广播电影电视社会组织联合会副会长、中国电视台原台长致辞

牟丰京　重庆广电集团（总台）党委书记、总裁（总台长）致辞

蒋晓丽　四川大学文学与新闻学院教授、博士生导师、教育部新闻传播学教学指导委员会副主任、中国传播学研究会副理事长致辞

论坛嘉宾

论坛嘉宾

论坛嘉宾

序　言

2018年，时值中国改革开放40周年。乘国家飞速发展之东风，40年来，中国广播电视事业不断进步，经历了从“四级办广播、四级办电视”到卫星、有线“星网”结合的立体传播网络，从“事业性质、企业管理”到锻造产业链的辉煌历程。同年，中宣部和教育部推动的部校共建新闻学院建设走过第一个五年，两部委出台《关于提高高校新闻传播人才培养能力实施卓越新闻传播人才教育培养计划2.0的意见》，对新时代的新闻人才培养提出了新的全面要求。

“纪念改革开放40周年：中国广播电视发展论坛暨新时代卓越新闻人才培养”论坛正是在这样的时代背景下隆重举行，来自全国各地数十所高校、科研机构、广播电视媒体的两百多名专家、学者共襄盛举，回顾历史，展望未来，共同探讨媒介与社会、产业与教育如何跨界融合、协同合作，画好两个同心圆，为我国广播电视事业和传媒人才培养贡献智慧和力量。本次论坛和相关成果的结集出版，既是对广播电视事业发展经验的回顾与总结，也是对部校共建成果的梳理与下一步计划的探讨，对进一步推动我国广播电视事业向纵深发展，对深入贯彻和实施卓越新闻传播人才培养计划2.0都有着特别的意义和价值。

进入21世纪，新媒体的崛起搅动了媒介生态格局，广播电视受到巨大冲击，媒介融合已经进入纵深发展阶段。党的十九大指出，中国进入了新时代。这个新时代是承前启后、继往开来的时代。我国社会主要矛盾已经转化为人民日益增长的美好生活需要和不平衡不充分的发展之间的矛盾。随着移动互联网的普及，媒介社会化与社会媒介化趋势日益凸显，人工智能、5G技术在传媒领域的应用极大推动着视听传媒产业的发展。

作为日常生活的重要组成部分，广播电视如何利用新技术、节目如何创新以满足人民日益增长的美好生活需要，成为本次论坛的重要议题。

事业发展，人才为要。广播电视节目创新、新技术运用、产品研发离不开产学研协同合作，离不开一大批具有牢固马克思主义新闻观、“脚力、眼力、脑力、笔力”功底扎实的新时代全媒化复合型专家型新闻传播人才的培养。新闻院校必须主动适应信息社会的深刻变革和媒体融合纵深发展的新趋势，关注行业前沿动态，及时融入技术变革新趋势，将新闻传播教育推上新台阶。“智能时代与视听传播”“传媒教育与高校实践”等分论坛围绕相关议题展开了卓有成效的研究与探讨。

习近平总书记在党的十九大上强调指出，要高度重视传播手段建设和创新，提高新闻舆论传播力、引导力、影响力、公信力。此次论坛着眼在对广播电视融合变革与节目创新的探讨中提升理论与业务水平，在对改革开放和部校共建的回望中总结经验、发现问题，在对卓越新闻人才培养与行业需求的对接中产生碰撞与共鸣，是践行习近平关于新闻舆论工作系列重要论述精神的一次尝试。从实践中来，到实践中去，也是此次论坛的应有之义。

过去已成历史，未来充满可能。衷心期望广播电视事业长盛不衰，新闻传播英才尽展风流！

王国庆

2020 年 3 月 5 日

（王国庆：重庆新闻学院院长，原中央外宣办、国务院新闻办副主任）

目　　录

第一辑　改革开放40年与广播电视变革

第二辑　智能时代与视听传播

第三辑　媒介创新与社会发展

第四辑　传媒教育与高校实践

跨界融合：媒体转型发展与人才培养变革

——“纪念改革开放40周年：中国广播电视发展论坛暨新时代卓越新闻人才培养”论坛综述

颜春龙　赖黎捷*

科技与文化深刻影响人类进程。当下，信息技术全面改变了我们的文化形态，我们已经进入了二者互渗共融的新时代。[①]跨界融合成为各行各业转型发展的一个关键词。2018年是改革开放40周年，是中国广播电视飞速发展，取得辉煌成就的年头，也是广播电视媒体进入转型发展深度融合的关键节点；2018年是中国特色社会主义进入新时代的开端，也是教育部会同多部门实施系列卓越计划的第9个年头。总结过去，把握时代机遇，是广播电视媒体谋求发展的应有之义；贯彻落实马克思主义新闻观的统领人才培养全过程，为媒体转型发展输送政治过硬、本领高强的卓越新闻传播人才，成为传媒高等院校义不容辞的责任。

在此背景下，由全国首批部校共建新闻学院之一的重庆新闻学院（重庆师范大学新闻与传媒学院）发起，在中国广播电影电视社会组织联合会的指导下，搭建政府与企业、学界与业界等多主体跨界交流平台，联

---

* 颜春龙，男，江西永新人，博士，三级教授，美国布法罗纽约州立大学传播系访问学者，现任重庆师范大学新闻与传媒学院（新媒体学院）院长，重庆新闻学院副院长。主要研究领域：环境新闻传播、文化传媒产业、传媒法与社会治理、海外华人传媒、影视传媒艺术。

赖黎捷，女，重庆璧山人，博士，教授，现任重庆师范大学新闻与传媒学院（新媒体学院，重庆新闻学院）副院长。主要研究领域：广播电视文化，新媒体传播。

① 张颐武：《跨界时代：文化与科技相互改变》，《中关村》2012年第8期。

合主办了“纪念改革开放40周年：中国广播电视发展论坛暨新时代卓越新闻人才培养”论坛，2018年12月18—19日在重庆师范大学隆重召开。论坛由“改革开放40年与广播电视变革”“智能时代与视听传播”“媒介创新与社会发展”“传媒教育与高校实践”四个版块组成，来自全国近60所高校，近30多家科研机构、学术期刊和业界单位，150多名专家学者和近70名研究生参加，围绕改革开放40年来我国广播电视的发展、转型与创新，新时代卓越新闻传播人才培养改革展开反思与对话，共议媒体融合守正创新、繁荣发展之路及其与传媒教育跨界合作、协同育人之路。

一　回顾与反思：40年发展历史、现实与突破

40年来，我国经济社会发展取得了巨大成就，广播电视事业的发展与繁荣也取得了显著成效。回顾历史，梳理经验与教训，成为与会专家关注的焦点，与此同时，学者们面对科技与文化互渗共融的社会现实，围绕媒介新生态下广播电视媒体面临的挑战与突围等重要问题各抒己见，共谋发展。

1. 从探索到融合：40年发展辉煌历程

关于我国广播电视发展历程，主要有“三阶段”“四个时期”“五阶段”等观点。“三阶段”论认为，中国电视发展和变化过程与逐步成为世界电视强国的轨迹是相吻合的，都经历了起步、辉煌、挑战三个阶段（洪俊浩，中国电视40年发展与变化的回顾与展望）。“四个时期”论从中国广播电视管理体制的变革角度将中国传媒发展40年历程划分为起步期、高速发展期、改革期和融合发展期四个历程（杨驰原，我国传媒业40年变革与发展趋势）。“五阶段”论通过全面梳理事业发展、宣传工作、体制改革、产业发展、媒体融合、国际传播等八个方面的成就，提出中国广播电视发展经历了探索发展（1978—1982）、规模和影响力扩大（1982—1992）、创新发展（1992—2002）、快速发展（2002—2012）和媒体融合（2012—2018）五个不同的发展阶段，认为改革开放

40 年最大的启示就是坚持中国特色社会主义道路（覃信刚，改革开放 40 年：中国广播电视主要成就、主要经验及启示）。

中国广播电视发展离不开正确的方向。与会学者还达成以下共识：坚持马克思主义新闻观、坚持党的领导、坚持以人民为中心的宣传导向等是我国广播电视持续稳定发展的宝贵经验；发展有中国特色社会主义的广播电视，就要坚持解放思想，与时俱进，兼顾新闻规律与市场规律；努力使我国广播电视早日走进世界舞台中央，是中国广播电视工作者的光荣使命和再造辉煌的起点。

在 40 年广播电视发展历程中，以广告业作为表征和重要维度的发展历程受到关注。有业界精英指出，我国广告业发生了巨大变化：经历了从恢复阶段（1979—1981 年）到初级发展阶段（1982—1992 年），从快速发展阶段（1993—1997 年）到高速持续发展阶段（1997—2014 年），再到转型升级（2015 年至今）共 5 个阶段。广告主对产品的推广宣传从媒体扩展到移动性社交媒体，交互数据使用户更富黏性、更准确化，微信、微博、抖音大行其道；广告代理公司受到咨询公司和广告主自主设立的市场部巨大冲击而飞速下滑，取而代之的是以互联网、人工智能为支撑的数字广告企业；职业或非职业用户举报倒逼广告管理以“绿色”广告为愿景，多管齐下；媒体盈利从传统广告盈利向多元盈利模式求突破（赵随意，明者因时而变 知者随事而制——改革开放以来媒体经营形态的变革）。

改革开放 40 年来广播电视研究的发展则是学界较为关注的另一个重要维度。比如，有学者认为，中国广播在探索与革新中不断走向成熟，走向繁荣，广播研究也取得了丰硕的成果，广播的史学研究、理论研究、业务研究都有新的突破；广播史研究由分散的资料搜集向系统研究跨越，广播理论研究由肤浅向深入推进，广播业务研究越来越细化，广播研究领域不断拓展，广播研究队伍与学术平台逐步扩大。（申启武，改革开放 40 年：中国广播研究的主要成果与存在问题）。

此外，基于媒介融合背景下影视文学品质的发展变化也引起了学者关注，有学者聚焦网络文艺形态的多样化类型的背景，考察影视文学的生产变革，发现影视剧文学品质发生了革命性变化，影视文艺中的受众在扩散性、单向性、批判性、生产性等方面也发生了本质转变。

2. 从机制演变到供给侧改革：现实动力与关键问题

广播电视事业的发展深深植根于其外部环境，其发展与不同时期社会发展进程中的政治、经济、文化等密不可分。在广播电视事业内部，特定的管理体制和运营机制，特定的媒介生态环境，以及特定的技术环境都成为影响发展方向与道路的重要因素。与会者分别从电视内容生产与社会变革、广电产业改革发展的关键节点等宏观视角，电视剧发展流变的动力机制等中观视角以及联欢晚会、真人秀等节目发展等微观视角全方位、多角度探讨我国广播电视事业发展的现实状况和亟待解决的关键问题。

学者们围绕传播理念、传播内容和传播技术等方面的变化，对 40 年中国电视新闻生产与社会变革进行了详细的梳理，从宏观视角阐述了中国电视在体制与机制创新上进行了不间断的探索，认为中国电视在管理、经营、内容传播、技术升级等方面取得了突出成绩，面向新时代，应清晰、全面地认识并担负起信息传播与舆论引导责任（庄森，改革开放 40 年中国电视新闻生产与社会变革）。第一条商业广告播出、四级办台、广电产业集团化建设、广电网络上市、人事制度改革、三网融合、制播分离、广电业机构改革、媒体融合时代的广电产业转型、广电业供给侧改革的“四则运算”则被概括为中国广播电视产业发展的十大关键节点（郑勇华，贵州民族大学）。

对电视机制演进和重要电视节目发展动力机制的探讨则从中观视角回顾了广播电视发展。媒介情境变迁搅动媒介生态。媒介环境学和场域理论成为考察 40 年来电视媒体发展的一个新视角。有学者认为，电视媒体的发展经历了四个阶段，即图像场域下电视复现机制的拟态环境、视听场域下电视仪式机制的超构情境、移动场域下电视时空机制的聚合困境以及融媒体场域下电视嵌入机制的创新拓境，并指出，电视媒介的发展与社会转型期的政治、文化、经济有重大关联，它提供了一个理解、呈现、诠释中国社会的路径（陈文敏，媒介场域视角下电视机制及其演进创新——以改革开放40年为进路）。电视剧作为电视收视市场的半壁江山，受到学者关注。有学者指出，在中国电视剧产业化路线及制作路线中，电视台的播出需求是推动中国电视剧发展的最强动力。中国电视剧60年来的发展历程表明，投资、需求/消费与政策的推动是其发展的幕后推手，如何整顿当下电视剧产业的资本乱象，重整电视剧产业昔日雄风很大程度上取决于上述三大动力机制的调适（张国涛，从直播小戏到时代艺术——中国电视剧发展流变的动力机制）。

对特定节目特定问题的思考则展现了学者们对我国广播电视发展的微观观察视角。春节联欢晚会是综艺节目的一个典型代表，其发展变迁既代表着媒介文化的变化，也蕴含着仪式化传播背后深层的家国意识与族群认同。来自藏区高校的学者以藏历新年电视联欢晚会为例，阐述了“藏晚”的流变以及构建中华民族共同体意识的仪式化表征（袁爱中，改革开放40年来西藏电视台藏历新年电视联欢晚会与中华民族共同体意识建构）。真人秀节目中的“类媒介事件”现象也受到学者关注，认为类媒介事件的内容虽然缺乏严肃性和仪式化特征，但大众传媒机构利用自身传播系统使其规范化，并达到类似媒介事件的传播效果（张建，改革开放40周年之真人秀娱乐节目回望）。

此外，从传播学、文化学等跨学科视角对当代屏幕文化和媒介生态等问题的学术梳理与反思也带来启迪与碰撞：传统的以语言文本及其作为符号媒介为基础范畴的传播理论、文艺理论，正转向以媒介生态为核心概念的融媒体文化理论（杨尚鸿，重庆大学美视电影学院）。

3. 新技术塑形下的突围之路

新技术重塑人们的生活方式，新技术变革媒介生态。中国广播电视事业经历了全面的变革和快速的发展，实现了三次重大突破：第一次是以第十一次全国广播电视工作会议和中央批准调整发展方针为标志，以实施“四级办广播、四级办电视、四级混合覆盖”和推动以新闻改革为龙头的全面改革为主要内容；第二次始于20世纪90年代初，以技术突破为特征，以有线电视和卫星电视新技术的运用为标志，以有线电视台建立、有线电视网络建设、有线电视用户发展和卫星电视频道开播为主要内容；第三次始于新世纪直至当前正在进行，以整体转型为特征，以体制改革、数字化和产业化发展为标志，以体制上从计划事业型向事业产业型转型、技术上从模拟技术体系向数字技术体系转换、功能上从传统传媒向现代传媒转变为主要内容。①

由于我国长期以来实行“四级办广播、四级办电视、四级混合覆盖”的管理体制，一方面，广播电视媒体属于国家所有，由政府主办，另一方面，在管理上呈现“条块结合，以块为主”特点。然而，随着社会主义市场经济体制的不断完善和媒体发展进入深度融合与转型期，作为运营主体的广播电视媒体面临严峻考验：地域发展不均衡，资源整合受限制，媒体融合不到位等问题日益凸显，特别是西部不发达地区省级卫视如何在全国市场中保持竞争力，地方电视台垂直频道如何在视频网站、省级卫视的重重包围中谋求发展，成为业界精英尤为关注的问题。

对此，与会业界精英大都将出路聚焦在媒介新技术上，一致认为，拥抱新的传播方式，充分利用新的传播手段，无疑可以改变落后局面。以内蒙古卫视为例，其在全国排名第26位，作为边疆省份，沿袭传统思路将导致其深陷困境，他们将突破点放到了融媒体产品的创新与制作上，联合人民网、中国社科院打造的融媒体产品——《马克思靠谱》使其在2018年两会期间的排名跃升至第16位。（张铁敏，伟大更要有人懂）与此有类似经验的是重庆电视台少儿频道，其传统运营模式一度遭遇困境，作为核心收视群体的青少年不具备直接消费能力，需要获得家长的同意和帮助才能实施购买行为，这导致少儿频道的节目缺乏广告竞争优势，创收艰难；与此同时，同一城市多个少儿频道落地竞争，央视少儿、北京卡酷、上海炫动、江苏优漫、湖南金鹰、广东佳嘉，都以卫星卡通频道加IPTV的方式实现了重庆市场落地覆盖，使本来就偏少的少儿广告资源再次分割；《新广告法》的出台对儿童媒体广告播出内容作出严厉限制，发布不慎动辄触碰底线。面对上述困局，少儿频道探索出“两圈一链”运营策略：打造少儿媒体融合圈、家庭生活服务圈，发展亲子

① 黄勇：《中国广播电视事业发展和体制改革》，《中国广播》2006年第5期。

产业链。（田缨，亲子垂直生态圈的构建与模式探讨——专业少儿频道运营策略）

新技术带来的不仅是业界发展的困局，还掀起了一场视频转向的革命。大部分学者较为关注电视发展，而忽略了广播发展，学界较为普遍地存在着重视频轻音频甚至认为“广播无学”等极端看法。广播研究存在的学科建设非系统性与学科发展边缘化、业务研究含金量不足、理论研究相对薄弱、研究方法、陈旧单一及理论批评和学术论争意识不强等问题，对广播的研究造成了一定的影响（申启武）。广东广播电视台副总编辑、南方财经全媒体集团总编辑赵随意则强调，在发展遭遇挫折的时候，改革是唯一出路，“与其抱怨，不如改变”。

二　融合与创新：区县融媒体中心建设与智能新技术

2014 年 8 月 18 日，习近平主持召开中央深改组第四次会议，指出要“推动传统媒体和新兴媒体融合发展，强化互联网思维，着力打造一批形态多样、手段先进、具有竞争力的新型主流媒体”，指明了未来新闻业的发展方向。此次论坛汇聚了全国广播电视媒体、广播电视高等院校等各界人士，媒体融合发展与转型创新成为另一个重要议题，其中区县融媒体中心建设的现实问题和人工智能、大数据在媒体变革中的重要作用成为两个备受关注的话题。

1. 从相加到相融：媒介生态变革的走向

中国广播电视媒体的融合发展经历了从“我中有你，你中有我”到“你就是我，我就是你”的曲折发展道路，经验与教训并存，困境与希望同行。重庆广播电视集团通过打造重庆网络广播电视台（视界网）、重庆有线网络和“两江云”平台，一方面加强顶层设计，进行平台网络化、渠道生态化、内容产业化“三化”布局，另一方面，积极探索推动创新开放聚集融合，谋划新闻内容与产业项目的集群化发展。在此基础之上，为融合发展提供体制机制和人才保障，大力探索产业经营与宣传业务分离机制，推进混合所有制改革，加大人才激励和引进机制建设，取得较大进展（牟丰京，以“三化”促融合，以融合促发展）。

“融而不得”或“融易合难”等则是不少广播电视媒体在融合发展进程中遭遇的重重困难，普遍存在如融媒通畅度被区域属性制约、平台大数据的技术支撑薄弱、“庙堂式”文化思想根深蒂固等问题。就整体而言，我国广播电视媒体融合存在四大误区，一是仅仅开辟特区而非整体转制，不能突破体制内外有别发展瓶颈；二是仅仅是中央厨房而非打造一体化平台，陷入全媒体融合的操作误区；三是一股独大而非混合型经济，难以开辟主流媒体转型市场空间；四是固守台网分离而非应变台网合一，不能夯实主流媒体平台稳固基石。惟有认清新常态，方能跨入新阶段（朱剑飞，风起正是扬帆时——历史转折中的中国广电传媒）。

身兼广播电视媒体管理者和研究者的中国广播电影电视社会组织联合会学术部主任张君昌认为，传统媒体在新媒体快速发展的冲击下必须面向市场进行结构转型、盘活市场资本、采用大数据分析、引进柔性人才策略，使得媒体优势互补一体发展。区县融媒体中心建设则要扎实推进培养互联网平等思维，采用去中心化市场化运作，构建新的产业群。

关于广播电视媒体融合发展如何突破困局，业界与学界达成共识：必须把握机遇，内外并举。美国纽约州立大学传播系终身教授，博士生导师，哈佛大学费正清研究中心研究员洪浚浩教授根据其在 CNN 的实地调查指出，中国电视要发展，则要与新媒体融合、电视内容与时效的结合、传统电视与其他媒体形式的融合，并用“我们还有机会，但不会太久”强调中国电视媒体应把握机遇，借鉴国外先进经验，实现再度辉煌（洪俊浩，中国电视 40 年发展与变化的回顾与展望）。原云南广播电视台台长覃信刚认为，中国广播电视要有更大的改革，必须再次突破体制改革，进行频率频道的整合，广播电视类型的改变，经济制度的改变，理论研究要走出去，同时还要进行内部的融合。中国传媒大学艺术学部副学部长、艺术研究院副院长张金尧教授认为，在新媒体快速发展的当今，网络娱乐用户规模高速增长，网络视频的点击量是电视剧播出量所难以比拟的，这都需要电视剧行业得到警醒。电视文艺要向优秀传统文化要生产力，树立历史自信又警惕“伪国风”；向异彩纷呈的现实生活要生产力，要把握古代文艺理论的当代话语权（张金尧，网络文学在对电视文艺的影响及前瞻）。

2.“媒体”与“非媒”：拨开区县融媒体中心建设迷雾

2018年8月，习近平总书记在全国宣传思想工作会议上明确提出“要扎实抓好县级融媒体中心建设，更好引导群众、服务群众”。11月，中央全面深化改革委员会第五次会议审议通过了《关于加强县级融媒体中心建议的意见》，对建好县级融媒体中心作出进一步指示。区县融媒体中心建设成为媒体融合发展诸多现实问题亟待解决的难题，也成为本次论坛与会专家、学者热烈讨论的议题。

有学者指出，在对政策的趋之若鹜、对媒体融合“跨界”光环的追逐下，县级融媒体中心建设产生了以“效能”与“产能”的混淆、“媒体”与“非媒”的争议、“技术”与“能力”的迷思、“开放”与“封闭”的两难为主要内容的争议和误区，形成县级融媒体中心建设的模糊地带，造成资源的浪费与发展的局限。为了理清融媒体中心的建设思路，规避建设过程中的争议与误区，区县融媒体应把握好“边界控制”尺度，厘清中心各个环节的界限，达到资源和结构的最佳优化，找到融媒体中心发展的最大可能（朱天，县级融媒体中心建设）。

区县融媒体建设的管理者们则围绕建设实践中的现实问题展开了热烈探讨：重庆市武隆县广播电视台台长杨晓涛提出了区县融媒体建设过程中的困惑；重庆市渝中区新闻信息中心主任丁政义指出，县级融媒体中心建设要优化流程，进一步整合现有资源，同时要强化内容品质，才能提升县级媒体的“四力”；重庆市沙坪坝区新闻中心主任黄伟认为，区县媒体融合的关键是突破现有体制机制，创新媒体新闻生产流程。

此外，社会化媒体在人们日常生活中的“沉浸传播”以及用户在区县融媒体中心建设过程中的重要作用，关于“融媒体”“新媒体”和“全媒体”概念的辨析也成为学者们关注的问题。

3. 守正与创新：智能技术开启希望之窗

随着人工智能时代的到来，VR、AI等智能技术和新闻行业的融合推动了传媒业的发展，与此同时文字、图片等传统报道方式面临来自新兴报道方式的严峻挑战。如何处理好守正与创新，如何借助智能技术实现创新，业界与学界在论坛中积极互动、交流对话，互有启迪。

以内蒙古电视台研发的融媒体产品《马克思靠谱》为例，由于其有意识地利用的新传播手段，将歌曲《马克思是个90后》与电视节目《马克思靠谱》以及同名书籍进行整合传播，突破了传统理论节目的固有受众，引发90后的情感共鸣，成功制造了一次媒介事件。《马克思靠谱》销出15万册，首版印制20002万次，并很快售罄。《马克思是个90后》全网推出后，被英国、美国、德国等国家的35家网站、15家纸媒以专访的形式进行报道（张铁敏，内蒙古电视台）。藏语卫视的跨喜马拉雅地区传播实践则通过广域实践、借船出海以及新媒体传播的方式，将内容传播出去，深入践行了“引进来”与“走出去”的理念（韩鸿，西南交通大学）。

VR与传统媒体结合，能取长补短，发挥各自优势。在新闻播报中使用VR技术，能将人带入场景，从而提高大众的接受度，是对媒介的一种扩展（苏米尔，VR影像叙事、语言创新与时代变革）。VR能给受众带来沉浸式的体验，从人工智能、虚拟现实和新闻之间的关系来看，现在的AI已经和新闻处于融合的状态（汤天甜，西南大学新闻传媒学院）。此外，VR和AI等智能化技术所带来的新闻伦理、新闻真假等问题也引起了与会学者的热烈讨论。

短视频的发展是当今智能时代视听传播革新的一大体现，其发展趋势引起了与会者的关注与讨论。澎湃新闻社会新闻部记者王鑫认为，虽然短视频迅速兴起，但内容依然为王。无论技术怎么发展，人们对信息的需求还是存在的。如果受众有所流失，可以去拥抱一下新技术，做一些改变，但还是需要以内容为主。生产与甄别信息是媒体的本质，新技术只是让新闻呈现的方式变得不同。

与会专家深入剖析了音乐移动聆听行为的生成动因，即媒介动因是技术演化与音乐聆听形式变革，社会动因是隔离空间的主观构建与社会交往的“去陌生化”，文化动因是符号的象征性消费与生活风格的自我展示。（蒋晓丽，音乐移动聆听行为的生成动因：基于媒介、社会与文化）

有学者结合传媒发展实际，阐述了当前传媒业十大创新亮点，并分享了对我国传媒业未来发展趋势的看法：技术将引发媒体格局剧变，移动优先将变为移动唯一；传统媒体融合发展形成的影响力将逐步转化实现盈利；区块链技术在版权保护方面将发挥作用（杨驰原，我国传媒业 40 年变革与发展趋势）。

新技术的运用也改变了单一节目形态的内容生产、审美变迁等多个侧面，如《偶像练习生》《国风美少年》等热门综艺节目经历从“审美性”到“社交性”、从“情感生产”到“快感剩余”、从“生产性”到“话语性”等发展变化（牛鸿英，陕西师范大学新闻与传播学院）。

三　未来趋势：跨界合作与跨域传播

广播电视媒体的转型发展亟须传媒教育改革，传媒教育的改革离不开传媒行业跨界合作与协同创新。全球化背景下的中国传媒发展要从广播电视大国迈向广播电视强国，跨国传播则成为题中应有之义。本次论坛在对 40 年发展历程的回顾与反思基础上，围绕上述两个问题展开了关于未来发展趋势的探讨。

中国记协原书记处书记顾勇华指出，马克思主义新闻观素养不足会制约两个“四力”：一是个人层面要提高脚力、眼力、脑力、笔力；二是社会媒体要注重传播力、引导力、影响力和公信力，如果学界业界分开就会导致新闻教育与实践脱轨，因此新闻工作者的培养要与时代发展相衔接，以实际需求为向导，应力求跨界合作，协同育人。这一观点得到了高校新闻院校管理者的呼应。与会者认为，大数据、智能传播、自媒体、融媒体等一系列变化正在形成一个全新的传媒业生态，相应地，国家高度重视网络舆论，不断提高新闻舆论传播力、引导力、影响力、公信力，建立现代传媒体系，全面推进媒体融合，在这种背景下，卓越新闻人才的培养愈加重要（董天策，传媒业变革与新闻传播人才培养）。有学者提出，新型新闻传播人才不仅业务能力过硬，更重要的是具有家国情怀和国际视野，这需要高校不断完善培养体系，注重价值引领，提升全媒化人才培养质量，推动媒体深度融合与行业创新发展（石磊，全媒化新闻传播人才培养）。大学融合型、学科交叉型、特色突出型和定制培养模式被视作高校传媒人才变革中的重要问题（刘国强，媒介技术变迁下的新闻传播本科人才培养模式改革）。

广播电视发展的全球化语境备受关注，中国广播电视应该“走出去”，“把中国的声音传向世界各地”成为与会者共识。在中国特定的媒介生态环境下，媒介变化的内外因与社会发展存在着微妙关系（李家伦，20世纪80年代中国电视改革开放的媒介景观）。近现代跨喜马拉雅地区传播与文化交流频繁，非政府组织担当了跨境传播的重要力量。我国藏语卫视要实现跨喜马拉雅地区传播，需要跨越民族、文化、地域“三重门”，在内容生产上要“内外有别”，注意原则性和灵活性，不仅要“走出去”，还要“走进去”（韩鸿，我国藏语卫视的跨喜马拉雅传播）。有学者分析了中国电视剧海外传播历程，认为现在海外传播的内容已经从单一题材转变到更多类型，传播的推动力量越来越强，传播的渠道也趋于网络化（何晓燕，改革开放40年与中国电视剧海外传播的历程）。围绕“泛亚实践”“世界图景”“华夏形象”的探讨则认为，改革开放以来，中国电视综艺节目在亚洲乃至世界合作中，取得了显著的成绩，电视综艺不仅为观众提供了兼具娱乐与文化的精神大餐、繁荣文化与推动文化产业发展，还在塑造国家统一、文化自信、工匠精神、包容等多方面塑造了中国形象（王作剩，吉首大学）。

本次论坛还组织了卓越2.0背景下全国师范高校传媒教育交流会、传媒学术前沿与期刊主编圆桌论坛学术专场以及传媒新生代学术论坛研究生专场，行业精英、专家、学者们在论坛中各抒己见，相互碰撞，凝聚了相当的共识。论坛总结了改革开放40年来中国广播电视发展的历程和取得的辉煌成就，既有实践的总结，又有理论的思考；论坛对中国广播电视媒体融合与创新中的重点与难点问题展开了讨论，既有思想的交流，又有观点的碰撞；论坛还对媒体转型发展的未来趋势进行了展望，跨界合作与跨域传播已呈必然态势。诚如与会嘉宾在会议总结中所言，本次论坛“是一次中国广播电视观念的盛宴、理念的盛宴、思想的盛宴”。

第一辑

改革开放 40 年与广播电视变革

风起正是扬帆时

——历史转折期的中国广播电视传媒

朱剑飞*

自2015年起，中国传媒领域最热门的话题是“媒体融合”，最关键的核心词语是由传统媒体与新兴媒体进行深度融合所带出来的“互联网思维”“一体化发展”“平台化经营与中心集团及其辐射效应”，而最为迫切实现的目标，是要建立拥有强大实力和传播力、公信力、影响力的新型传媒集团，形成立体多样、融合发展的现代传播体系，尽快打通两个舆论场，实现积极巩固和发展壮大社会主义宣传主阵地这一终极目标，而这一切是以媒体融合发展的倡导与践行为条件的。在历史的转折中，中国传媒充满了现实与理想的纠结，既有激情也有困惑，既有亮点也不乏难点，是既定目标在曲折往复中的频显，这需要学术界交出一份值得回味的历史陈情表。

毋庸置疑，中国传媒业界这场融合之风的应势而起，学界业界都在热议其中的是与非、易与难，正所谓“风起正是扬帆时”。当媒体融合上升至国家关注的层面，说明时下传统主流媒体故步自封的发展现状，尤其还有广陷舆论困境的社会背景、饱受新兴媒体挤压的生存危机等等，已经成为媒体融合势在必行的关键因素，亦表明问题倒逼改革的传媒巨变兀然到来，而其中作为问题的“问题”，是在顺应媒体融合潮流中中国传媒必须得到正视或认真接受时代洗礼，从而获得浴火重生。

---

* 朱剑飞，男，华南理工大学新闻与传播学院教授。

一　理论探索篇

1. 理论认识在深化

具有“三跨”（跨媒体、跨区域、跨产业）特征的媒体融合，决定了“融合的本质是产业融合”，即“产业化”是媒体融合发展的生存土壤。为此，我们必须正视传媒业界长期纠结于事业与产业（企业）的关系，解决以往改革方案在制度上的内在矛盾，走出屡错机遇且人为自设的问题陷阱。我们应当承认，新闻传播既是党、政府和人民的喉舌，又是文化事业、文化产业发展中最为敏感、最为核心的一部分，而且也有作为社会言论机关的人民民主公器性质的行业特征。由于多年沿袭其行政管制“大事业”的定位，中国传媒并没有随着其实体内部实施宣传与经营“产事两分开”的“改革举措”而走出自己的阳关大道，反而纠缠于公益性与营利性的取与舍，意识形态的多与少，这构成了行业难以突破的发展悖论。

作为思想解放的认识成果，我们可以这样断论，自始至终坚持传媒实体的事业属性是困扰中国传媒产业发展的最大认识误区或政策执行的错位。作为认识破局的理论利器，“传媒业就是尊重意识形态的特殊产业”的共识，这既凸显了受众即用户的多元性市场变化，也促使传媒体制机制适应经济的结构性变化，使得传媒科技领域也出现了数网化的革命性变化，这些时代变迁的逻辑结果——企业化运作与市场化改造，同时也是传媒自身三重本质属性的合理回归，即政治、社会、经济三大元素缺一不可。本文从党和政府“喉舌”的政治属性（舆论控制）、大众传播的社会属性（社会公器）、产业组织的经济属性（自主经营）这三个方面逐步完善对主流媒体概念的科学界定。

确立“产业化”是媒体融合发展的生存土壤。全行业实行转企改制，关键在于采取什么样的方式能够实现经济效益和社会效益的有机统一，关键也在于不能简单地把生产精神产品的传媒领域等同于生产物质产品的传统企业，而且需要积极鼓励传媒实体因事而谋、应势而动与顺势而为，正视“失语”与“缺位”的传媒现象。同时，传媒业以“党管意识形态不能变，党管干部不能变，党管舆论导向不能变，党管宣传不能变”的“四不原则”起底线保护作用，以此保证其主流媒体成功转型，并与社会、市场、资本接轨。事实上，产业作为一种经济和社会组织形式的运行载体，传媒的产业化不等于单纯追求利润，传媒的企业化也并非必然地代表着非政治化，产业化与导向的正误也没有必然的因果关系。

我们必须承认，“产业”与“喉舌”完全可以在不断加强和完善的法律环境和有效的管理下实现统一。鉴于我国当下既缺失公共性的媒体，也无真正意义上的公益性媒体，亦政亦企又非政非企的国有传媒垄断实体依然占据主流社会。因此，从尊重中国国情出发，中国传媒应有别于国际惯例的公共商业两元论，应当在转型中实事求是地坚持主流媒体的国有特殊产业一元论。至此，我们可以理解苏州广电集团的自我评价：我们自觉是一个能够做好传媒宣传业务的产业实体。

2. 制度空间在拓展

“事业办企业”抑或“产业带事业”。由于始终坚持媒体整体的大事业属性，中国传媒在集团化运作过程中人为中断产业链，只肯承认有经营功能的环节和部门才是产业，从而引发了传媒改革实践到底是事业办企业还是企业办事业的深层次的重大现实问题。

当前，在媒体融合发展阶段，作为行业思想认识的既有成果，产事两分开之说正在让位于新媒体产业的块状切割，形成整体局部剥离后的产事融合传媒的产业化已从政策性的禁忌转化为实践性的课题。即使市场业绩不佳，基层媒体均出现了程度不同的财政拨款补贴风潮，但产事分营到行业实体转型势在必行。以往传媒入股与上市的禁区也正在成为探索领域，而且已经开始降低门槛，允许多元竞争主体进入。虽然在新闻来源与执业牌照诸方面仍有不少人为的限制，但毋庸置疑，产业化的科学推进不仅能够有效推动市场的正向竞争，培育出规模和实力兼备的传媒集团，更在打破市场信息垄断和资源分配不均的格局战中赢得先机，这已成业界的深刻体验与共识。可以说中国传媒经历或正在经历从

“行政事业型”向“宣传经营型”再向“特殊产业型”的衍变。从中，我们也可以勾勒出现行传媒产业政策在中国传媒体制改革创新的历史进步轨迹，即越来越接近传媒产业自身发展的客观规律，并在改革开放的时代机遇下有了与国际接轨、与市场经济共存的主观意识与能动愿望。

尽管在历史过渡期的若干局限甚至还走了弯路，譬如 2009 年后力推用事业性的总台矮化甚而取代曾热行一时的传媒集团，2011 年更兀然禁言传媒改革“不允许跨地区整合，不允许搞整体上市，不允许搞频道频率公司化、企业化经营”如此等等，这表明了继续解放思想、实施观念更新的迫切性与重要性，这也显现出日见松动的制度运行空间促使中国传媒体制在市场经济与互联网平台化大背景进行自我更新、自我完善。所以，中国传媒体制的衍变与创新，在理性认识上是一个思想解放的观念更新过程，在感性实践上则是一个政策演进与实施变通的过程。

3. 顶层设计促开放

主流媒体生存困境倒逼传媒深化改革。2015 年，全国主流媒体与网络民营企业的广告创收平分秋色。2017 年，由于身陷收视发行低迷困局，广告经营举步维艰，多元化创收无门，导致在全国范围内财政资助主流媒体亦成风潮。从受众选择媒介的角度看，以报纸和广电为主体的传统媒体也普遍存在“公信力好，传播力、影响力变差”的问题。内参数据表明，受访者以接近半数的大比例表示很少甚至不阅报，即使是上升到第一媒体的电视，基本观众面倾向以家庭妇女和离退休人群为主。但凡国内重大事件发生时，超过三成的受访者首选知名商业门户网站，“塔西佗效应”更使其雪上加霜。

基于受众流失与营收下降的严峻现实，传媒业推进媒体融合发展，进而打造新型主流媒体和现代传播体系，以此重塑传统媒体形象的时代命题提上了国家最高层面的议事日程上。值得注意的是，当前党中央倡导以广播电视为龙头，在全国“建成若干家拥有强大实力和传播力、公信力、影响力的新型传媒集团”，这与世纪之交实施遍地开花的行政推动有着本质的区别。事实上，媒体融合有别于媒介融合，不仅是多重技术创新表现手段的融通与借鉴，而且在消解着行业与区域垄断的基础，其本质是产业生态的多重融合，因此它至少需要有“四个突破”[①]，即突破传统媒体的“行业”“系统”思维苑囿；突破事业与产业的纠结；突破单一价值的诉求；突破传统封闭的传播理念局限，以便构建融合传播、全球传播的现代视听传播体系。所以，传媒集团的分布与建设并非按行政区域、事业归属的划分，而是突出全国性与区域性的中心辐射效应，看重的是具备互联网思维的观念解放与具备“三跨”（跨媒体、跨区域、跨产业）功效的实力基础。因此，借助网络平台化打破区域壁垒与行政垄断，将是传统媒体集团与新兴媒体融合改革路径的不二选择。

二　融媒行动篇

1.“融而不得”或“融易合难”是既存现状

媒体融合是“一场革命性的转基因工程”，即媒体融合肇始于技术创新，加速于制度创新，深化于市场创新，最终表现为传媒产品和传媒业态的创新。融媒发展普遍存在发展瓶颈：

一是融媒通畅度受到区域属性制约。这必然导致传媒市场的区域碎片化，由此各自为阵、各凭本事的融媒实践也自然受到不同程度的影响。在媒体融合推进总体滞后的情况下，马太效应也更加凸显。

二是混淆介体：形“融”而神未“融”。在传媒特殊产业属性的制约下，久攻不下的僵固体制壁垒已让传统媒体集团中的一些先驱者也丧失了融合的信心和定力。或“问题无解”或止于技术与平台的融合，或热心于中央厨房的打造与两微一端的超常建设。而且在融媒发展过程中，关于介体的混淆不只是媒体人的误区，也是很多互联网公司与传统媒体合作的灰色地带，更多的企业试图运用传统媒体的权威性提升自己的商业运营利润，但却片面地侵入传媒集团的内核，对其进行过度的干涉。

三是内核缺乏：平台大数据的技术支撑薄弱。互联网技术改变信息生产和聚合的方式，也引领消费受众的使用惯性。“倒融合”其实并不

---

① 庞井君：《趋势·挑战·转型·跨越——关于媒介融合背景下广播影视发展的几点思考》，《中国广播电视学刊》2013年第1期。

是正规路径下允许的产物，而是在现在特定的融合背景中被动地接受。毕竟传统媒体集团缺乏互联网公司引以为傲的技术、人员、数据和平台优势，不得不被动地降低高傲的姿态去承担融合的后果。其实，诱导传媒业发展的首要因素是技术。

四是进退失据："庙堂式"文化思想根深蒂固。当下不少传统媒体集团即使不去大刀阔斧地进行融合，其原有垄断的市场仍然还会有很大的空间，但固有的自我居高式的思维只会更加排斥融合的深层次推进，而且也无法满足连年增长的媒体需求。而现实中传媒集团愈是将关注点着眼于新业务，愈因缺乏通盘的考虑忽视变革业务的时间性和操作性，也愈发怀念过去身处"庙堂高位"的权威性和垄断性，怀念过去角色的无可替代和影响无以复加，从而导致心态失衡，进退失据，最后导致的结果也只能是"居庙堂之高处江湖之远"了。

上述四点表明，目前无论是我国媒体融合发展过程的突出问题，还是传统体制的抱残守缺，碍于体制架构的模糊而难以付诸实践，让太多的媒体业者迟疑和彷徨。

2."力不从心"或"误区连连"显行业积弊

道格拉斯·诺斯关于"路径依赖"的理论，重点提到了"惯性力量"的作用。他认为初始的体制选择会提供现存体制的刺激和惯性。在市场经济海洋中仍想固守"飞地"的传媒领域，尤其不能忽视这种因循守旧的力量，因为没有"外生变量"，"人们过去做出的选择往往决定了他们现在可能的选择"，会不由自主地按照自体发展的既有路径推进媒体融合发展。于是，不想也不敢触动现有体制下的媒体融合实践，自然会派生出如下很难见诸成效的"小、弱、散、乱"的现象：

一是四大惯性守旧力量使然：

（一）惯性延线做派。台网捆绑发展，分解客户端源，即只是按照传统媒体的思维去创建新媒体，不敢也不会去争取走"三跨"的大发展道路，无视网络时代"无远弗届"的传播规律与新媒体"豆芽理论"的有益启示，只懂在自身一亩三分地内画圈圈与打转转，受到只可在体制内孵化的束缚，一再加大体制内、行业中相互内耗的能量与资源，只在同门或同行中的有限范围内广设或抢建“两微一端”新矩阵，并视之为守纪律、懂规矩的“政治家办台”的典范。

（二）播出内容平移。翻炒现有资源，淡化品牌影响，即长期并依赖于传统广电的单一通道，虽然开始打造新媒体平台，但还只是把拥有海量内容资源的节目切块平移到网络新媒体上。由于缺乏对受众的市场研究和特色内容的精准开发，传媒业目前很难满足或适应新媒体受众需要互动、多元、草根、碎片化的要求与口味，其探索或提升的还是在一种内容、多种分发的运营框架内。如若没有创新意识的输入，这种费时费力构筑的网络阵地就会非己所愿地成为原有品牌消解的平台。

（三）系统分块切割。新旧媒体惯常用产业与事业划分，即前后两者大都处于两个相对封闭的运行体系，在组织架构、管理架构、技术平台方面各自独立，未实现整合传播。从小处看，这是内容制作的思维还是传统媒体制作模式和思维，从大处看是管理和体制仍然没有做到深度融合，业务部门各自为政，并认定媒体融合仅是新媒体部门的任务，主动融合的意识不强。整合、关联与开放，才是最大的价值产出的方式和逻辑，这就是我们所说的互联网逻辑。

（四）主体地位放弃。2015 年，传统媒体在广告投放市场上被新兴媒体逆袭并反超。由于传统媒体过于依赖自身广告收入且发行量创收的经营模式单一，这引发了传媒市场极不平衡的“马太效应”。传统媒体安于且乐于被定性为公益性事业，更有甚者，在自创自求“自负盈亏”的三类事业中，主动放弃或人为失去了在市场经济中的主体地位或合法权益，由此而导致其自身在市场经济发展的生存大空间中受到局限，一旦遇上市场困境即求回归成了时尚。新近尝试的“新闻 + 服务”经营方式，虽是未来一个积极的发展方向，但还局限于承接政府政务方面，在大数据领域还面临着众多专业网络实体的挑战。

二是四大融合创新误区潜在：

（一）要整体转制而不能单单是开辟特区，突破体制内外有别发展瓶颈。基于平台数网化与运行产业集团化的媒体融合，倒逼传统媒体必须寻求体制破局之道。倡导媒体融合的“一体化发展”，则意味着传媒领域产事分界的打破，三网运行的贯通，内部组织的重构，统一调度，统一管理，统一平台；而对传统媒体而言，传媒业首先需要的是传媒变革的整体转制，一举改变现在传媒队伍中最常见的“产事分隔”“员工身份多元化”“内部运作外部化”等等畸形变局，这必然是一场深层次的改革，一次系统化的创新。

（二）要筑一体化平台而不仅仅是中央厨房，走出全媒体融合的操作误区。打造中央厨房不等于实现了媒体融合，全媒体平台亦非一体化平台。其实两者的区别基于“+互联网”与“互联网+”的划分。属于全媒体平台的“中央厨房”，偏重的是新闻内容聚合生产模具的一次多重应用开发，其优势在于实现传媒集团内部的资源整合，实现用户、新闻线索、选题资源库、技术支撑的统一管理，而且充分利用内容集约化制作手段，实现了新闻信息的多级开发。而于后者，即一体化平台则是基于全媒体平台之上的传媒产业纵横发展格局，从资源、人力、时间、渠道、经营模式等方方面面形成贯通式的链条，将全媒体平台制作出的新闻产品通过上下游的纵向商业布局进行渠道多极化、产品多样化的经营。

可以说，全媒体平台展示的是“+互联网”的工具性效应，是一种利用原先内容的存量优势、行业标准和公信力优势，通过数网技术提升自身品牌与服务的能力。而一体化平台则更注重强调“互联网+”的新思维效能优势，再加上集团化与产业化这些体制机制上的优势，综合获得广泛的社会支持与效益的爆发性增长。其中，以内容生产、整合传播、即时反馈、互动服务为一体的模式将成为媒体融合市场占有率的决胜主角。为此，整体转制是广电传媒改革一体化融合发展的既定目标。

（三）要搞混合型经济而不能是一股独大，开辟出主流媒体转型市场空间。2016年5月，国家新广电总局引入特殊管理股的“吹风会”让国内视频行业躁动不安，表明政府显然把视频领域的存在已提升到关系公共利益和国家安全的高度，这有助于资本出让者一旦进入融媒合作领域的资质提升与安全保证需符合国际惯例。但是，这一意见办法尚在征询中。其实，在笔者看来，打破行业垄断搞媒体融合绝不是一股独大，而是要开辟出一片传统主流媒体转型的市场发展空间。虽然根据媒体融合的大政方针，各大传媒集团纷纷开辟全媒体渠道，但资本的运作仍然局限于国有资本的权威维护，禁区管束条例繁多，缺乏对市场社会资本的包容度，容易导致转企后的新媒体业务平台公司仍然束手束脚，从而无法破除传媒公司上市需求的多重禁锢。然而，这场特殊管理股的风吹草动，警醒的是国有传媒企业应更加包容社会资本而非桎梏，否则也容易造成媒体融合中资本入股后的文化冲突。国外传媒巨头时代华纳的融合历程就是一部并购史和售卖史，但最终也输在了文化融合上。

（四）要应变台网合一而不是固守台网分离，夯实主流媒体平台稳固基石。“台网分离”是我国广电行业管理部门若干年前提出的一项战略发展规划，其实施与推行在当时的社会背景下具有现实意义。今天，当我们站在新的历史起点上去回顾我国广电台网分合的近20年发展历程，无论是从传统媒体的生存现状还是传媒生态的新型格局重塑来看，台网分离政策的实施在一定程度上也带来了不可回避的新矛盾与新问题。

一要正视传统媒体生存转型的迫切愿望，在支持全国广电一张网，融入省级区域性扩张的格局中，借助融合一体化发展反哺基层媒体；二要找准融合发展媒体平台化战略路向，加大网络技术含量与社会资本投入，凭借产业化与数网化，在顺应市场规律以及外部环境需求的同时，由内而外实现一体化平台型发展才有基本保障；三要回应改革进程公平正义的必然诉求。积极反省以往推行产事分开与制播分离的利弊得失，抑制同工不同酬的内部分化与社会歧视，防止人为的中断产业链与分化人才队伍，按照“传媒是尊重意识形态的特殊产业”的要求，推进整体转制，做到健康、公平、均衡地促进传媒产业价值链运营的良性循环。为此，公平正义同样是广电传媒新一轮改革的旗帜。改革的目标并非效率唯一。以人为本的社会主义主流价值观，决定了今天的传媒改革还必须体现公平正义的内在要求，并由此得出改革为最大红利就是社会平等和谐的红利。2018年7月，敢为人先的电视湘军，勇树媒体平台化整合大旗，即将湖南广播影视集团有限公司与潇影集团、网控集团“变三合一”，使新的湖南广播影视集团构成全平台、全渠道、全内容的主体，从台网分离到台网合一，这既是时间带来的变化，更是产业形势带来的需求。

3. 时代际遇总是留给有胆识并有所准备者的

关于媒体融合发展所面临的重大机遇：机自危出，时势造英雄。有顶层设计——国家倡导，所处生态环境——竞合共生，面对人心思变——不进则退。

笔者曾断言，十年前广东标榜的“南方模式”在今天融合发展的当下才有立得住行得远的可能，当然也明确了媒体融合是“一场革命性的转基因工程”，现实中广存的“融而不得”与“融易合难”却是传统媒体生存悖反的真实写照，但做大做强的时代际遇总是留给有胆识并有所准备者的。作为笔者近期实地调研的成果，地方实力传媒集团在区域化扩张发展方面堪称有亮点、有期待、有前景的作为、有代表性者。

一是成为国内区域化专业融媒示范田的南方财经全媒体集团。其集聚广东广电与南方报业两大传媒系列的财经媒体资源，以国际化中心城市广州为总部，位居地标式建筑——广州国际金融中心，直面珠三角为辐射扇区，有着跨介质、跨单位、跨业态的标准配置。它的定位锁在：打造全球第一家商业报道的领跑者、国内综合金融信息的服务商、现代文化产业的搜索引擎。既定任务则是：紧紧围绕“媒体”“数据”“交易”展开其核心业务，以资本运作为着力点，利用互联网技术，抓住媒体融合大好机遇，初步搭建起“文化金融”“媒体金融”的融合发展新模式。如今才刚满周岁，集团就已经完成了平面、广电、网络媒体的资源整合，完成了以中国自贸区信息港、粤港澳大湾区研究院为核心的数据业务建设，完成了以南方文交所、横琴国际商品交易中心为重点的交易业务布局，并与中国建设银行签订战略合作协议共同组建百亿元级的“广东全媒体文化产业基金”。在不远的将来，既定目标是突破区域瓶颈，基本建成国内领先、国际知名，拥有强大传播力、公信力、影响力的财经媒体集团，成为金融信息的综合服务商和金融文化产品的主要交易平台。当然，其中最重要的还是为广东主流媒体的融合大发展实战练兵，为广东最终能够跻身屈指可数的几大中国区域中心融媒集团埋下一道深深的伏笔。

二是成为国内区域性网络平台媒体化发展样板的杭州华数集团。其以原市级广电网络公司做基础，以省级广电网络业务整合且成大股东为转折点，在直逼北上广深四大国际化城市地位的杭州设总部。自2012年上台阶，杭州华数集团及时推出“跨代网、云服务、多终端、全业务”的三网融合发展战略，把握住国家发改委给予互联网示范工程的试点机遇，扎扎实实地用市场的法则、资本的力量、合法齐全的官方牌照资源，以及产业集团化、渠道网络化、平台媒体化和多元服务市场化四大区域扩张发展利器，在浙江省、长三角，进而与全国逾20个省及其百余个城市，构建了一个有线网络互相连通的超级发展区域，并在技术发展、管理模式创新等方面建设引领当代中国，得到众多时任国家领导人的关注与首肯。

其中，最值得业界关注的还是它将渠道供应商与内容生产商集于一身的战略考量。此前广电业热捧的“网台分离”，让华数高层一直纠结于到底自身是网络平台还是媒体单位的元命题。在中央的媒体融合战略决策面前，他们豁然开朗，明确自己本身既是媒介的平台，同时也是媒介的载体。集团也因此勾勒出自身的三大愿景：第一个是新网络加应用；第二个是新媒体加内容；第三个是大数据加开发。其中为实现新媒体加内容的战略设想，华数近年有了规模的新闻采编部门，成立了数百人的自制节目队伍，目前仍在进人扩编。华数实践表明，因失去播出网络对内容发展的回报反哺当下全国各地基层媒体惨淡经营。在一体化传媒改革发展重大走形变样的现实面前，媒体融合重提并借此推动业界在更高层意义上的“台网合一”，这也是目前切实可行的一种结合技术、人力、资源、商机于一身的一体化平台运作模式，也是我们必须重新审视的一道重大时代课题。

三是成为全国区域性行业媒体平台化表率的北京新媒体集团。作为京津冀区域发展一体化龙头的北京，其广电业为区域化融合发展开辟的大格局是剥离与单列，即独立创建北京新媒体集团。按照“一个平台、多点突破”的新媒体发展思路，集团以北京电视台新媒体中心作为唯一出口，进而成为授权汇集全市媒体资源的统一平台，发挥网上主流媒体作用。与此同时，集团与互联网平台级企业奇虎360在资本层面深度合作，合资成立“北京时间股份有限公司”，与集团旗下“北京新闻媒体有限责任公司”形成整体合作模式，并利用北京电视台及市属主流媒体强大的内容资源，共建包括“内容、渠道、平台、服务”在内的互联网媒体生态系统，打造永无止境的手机端新闻视频——以新闻直播、云记者、短视频为突破口，强调差异化，用“永无止境”的全新理念打造视频领域的特殊产品特点；探索首创永不停歇的新闻资讯视频直播——24 小时直播紧随北京时间的主题，每小时进行热门资讯盘点，以慢直播等特色形态切入，启用众多来自中国传媒大学和中央戏剧学院播音主持专业的青春女主播即时播报，第一时间传递最热资讯；构建大编辑部网聚万名不同专业领域的嘉宾阵容为“云记者”。京都的网路融媒强势表明，在发展增量上大做文章，在转型改制上狠下功夫，在腹地资源整合中富集一方，从而拥有并掌控区域化进一步扩张发展的媒体大平台，仅此举措，就证明了它当之无愧地具备了京津冀大区域网络传媒一体化发展的龙头潜质，届时谁与争锋？

三　战略发展篇

1. 认清新常态

当下，中国经济发展告别高速增长的新常态表明，整个社会正处于经济增速换档期、结构调整阵痛期与前期刺激政策消化期，这“三期叠加”的阶段所带来的增长指数下行，多种问题碰头与行业地位中落、经营风险缠身等等问题，这也同样呈现于中国传媒业界。据内参资料显示，在面临着实体经济不景气和互联网崛起的双重压力情况下，2015 年始全国广电系统已有 70% 实体处于广告歉收，员工不稳、后劲乏力乃至生存状况相当窘迫的状态，因此叩问改革红利持续的话题，引发整个业界与学界的沉思。

个人认为，回答上述问题有一个关键前提，即什么才是改革红利。如果说中国传媒业界在此前或有诸多可圈可点的亮点，但鉴于整个传媒行业迄今为止仍然无法全面与市场经济对应接轨的事实，我们应视之还是止于“增长而不是发展”的层次，偏重经济效率的提高和行业收入的数字叠加。正如喻国明先生所言，是“简单的在过去的发展逻辑上按照惯性画延长线”的做派，更多还是借助或利用政府行政手段来强力稳固行业垄断体制，从而不断获取倾斜政策的红利——非改革带来的一种垄断利润。

而论当前的生存困境，是改革魄力屈从于因袭体制的压力，既得利益排斥了改革红利所致。为此所需要的，是必须认真反省此前传媒产事分离与集团化的得失是非，按照“尊重意识形态的特殊产业”的发展思路，从抱团取暖搞实业抗风险的务实战略出发，走上传媒整体转制与融合发展的康庄大道。

正确认识新常态，适应新常态，引领新常态。如果说经济新往往也代表着一种愿景：从结构入手，按规律办事，那么，媒体融合发展的新常态也是机自危出，靠体制突破，实施产业集团化。因此，在尊重意识形态特殊产业规律的前提下，凭借思想解放，通过一体化平台结构的改革优化与创新实践并拥有主导性的市场主体地位，主流媒体将会享有与互联网一样高维度的传播力、公信力与影响力。

2. 跨入新征程

全力打造平台型媒体并倾心垂直专业与专一领域的深耕。力行融媒的中国广电领域，着力打造平台型实力媒体已成为升级转型的既定目标。为此，资源整合与台网合一，业已纳入行业抱团发展的改革主旋律范畴。此前作为重要战略部署由行政力推的台网分离，则面临重新抉择合一创新的历史关口。

当代传媒行业发展有四种相关联的发展走向：

一是打造网络平台型强势媒体势在必然。在融合发展中的广电领域，借助数网化，着力打造网络平台型强势媒体已成为主流媒体升级转型既定目标，而在主干媒体的主动转型中，往往处于被动状态下的支系媒体，也在政府部门支持的抱团应对中，打造一种新媒体传播矩阵：城域融媒体中心。其用意也在于基层媒体的全媒体平台化建设。只是县级融媒中心缺乏产业支撑，基本上只能在政府财政拨款条件下维持生存，市级融媒中心则要因地因时而宜，如苏州与深圳，双双统领城市联盟，无市能够企及。

二是合二为一的网台关系重构提上议程。在媒体融合之后，网台关系的合二为一成为潜在的发展诉求，要求其是高起点的全行业数网化联结，分系列或分区域的平台化抱团运作。在新媒体崛起而受到生存挑战的基层广电媒体，对于时下“网台合一”的重提，是传媒一体化发展的合理诉求，也表明了传统媒体需要网络反哺以体现公平正义的一面，且已提上深化改革的议事日程上来。

三是区域集团扩张发展战略诉求彰显使命。这既是传播技术革命更新换代的应时产物，也是市场经济合乎逻辑的发展结果，当然更是主流媒体为拓展话语空间、化被动为主动的举措，也是借助实力倍增而抢占社会舆论引导权以求“自保求变”的紧迫之举，这是区域中心强势传媒集团的转型专利，也暗合并融进了新一届党中央将重点实施区域协调发展乃至中心区域产业一体化的伟大使命，从而为自身发展带来重大历史机遇。由此，以资源富集的效益产业实体为特征，在全国实现打造若干个超越行政界限并以中心城市为龙头的区域性实力传媒集团的目标，将成为我国媒体融合实践的一大艰巨任务。

四是支系媒体的身份角色将先后发生变化。支系媒体的两大出路，一是要在新型“网台一体化”格局下，在各省区域性大型现代传媒集团中成功跻身为成员台或系列台的角色；二是善于借助互联网这一跨界利器与传媒集团大平台优势，降低姿态，分工合作，进行垂直领域专一或专业的深耕，其中分建垂直网站，忝列垂直频道，甘当垂直搜索引擎，凭借具有高强深度的信息和专业或专一对口服务，着意成为互联网新亮点，真心用具体、专业、实用的努力，突显自身的地方存在价值。同时这也是通过相关资源整合与社会资本运作，不失时机汇入跨介质、跨行业甚而跨体制融合大发展的时代潮流。

智慧广电成为广播电视平台化的必经之途。作为行业一项长期的基本发展战略，智慧广电因应了技术革命的浪潮，拓展了广电平台化乃至云端化的生存之道，但其仍定格在媒介融合的深化阶段，与需要体制更新变革并以产业集团化为发展目标的媒体融合尚有相当长的距离。

结　语

坚决不走回头路。改革才是传媒繁荣发展的根本动力之源，“改革是中国的第二次革命”，其中的传媒改革当然也是一场革命，必然是“过去发展逻辑的一种中断”。它不仅仅是针对某个环节、某个具体问题进行的点滴修补或自我完善，更是在对整个传媒业发展历史、现状、所面临的问题和发展趋势的深刻把握下进行的全面系统改革。进入到传媒融合大发展的历史关口，时代要求我们必须从资源整合、整体转制、完善法人治理结构角度重新认识集团化；从传媒的政治、社会与经济这三重属性及其关系来推动产业化；从产业价值链的完整意义去操作产事分离；从产业立法的角度为整体转制提供良好的行业环境和发展条件。融合发展作为有着顶层设计的系统性工程，不仅涉及新旧媒体的多层级、多结构的相互融通，更涉及整个传媒产业的整合布局。其中，改革创新每一步都面临着保守僵化的教条和超越阶段的、激进的双重挑战，每一次探寻突破都遭遇到继承和发展、现实与长远、渐进与闯关的两难选择，每一项决策动议都可能会触动既得利益的奶酪，迷失于“做蛋糕”和“分蛋糕”的众口难调。因此，期待回归旧体制而苟且是没有光明出路的。只有“唯改革者进，唯创新者强，唯改革创新者胜”。

上述作为一个专业学者的初心与本意，希冀面临历史重大转折期的中国广电传媒业界“见大而行远，迎刃方通简”。见识决定走多远！

改革开放40年：中国广播电视的主要成就与启示

覃信刚*

改革开放走过了40年的光辉历程，笔者曾在报纸行业工作11年、在广播电视网络行业中工作23年、并兼任高校新闻传播专业教师14年。本文试从一个改革开放见证者、参与者、活跃者和研究者的角度，对改革开放40年发展历程的主要成就与启示加以阐述，以此管窥我国如何在这40年中将自身建设成为一个广播电视大国，以及迈向广播电视强国的深层动因。

一 改革开放以来中国广播电视的发展成就

我们在进行历史研究时，常把“改革开放”视为“改革开放的时期”，或者将其分为“中国特色时期”和“新时代中国特色时期”。本文主要对改革开放以来的广播电视进行研究，将其分为五个时期：第一个时期是探索发展期（1978—1982年）。1978年12月，中国共产党作出了把党和国家的工作中心转移到经济建设上来的重大的历史性决策，成为这一时期的标志性事件。与此同时，1980年4月，第十次全国广播工作会议，重启“自己走路”的方针。1982年9月在党十二大开幕词中，邓小平提

* 覃信刚，中国广播电影电视社会组织联合会学术委员会副主任、云南师范大学传媒学院名誉院长，教授、博士生导师，原云南广播电视台台长。

出了“有中国特色社会主义”这一崭新的命题。第二个时期是规模和影响力扩大期（1982—1992 年）。“四级办广播、四办电视、四级混合覆盖”的方针在广播电视领域中提出。此外，我国自主研发的第一批通信卫星发射成功，广播电视部改为广播电影电视部，广东珠江经济广播电视台正式开播等等，这些成为这一阶段主要的标志性事件。第三个时期是创新发展期（1992—2002 年）。第四个时期是快速发期（2002—2012 年）。第五个时期是媒体融合期（2012—2018 年）。

在这五个时期内，中国广播电视领域在事业发展方面、宣传工作方面、体制改革方面、产业改革方面、媒体融合方面、国际传播方面、广播电视教育方面、学术研究方面均取得了一系列成就。其中，宣传工作方面的成就尤其值得关注。改革开放 40 年来，我们中国广播电视打造了“8 大重镇”，即新闻的重镇、政治传播的重镇、理论传播的重镇、经济传播的重镇、音乐传播的重镇、交通传播的重镇、典型报道的重镇、民族与传播的重镇。此外，还有一大“高地”，即直播高地。其实直播高地并不是改革开放之后才出现的。早在开国大典时，直播形式就已经形成了。有的学者在研究直播时，由于缺乏历史经历，没有深入地研究。其实，从世界范围来看，与世界大国的领袖广播讲话相比，毛泽东的广播讲话影响更大。比如，1933 年 3 月 10 日，罗斯福开始直播炉边谈话，整整 30 次。1944 年，斯大林的红场演说，丘吉尔发表的战争演说，戴高乐逃到英国后的流亡演说，胡志明回到越南后的广播直播，这些在世界范围内都有一定的影响。但是，本文认为毛泽东在开国大典上的广播讲话影响力更大。此外，在媒体与高校皆有经验的“两栖学者”成为中国广播电视学术研究的主要力量，这是一个非常值得研究的分支。

在中国广播电视取得成就的同时，我们也要看到其背后所存在的问题。比如，我们常常批评新媒体领域中的标题党现象时，广播电视领域也依然存在着极度娱乐党、收视党的问题；我们学界进行学术研究时，还长期做搬运工，这些都是要解决的问题。

二　改革开放以来中国广播电视的重要启示

我们从成就中提炼出经验，再从经验中寻找结论。改革开放 40 周年最宝贵的经验，就是坚持走中国特色社会主义道路，坚定不移地推进改革开放。对于中国广播电视而言，就是我们要坚持马克思主义新闻观，坚持党的领导，以人民为中心，坚持新闻规律、市场规律、传播规律，发展有中国特色社会主义广播电视的理论体系、管理体系、法制体系、内容体系、产业体系、技术体系、人才体系、公共文化服务体系等，坚持解放思想，实事求是，与时俱进。

我们要进一步推进改革开放，需要从以下几个方面着手：

第一，突破体制改革。我们已经进行了五轮大规模的体制改革，取得了丰硕的成果，但是还有发展的空间。现在的广播体制强调的是公益事业。在此，公益和公共相差只有一个字，但是却有着很大的区别。公益意味着政府全部包揽，公共则要求多元化发展。

第二，频率、频道的整合。这意味着广播电视类型的改变。我们现在的频率、频道应该包括中波、短波、调频，还需要重新的整合。

第三，经济制度的改变。1979 年，广东提出广播电视要“事业单位企业化管理”的理念，并且在改革开放 40 年来一直加以贯彻实施。但是，现在的情况又有所不同了，“事业单位企业化管理”的经济制度需要发生改变。一般而言，世界上最典型的广播电视体制主要分为三类，即公共、民营、国营。如果经济制度不发生改变的话，会阻碍我们广播电视的发展。比如，中国的对外广播，对外的、对台的时政新闻可以由政府来管。在 40 年中，我们采取的主要是差额拨款、经费包干和自收自支三种模式，比如云南电视台每年有 200 万经费划拨，广播有 586 万，其余全部都是自己创收。如果目前进行的县级融媒体建设，我们还是维持原样，没有把经济制度确定下来，是否会走上老路，这是一个悬而未决的问题。笔者认为，改革开放以来，特别是近年的县级融媒体中心建设是一个具有里程碑意义的时间，中国广播电视总台的成立，也是一个具有里程碑意义的事件。

第四，中国广播电视的理论研究要走出去。改革开放 40 年来，我们做了 40 年的“搬运工”。在进行研究之初，我们要大量地吸取西方文明的理念，这本身没有什么错，而且我们广播电视理论的引进做得还不够，特别是广播研究的理论文章、翻译的书还比较少。中国学界要大量地翻译、消化国外已有的学术成果。此外，我们的概念生产比较薄弱。美国有好莱坞，印度有宝莱坞，我们中国学界又提出一个华莱坞的概念，我认为没有必要。我们要用我们中国的语言和话语，向世界生动地讲述关于我们中国的故事。

第五，媒体融合。广播电视目前进行的媒体融合非常火热，但是从实践角度来看，笔者认为，“两微一端”救不了电视。媒体融合最终要以融合新闻的样态出现，这意味着整个形态要发生改变。融合新闻不是在手机上，照片还是照片，文字还是文字，而是一种联姻混血的新闻。另外，传统的广播和电视倾向于新媒体，倾向于融合，这是一种文化的大清洗、大转移。但是反过来，新媒体要在广播中使用的话，那就非常难。

另外，我们要注意我们未来的世界。中国的影视到了一个电影大片和纪录片大片并行的时代。这是一个 5K、5G 和 4K、4G 并行的时代。4K 之后，声音、音频、视频质量会成倍地提升，从而加剧电视和网络的竞争。因此，本文认为，我们未来的电视是巨屏、中屏和小屏都会同时使用，并彼此竞争。这一现象并非电视所独有，同样也会发生在电影领域中。

中国电视 40 年发展变化的回顾与展望

洪浚浩*

笔者曾经在中国电视界工作十多年，对电视有非常深厚的感情。在几十年的从业生涯中，笔者也从记者变成了学者。本文对中国电视 40 年发展变化进行回顾与展望，主要从四个问题展开。

一　中国电视的发展变化与世界强国的轨迹相吻合

中国电视发展 60 年大致可以分为三个阶段：

第一阶段从 20 世纪 50 年代末到 70 年代中期，这是中国电视起步与发展阶段。在这一阶段，笔者没参加，是一个观众。

第二阶段从 20 世纪 70 年代改革开放到 20 世纪初，这 30 年是中国电视的腾飞与辉煌阶段。笔者参与了腾飞时期，可惜由于出国，没赶上辉煌的阶段。笔者当时在上海电视台工作。70 年代的上海电视在中国是举足轻重的，在中国电视史上，上海电视台创造了很多个“第一”，这与地域文化、环境、历史有关。举个例子，中国的第一条电视广告就诞生于上海台，其中的文字稿是笔者所写。上海滩当时还没有广告部门，所以有单位找上海电视台来，领导决定做一条广告。写稿由新闻部完成，当时新闻部的人都不愿意去拍广告（当时人们认为记者拍广告是掉份的）。

---

* 洪浚浩，男，美国纽约州立大学传播系终身教授，博士生导师，哈佛大学费正清研究中心研究员，中国教育部长江学者项目评审专家，中组部千人计划项目评审专家，中国国家大数据专业委员会特聘专家。

笔者当时担任了一个小头目，只好承担起这件事情，没想到就拍摄了中国电视的第一条广告，被载入广播电视年鉴。第二个例子是外商广告，也是上海台第一次拍摄的。日本索尼公司董事长到上海，想要在电视上介绍一下公司，70 年代 70 万是多巨资，要求用 10 分钟左右的广告介绍索尼公司。另外，上海台还在中国电视史上第一次采访外国使者——外交部指定对当时美国总统卡特进行采访。在当时，一般这个程序都是北京落地，上海出境。由于上海台有先天的有利条件，所以指定笔者采访卡特。所有的东西都是审查过的。此外还有采访奥委会主席萨马兰奇，报道第一条社会新闻，比如枪毙 5 个通缉犯，当场抓住就宣布审判枪毙，上海电视台曾做报道，当时此类报道在其他地区还没有。后来笔者考进中国广播电视设置的驻外记者中心，全国 20 个人封闭式地训练了两年，但是由于项目暂缓，班里有几个人自己出国留学，笔者是其中之一，所以说笔者经历了中国电视的腾飞阶段。

第三阶段是近 10 年的挑战与困境阶段。以美国为例，美国的电视于 1940 年开始出现，经过十多年的发展到了 20 世纪 60 年代，从 1960 年到 2000 年，这 40 年是它的腾飞与辉煌阶段。2000 年之后，美国的电视开始衰退了。

二　传统电视面临的挑战

世界电视强国的传统电视，面临着各种严峻的挑战，主要是三个方面：第一是受众下滑，第二是广告减少，第三是影响力减弱。以美国为例。美国是世界上电视最强大的一个国家，越来越多的家庭停止收看甚至不买传统的电视机了。据统计，2020 年，这一数字将达到 4800 万人，美国总人口约为 3 亿。电视台关闭的数量每年在增加，从原来的 1 万多家到现在只有 7000 多家了。美国电视原来最有代表性的，并在美国社会政治当中影响最大的是三大台的晚间新闻，类似我们的新闻联播。BBC、CBS、NBC 这三个台的晚间新闻的播出时间是同步的，这种竞争是非常激烈的，选择一个台就肯定不能选择其他两个台，晚间新闻的受众骤减，下滑得很厉害。现在看新闻尤其是晚间黄金时间新闻的主要是 50 岁以上的老年人，当然也有些年轻人看，但是数量要少了很多。再举一个关于冬奥会的例子。NBC 定期签好几届合同，先签冬奥会的转播权，付出了高额费用，但是从 2010 年到 2018 年，每一届冬奥会的受众连续下降 30%。对电视有研究的人都知道，下降 30% 意味着什么。

其次是主持人的影响，他们主导社会舆论和公众意见，因为以前美国电视晚间新闻的主持人就是一个公众意见的领袖，当总统的政治领袖都要讨好这些主持人，因为他的一举一行、他的表述都会影响第二天的民意调查，这被称为美国电视史上的黄金时段。但是，现在三大台的主持人左右美国舆论界的情况已经不复存在了。

最后一点是广告收入和时间严重下跌。广告时间现在每小时减少 2 分钟，做电视的人都知道 2 分钟意味着多少。2016 年美国的广告总收入是 430 亿美元，这数字听起来还是很大的，但是它的开支也很大。据相关预测数据显示，2022 年如果不是下跌更厉害的话，也只达到 370 亿美元，广告收入就要少 60 亿美元。

三　传统电视的“不变”

传统电视似乎已经穷途末路了，但是我们也要看到其没有改变的地方。美国三大台观众减少，广告减少，影响力有所减弱，但是其社会地位还没有完全被改变。电视依然是大多美国观众选择的主流媒体。美国媒体有很多的分主流媒体、边缘媒体以及其他各种各样的媒体。其中，引导社会舆论的还是主流媒体，但是对不同人群有不同的主流媒体，比如美国的《纽约时报》《华尔街时报》是精英分子的主流媒体，电视对普罗大众还是主流媒体，比如美国的总统选举，每四年一次，前两年的时间来进行竞选，但决定谁当总统的是最后的三场电视辩论。这不是美国的宪法规定的，是实际情况造成的，大部分人会通过观看三场电视辩论决定投谁的票。所以实际的运作情况还是没有改变，这说明电视在普通美国群众的社会政治生活中依然扮演着很重要的角色。

四　电视是否会消亡

毫无疑问，电视在衰落，与此相关的一个问题是，它会消亡吗？电视的形态不可替代。大家都知道电视叫 TV，TV 的完整词是 television，如果我们这样用的话，大家就会明白电视不会消亡。因为 television 是两个词组成的，tele 是电子的意思，vision 是可见的、可视的东西，所以如果我们从广义上去理解，电视是用电子手段去传播视觉形象，这种媒介一定不会消失，可能消失的是传统电视，但是它可能会转化成另一种形态的 television。

我们曾经在 CNN 做过一项调查，主要考察 CNN 的两个方面：第一是它怎么进行国际拓展的，第二是怎么利用新媒体。我觉得可借鉴的做法，就是六个字：融合、结合与联合。融合是和新媒体的融合，结合是内容和时效的结合，联合是和其他媒体形式的联合。这里介绍一个词叫 UGC，是一个现在在西方用得比较多的词，缩写了有用者和使用者，根据我们在 CNN 做的一个调查，CNN 现在有三种 UGC。

第一种是 ireport，这是一个网络，要注册。在全世界有几百万人去注册，把自己拍摄的突发事件的视频和故事放上去，但 CNN 首先要审查这些视频和故事的真实性。CNN 在全世界 180 多个国家派有记者，但是总还有无法到达的地方，所以 CNN 会采用老百姓自己拍的突发新闻。

第二种是 great big story，译为“伟大的故事”，但实际上讲的都是小人物。这些就是普通人拍的，也叫小视频。

第三种是 CNN VR，即虚拟的实况转播。全世界各地通过这种形式进行联合。CNN 自己的内容跟观众联合起来，并灵活运用新媒体人才。这种人才必须具备新媒体的能力，而且 CNN 专门从新媒体公司中挖了一些人充实到自身的管理团队中去，而不是一般做技术的人才。

最后，笔者引用一句话，这是美国的传统媒体的大老板在面对困境时说的一句话：“对传统媒体来说，我们还有机会，但是这个机会不会太久。”希望中国电视可以从中借鉴到有用的东西，使中国电视再度辉煌。

改革开放40年：中国广播研究的主要成果与存在问题

申启武*

改革开放40年来，广播在探索和革新中不断走向进步、走向辉煌。广播研究也取得了丰硕的成果，但是，由于广播的弱势地位，广播研究也存在很多问题。

首先，广播史的研究由分散的资料搜集向系统研究跨越。1987年赵玉明完成了第一部系统全面地介绍中国广播现代事业的专著，1988年出版的《第四战线国民党中央广播电台辍实》描述了国民党中央广播电台20年兴衰变迁的历程，20世纪80年代末，杨兆麒和张一鸣合著的两本书相继问世，2008年陈尔泰的两本书也很有特色，在此不再赘述。

在专门史研究方面，中国传媒大学的艾红红关于宗教广播和民营广播的研究很有特色，展现了两类广播的发展状况。另外，张小航的《抗战八年广播纪》与戴美政的《抗战强音：昆明广播电台与西南联大》，这两本书帮助我们了解抗战时期的广播情况。《从“珠江模式”到跨越式发展——广东广播改革开放30年历史回顾》，这是白玲和笔者共同研究的成果，展现了我们改革30年来广东广播的发展成就，着重就珠江模式和广东广播联合发展的举措进行了介绍。另外，白玲主编的《广播的跨越》以插图的形式对广播60年的发展进行了系统的梳理。此外，还有

* 申启武，男，暨南大学新闻与传播学院教授、博士生导师，中国高校影视学会广播专业委员会副主任。

吴少奇的《东北人民广播史》也值得关注。在台史研究方面，笔者很感兴趣的是杨波、王求分别主编的卷本《中央人民广播电台简史》。

在广播研究史方面，笔者曾经和研究生合作《中国广播研究 90 年》，对 90 年代广播的研究做了些梳理，水平不够，需要指出的是，一些以“广播电视史”面世的学术著作，无论是通史、断代史、专题史，还是地方史、研究史，涉及广播的史学部分，也都具有相对的独立性、完整性和系统性，同样展示了广播史学研究的实力与水平。

其次，广播理论研究由肤浅向深入推进。早期的广播理论研究已建立了基本的研究框架。大多数广播研究成果都对广播的基本特点与功用进行了介绍。除对以上问题进行探讨外，新中国成立以后的广播理论研究还探讨了广播的阶级属性。改革开放以来，广播理论研究逐步深化，并出版了一些较系统的理论专著，尤其在“自己走路”方针的引领下，广播特性研究有了很大的突破，如白谦诚的《广播特点初探》以及春梨的《漫谈广播特点》等。在与异质媒体竞争中，广播的移动性、伴随性优势逐渐被认识，如余碧君《“林中路”——广播特点、优势及其利用》、赵柏华《研究移动收听 挖掘移动市场》等论文具代表性。如今，广播理论研究涵盖广播学的概念、对象、特点、性质与功能等方面，成果有康荫《广播学基础》、李岩《广播学导论》、沈嘉熠《广播学概论》、吴缦《新闻广播研究》等。去年，拙著《广播新闻学》则关注了新媒体时代广播新闻的发展变化。

再次，广播业务研究越来越细化。改革开放以来，广播业务研究拓宽了研究领域，对原有研究领域进行大量的细分。其中，广播新闻业务研究成果最为显著。研究者对广播新闻的性质、规律以及广播新闻采、写、编等方面做了仔细研究。曹璐《广播新闻理念与实务创新研究》、王宇《广播新闻报道与节目创新研究 》、周小普《广播新闻与音响报道》、曹璐《广播新闻学业务》具有代表性。 广播节目研究方面既有从节目本体视角下的研究如节目构成要素、节目形态、节目内容和节目形式等方面，又有从广播产业化视角下的研究， 如节目的生产 、包装 、策划等，代表性论文有牛印文《试谈广播文艺节目的分类》、胡源《文艺广播节目形式研究》、曹璐《深化广播改革的新视野 ——从珠江经济台的节目改革谈起》、张颂《关于节目品位的思考——语言传播杂记之三》等。

除此之外，关于频率专业化、类型化研究方面，研究者从广播频率专业化、类型化发展的社会背景及其源流出发，对国内外众多的专业化、类型化广播进行研究，涌现了大量学术论文与学术专著。代表作有邓炘炘《广播频率专业化研究》、张彩《老龄化社会与老年广播》、赵多佳《内容 受众 传播：广播专业化研究》、覃信刚《类型化电台研究》等。广播研究领域不断拓展，一门学科既有属于自己的基本研究领域，又有随着学科不断走向成熟以及实践发展变化而出现的新的研究领域。因此，研究领域应当处于不断深化与变化过程之中。

改革开放以来，广播的研究领域不管是深度还是广度都得到了极大的提升。广播的理论研究、业务研究、史学研究出现了大量的学术专著，其中，研究者们通过与传播学、生态学、文化学、美学、语言学等合理嫁接进行跨学科研究，出现了一些崭新的研究成果。张凤铸《中国广播文艺学》、孟伟《声音传播》《广播传播学》、拙著《广播生态学》、柴璠《当代广播有声语言的创新空间》等著作成为学术亮点。由于广播产业化发展战略的确立，广播改革、广播经营与管理、广播广告的相关专著不断涌现，主要成果有胡正荣《广播的创新发展》、邓炘炘《动力与困窘：中国广播体制改革研究》、黄升民《中国广播经营管理研究》、刘斌《中国广播产业制度创新》、吕云芳《广播广告学》、刘英华《广播广告理论与实务教程》等。

伴随着媒介融合以及网络与新媒体的兴起，网络电台、手机广播、播客、微电台、移动音频先后走进人们的生活，研究者迅速跟进。于是，网络广播与移动音频研究成了改革开放以来广播研究的主要内容。与此同时，学界对媒介融合背景下中国广播的创新发展问题也给予了一定的关注。此类研究，论文偏多，但著作相对较少。金震茅《网络广播传播形态研究》是较早关注网络广播的专著。孟伟《互联网＋时代音频媒体产业重构原理》、连新元《新媒体时代广播传播策略研究》《听觉媒介景观再造：城市广播转型研究》、拙著《媒介融合背景下中国广播创新发展研究》等均围绕上述问题展开论述。

随着大数据、云计算、人工智能技术的推广运用以及车联网时代的行将到来，智慧广播、车联网时代的广播想象也成为新形势下广播研究的主要内容。焦天怡《人工智能时代的广播新媒体服务探索》、张婧《人工智能下的广播创新发展》、唐征宇《车联网时代，车载广播媒体大有可为》等论文具有代表性。

另外，改革开放以来，广播受众研究、西方广播研究、广播技术研究也取得了丰硕的成果。研究表明，一门学科的某个研究领域所出版的专著达五本，就标志着学科在该领域的研究趋于成熟，从而具有学科特征，但从目前广播研究领域出版的著作看，达到这种标准的研究领域并不多，有的领域仍处空白状态，因此，广播学科建设表现出明显的非系统性。

除史学研究外，在广播电视学学科体系下进行的广播学研究中，以广播电视之名的研究专著却很少被提及，广播和电视各自的研究阵容也表现出极不平衡的研究倾向。学术研究的从众心理和偏向倾斜导致广播学学科发展逐步边缘化。最后，业务研究学术含量不足，就事论事缺乏厚度。在广播研究中，一些业务性论文往往从微观层面探讨具体性的问题。这些研究选题针对性较强，是广播业务运营中确实存在也是应该解决的问题，具有应用价值和借鉴意义，但是由于缺少理论支撑，就事论事，对涉及的一些问题未能从学理上进行深层次的论证分析，总有一种漂浮感。严格说来，此类研究更像业务总结。这主要有以下几个方面的原因：第一，理论研究相对薄弱，无法对实践进行有效指导，广播理论研究的浅层化、非系统化是导致广播理论研究薄弱的直接原因；第二，学界与业界沟通不足，对业界动态缺乏准确把握，其研究成果自然无法对业界形成有效指导。第三是实证研究在数量上和领域上明显不足，没有对理论研究发挥应有的效用。

此外，内容分析法、实验法、调查法、质化研究、民族志、访谈等方法并没有得到充分而有效的运用。总体而言，我们的广播研究缺少一些真正有分量的理论研究。广播学术批评不仅数量少，而且质量也不高。

质量不高的主要表现就是批评缺少建设性的意见，为批评而批评的现象比较严重。此外，学术论争意识不强。学术论争其实也是学术互动、学术交往、学术研究的一种方式，而且也是学术流派形成的前提。学术论争越频繁，学术研究才越活跃。

改革开放40年：中国电视剧海外传播的特点与发展

何晓燕*

改革开放40年，中国在日新月异的腾飞中成为世界瞩目的焦点，中国电视剧的海外传播也在这一波澜壮阔的历史变化中，成为国际电视剧市场中不断崛起的新兴力量。1978年中国吹响了改革开放的号角，1979年中央电视台就和日本NHK首次合作拍摄了纪录片《丝绸之路》（1980年又合作拍摄了纪录片《长江》《黄河》），正是中国和日本在纪录片领域的深入合作，拉开了1980年中国和日本在电视剧方面的篇章。1980年，根据抗日战争时期日本女子长谷川照子的故事改编而成的《望乡之星》由中日两国合作完成并在两国播出[①]，受到了中日两国观众的肯定。可以说，正是改革开放，促成了中国电视剧海外传播的历史起点，在这40年的历程中，传播内容、传播主体和传播渠道方面的历时变化和特点值得关注，同时站在新的历史节点，在历史的审视和回顾中，思考“中剧”海外传播的未来之路。

---

* 本文系国家社科基金艺术学项目“中国电视剧海外营销与传播研究”（项目编号：14EC147）的阶段性研究成果。

何晓燕，重庆渝中人，西南大学新闻传媒学院副教授，硕士生研究导师，主要研究领域：影视理论及文化批评。

① 中日合拍的《望乡之星》（1980年）由日本特雷帕克电视节目承包公司摄制、中国广播艺术团电视剧团协助演出。

中国电视剧海外传播的特点归纳

“中剧”在近 40 年的海外传播中一路走来，在国家宏观战略、对外宣传工作、国际电视剧的潮流态势、有线/卫星/互联网等传播载体发展中，不断应对新问题和新机遇，逐步扩大着自己的国际影响力，从历时的维度，形成了以下三方面的特点：

第一，从传播内容看，从早期相对单一的历史剧/古装剧/武侠剧到对更多主流类型的认可和期待。

中国电视剧海外传播的主要类型是依托于中国深厚历史底蕴的历史剧、古装剧、武侠剧等，如 20 世纪 80 年代就进行海外输出的《红楼梦》《西游记》，到 20 世纪 90 年代的《三国演义》《雍正王朝》《水浒》，再到 2000 年以后的《卧薪尝胆》、新《三国》等，再到近几年被 Netflix 买下改编权进行重新剪辑的《甄嬛传》，另外武侠剧的《李小龙传奇》，2008 年曾在国际市场上卖出 10 万美元一集……这些都是中国电视剧海外传播的主导类型。但是 2000 年以后，随着海外市场对中国普通百姓日常生活和平凡世界的关注，对“中剧”整体制作水平的认可，甚至世界读者对中国玄幻小说的兴趣，都市情感剧、警匪剧、玄幻剧、革命历史剧等都走向国际市场，如都市情感的《欢乐颂》《我的前半生》，玄幻/奇幻/仙侠的《三生三世十里桃花》《择天记》《幻城》，还有革命历史的《北平无战事》等得到了海外观众的关注。在海外观众对类型更为宽广的接触中，非常值得肯定的是，警匪剧的《白夜追凶》和《反黑》分别于 2017 年 9 月和 2018 年 2 月全集上线 Netflix，可以看到海外观众对“中剧”的观看期待并不是独特的国别标识，而现在多是在国际通行的类型框架中来对“中剧”进行了解和观看。从传播内容的个性标识和独特的文化表征，到世界范围内的通享类型，这是中国电视剧成熟走向海外市场的表现。

第二，传播主体来看，从官方/央视为主体到多方力量主导的机构成立，共同发力来推动中国电视剧的海外传播。

据不完全的资料，从 20 世纪 80 年代开始，中国电视剧海外推广的时间和方式如下表①：

大致时间	推广方式	推广行为
1983 年	参加国际电视节	首次在法国戛纳电视节上设立“中国电视”的展台
1984 年	专门从事节目外销的公司	中国国际电视总公司成立（1997 年进行改组）
20 世纪 80 年代中期开始	节目互换	中央电视台与日本、丹麦等电视台签订播出协议
1990 年	全国对外宣传工作会议	明确广播电视是对外宣传的重要力量
1992 年 10 月	卫星覆盖	中央电视台中文国际频道正式开播；此后，多个省市开播了国际频道
1993 年 1 月	成立从事电视节目外销工作的联合组织	“中国电视节目外销联合体”成立
2001 年	影视节目海外落地	广播影视“走出去”工程
2007 年	国家战略的高度	提升文化软实力
2013 年	国际合作	中非影视合作工程
2013 年	国家项目扶持	丝绸之路影视桥工程
2016 年 5 月	国际合作	丝路电视国际合作共同体
2016 年 12 月	成立国际传播机构	中国国际电视台（CGTN，别称中国环球电视网）
2017 年 11 月	行业合作	影视文化进出口企业协作体 FTIEA

从上表可以看出四点：一是，国家对以电视剧为主体的电视节目海外推广和传播越来越重视，上升到对外宣传工作和提升文化软实力的国家高度；二是，推广方式也逐步多元，通过参加国内外的影视节展、举办中国电视剧的对外宣传活动来培育海外观众，到国际卫星的覆盖 / 落

① 此表格参考的资料主要来自于两方面：一是李岚：《改革开放推动广播电视国际传播大发展》，2018年12月19日，“影视文化进出口企业协作体”公众号；二是中国广播电视年鉴编辑委员会每年编辑的《中国广播电视年鉴》（1986年度以来）。

地以及 CGTN 的国际化传播机构，中国电视剧等节目有越来越多的渠道进入海外观众的视野；三是，具有央视背景的中国国际总公司与民间影视机构广泛合作，到 2017 年“影视文化进出口企业协作体”的成立，各方力量在参加国际电视节、共享销售发行网络等方面进行联合，组团进军国际电视剧市场；四是，中国与各个国家进行广泛的国际交流和合作[①]，在国际交往的友好氛围中，推动中国电视剧走向世界上更多的国家。

第三，传播渠道来看，从传统媒体到顺应互联网发展的新媒体传播平台。

从 20 世纪 80 年代开始，中央电视台与其他国家电视台签订节目的交换协议，以及国家之间的合拍合作，中国电视剧开始在海外的地面电视频道播放。随着时代的发展，中国电视剧也进入有线频道网络，再到卫星电视的覆盖，再到如今覆盖全球的 CGTN（中国环球电视网），一步步顺应传播渠道的新变化。特别是自 2013 年以来，不管是央视背景的中国国际电视总公司，还是民营的华策、华录百纳、海润等影视公司都顺应世界范围内视频网站的蓬勃发展，在海外的 YouTube、Netflix、Viki、Dramafever 等视频网站平台上布局，借用互联网的便捷、共享、开放等传播优势，让更多海外观众，特别是非华语地域的观众接触到中国电视剧。因此《全球电视剧产业发展报告（2016）》就提到，“随着互联网的迅速发展，中国电视剧通过销售版权、点播分成等方式，已逐步扩大了在海外新媒体传播平台上的影响力，并取得了相应的经济效益”[②]。从传统媒体到新媒体平台，中国电视剧随着主要传播渠道的变化，不断增加着与海外观众的接触机会。

---

① 李岚：《改革开放推动广播电视国际传播大发展》，2018年12月19日，“影视文化进出口企业协作体”公众号。此文中指出，近年来，举行的中外媒体合作和交流论坛的有：“中俄媒体交流年”“中国—中东欧媒体交流年”“中非媒体合作论坛”“中阿媒体合作论坛”，承办了亚太广播发展机构2017年亚洲媒体峰会和第54届亚洲—太平洋广播联盟大会等，这些活动都有力地推动了中外媒体之间的深入合作和交流。

② 张海潮、胡占凡主编：《全球电视剧产业发展报告（2016）》，中国广播电视出版社2016年版，第176页。

中国电视剧海外传播的发展思考

改革开放 40 年来，正如上文的历时分析，中国电视剧的海外传播都取得了一定的成绩，站在新的历史发展节点上，需要对以下几个问题进行更深入的思考：

第一：今天谁在看？看什么？

就世界范围来看，除开具有共同背景的高语境文化地区（亚洲各国的儒家文化圈、海外华人聚居地），如英国、美国等低语境文化区域的普通民众看过“中剧”的并不多，有的只是听说而已。但非常欣喜的是，随着网络观看渠道的建立[①]，海外的年轻观众不仅看过一些中国电视剧，甚至还知道一些中国的新生代演员。

因此，向海外输出的电视剧类型，应该适当减少以前传播思维中突出历史、古装、武侠等类型的中国个性，更加共享类型上的共性，多增加如家庭、医疗、爱情、情景喜剧、科幻、犯罪等国际主流的电视剧类型。讲的中国故事，首先应该建立在全世界都接纳的故事类型之上，在共性中突出个性，将个性和共性融合，多与国际主流的电视剧类型对话，这应该成为中国电视剧海外传播的主流。

另外，从呈现的文化影像来看，客观而言，历史的中国影像已是过去，当代文化、城市文化、青年文化等内容更受年轻一代海外观众的欢迎，因此现在国家大力扶持现实题材电视剧的创作，不仅是对国内电视剧市场的行业引导，也是对海外传播事业的有力推动。当代中国的当代故事，会是中国电视剧海外市场增长的重要版块。

第二：推动的作用？传播的主体？

近些年，随着中国的经济腾飞，以国家力量为主导的中国文化“走出去”推动了“中剧”的海外传播。正如前文分析的，改革开放以来，通过很多国际间、政府间、行业间的交流项目，让“中剧”的海外传播

① 观点详见笔者的另一篇文章，《从点击的量到传播的质：中国电视剧海外网络平台传播研究》，《现代传播》2018年第6期。

力量实现了一定程度的整合。同时，我们也需要清晰地认识到，只有“淡化官方身份和背景的主体形象，突出民间、行业、专业的主体身份与形象”[①]才能更好地与海外影视机构、海外发行商进行交流，在政府维度之外，多整合影视机构等企业组织、民间个体等多元力量，才能形成更好的海外传播格局。

从发展阶段来看，中国在前期已经通过参加国内外影视节展、举办宣传周等宣传活动，培育了海外观众对“中剧”的认知度。“中剧”下一步就是要通过更多的市场交易来真正推进到国际市场，更多商业公司、民营企业、民间个体的介入，更多增加商业买卖，会更有力提升“中剧”品牌的国际影响力。

第三：更便捷的路径？

在世界范围来看，与美剧 / 英剧 / 韩剧 / 日剧相比，目前“中剧”海外征程面临很多的现实问题，比如语言翻译不够多，语种范围不够广，品牌度不够响……这些问题，国家层面正在努力解决，比如成立国家多语种影视译制基地，发布《关于遴选优秀影视作品进行译制资助有关事宜的通知》等解决字幕翻译问题。

从中国电视剧的海外传播历程来看，合拍的《望乡之星》是当年中国电视剧走向世界的起点，其后《勇士最后的秘密》（中国与俄罗斯）、《苍穹之昴》（中国与日本）、《情陷巴塞罗那》（中国与西班牙）等合拍的电视剧都取得了成功，再到即将在 2019 年 2 月中央电视台电影频道与美国 HBO 同步播出的《龙藏深泉王隐林》《龙形侠影黄澄可》[②]都是成功的海外传播案例，因此中国需要更多与世界的对话，充分与世界各影视机构的本土化力量合作，在合作中探索“中剧”海外传播的新模式和新路径，继续通过电视剧向世界讲述，世界观众喜爱的“中国故事”。

---

① 胡智锋、刘俊：《主体 · 诉求 · 渠道 · 类型：四重维度论如何提高中国传媒的国际传播力》，《新闻与传播研究》2013年第4期。

② 《中央电视台电影频道与HBO再推新作　构建影视“走出去”新模式》，2019年1月5日，来源于影视文化进出口企业协作体FTIEA公众号。另外，中央电视台电影频道还在2016年末与HBO合作推出了《醉侠苏乞儿》和《擎天无影脚黄麒英》，也是海内外同步首播。

改革开放40年：中国广播电视学术研究的进路及特色

王勇　宋梅　刘晗*

2018年是我国实行改革开放40周年。在这过去的40年里，我国广播电视事业快速发展，取得了举世瞩目的成就。作为对广播电视事业发展的理论观照，我国的广播电视学术研究也取得了显著进步。梳理改革开放40周年来我国的广播电视学术研究成果，可以更好地把握我国的广播电视学术研究的历史和现状，更好地谋划和改进今后的广播电视学术研究。

1978年12月召开的党的十一届三中全会，确立了“解放思想，实事求是”的思想方针，做出了把全党工作重点转移到社会主义现代化建设上来的战略决策，为我国各项事业的拨乱反正、为我国开启改革开放

---

* 国家社科基金项目“新媒体时代西南沿边民族地区的政治传播与国家安全研究”（项目编号：17BXW110）、云南省委网信办项目“网络传播态势及新生代受众研究”（项目编号：YNWX2017006）、云南省哲学社会科学规划特别委托项目“新时代宣传思想工作创新发展的云南实践研究”（项目编号：TBWT201803）、云南省2018年高校本科教育教学改革研究项目“‘台校共建’协同育人模式研究与实践”（项目编号：JG2018042）。

王勇，男，湖南隆回人，教授，博士，昆明理工大学南亚东南亚新闻传播研究院院长、艺术与传媒学院副院长、云南省南亚东南亚网络文化研究中心副主任，主要研究领域：广播电视传播、新闻传播、政治传播等。

宋梅，女，湖南南县人，昆明理工大学艺术与传媒学院硕士研究生，主要研究领域：广播电视艺术。

刘晗，女，山东济南人，昆明理工大学艺术与传媒学院硕士研究生，主要研究领域：广播电视艺术。

历史新时期提供了思想基础和政治保障。我国的广播电视事业也开始摆脱思想上的禁锢，扬帆启航。1980 年 10 月 7 日至 18 日，中央广播事业局召开了第十次全国广播工作会议，明确提出“在本世纪末，要建成独立、完整、自成体系的广播和电视宣传网，使广播和电视成为新闻舆论中心之一，成为电视教育、科学普及、文艺欣赏和娱乐的重要阵地。”[①] 在此背景下，我国的广播电视学术研究也开始活跃起来，学术论文逐渐增多，通过中国知网的期刊网搜索，1978 年发表有关广播电视学术研究的论文只有 2 篇，1979 年增加到 22 篇，1980 年猛增加到 64 篇。梳理改革开放 40 年来我国的广播电视学术研究成果，我国广播电视学术研究主要从中国广播电视史研究、中国广播电视本体研究、中国广播电视业务研究等三个维度展开，并都取得了突出成绩，都形成了自己的特色。

一　中国广播电视史研究：从零散资料收集到系统梳理再到不断深化细化

十一届三中全会后，我国的广播电视学术研究最先是从广播电视史开始的，而且主要是从老一辈无产阶级革命家对广播事业的关怀和人民广播事业的诞生、发展入手开始研究的。这可能与学术界刚刚经历过“文化大革命”，思想上还存在顾虑，而研究人民广播史风险小有关。

1978 年，《新闻战线》刊发了《延安新华广播电台和重庆新华日报》一文，主要介绍了解放战争时期，延安新华广播电台与重庆新华日报怎样互相配合，并肩战斗，以及在唤醒国民党统治区广大人民起来为争取民族解放和人民民主而奋斗方面做出的重要贡献。1979 年北京广播学院新闻系编印了《中国广播史料选辑》（第一辑），大约七万余字，收入了抗日战争和解放战争时期延安新华广播电台的部分历史资料，内容主要有：一、中央有关文件和毛泽东的有关论述；二、延安新华广播电台创建和发展的有关资料；三、延安新华广播电台编播工作的有关资料；

① 《全国广播会议提出奋斗目标——本世纪末建成独立完整自成体系广播电视宣传网》，《新闻战线》1980年第11期。

四、对延安新华广播电台宣传的有关反映。附录中还编入了延安新华广播电台 1940 年至 1949 年大事记。[①]同年，北京广播学院新闻系还专门开展了征集中国人民广播回忆录活动，向曾在各解放区广播电台工作过的近五十位老同志发出约稿信，邀请他们撰写有关回忆文章，并且广泛开展了走访活动。征集的人民广播回忆录包括四个方面的内容：一、党中央和毛泽东、周恩来及其他老一辈无产阶级革命家关怀广播事业的情况；二、延安新华广播电台和各地新华广播电台在战争年代创建、发展、壮大的情况；三、延安新华广播电台和各地新华广播电台编采、播音、技术工作的情况；四、解放区军民和我地下党组织，国民党统治区各界人士、国民党军官兵以及港澳和东南亚地区听众收听我广播的情况等。[②]与此同时，一些有关广播电视史方面的研究论文如《周恩来同志与人民广播》《少奇同志和广播事业》《关于新华社和延安新华广播电台的诞生日期》《延安（陕北）新华广播电台发展概略（一九四〇年——九四九年）》等相继刊发，一些著作如《中国人民广播回忆录》（1—4 集）（北京广播学院新闻系编选，1980、1983、1986、1990 年）、《广播稿选（延安 [陕北] 新华广播电台）》（北京广播学院新闻系，1985 年）、《人民大众的号角：延安（陕北）广播史话》（杨兆麟、赵玉明，1986 年）、《延安之声——延安（陕北）新华广播电台纪闻》（苏力，1990 年）、《东北人民广播史》（1945.8—1949.9）（吴少琦，1991 年）等也相继出版。此后，广播史的研究由人民广播扩展到民营广播、敌伪广播等。同时，一些学者也开展中国电视发展方面的史料收集和整理。

随着史料收集和研究成果的不断积累，中国广播电视史的学术研究由零散的资料收集和整理转向系统的梳理和研究，陆续出版了《中国电视史》（郭镇之，1991 年）、《中国现代广播简史》（赵玉明，2001 年）、《中国广播电视简史》（乔云霞，2001 年）、《中华人民共和国广播电视简史（1949—2000）》（徐光春，2003 年）、《中国广播电视通史》（赵玉明、2004 年）、《中国电视史》（刘习良，2007 年）、《中国广

① 《新闻系编印〈中国广播史料选辑〉（第一辑）》，《北京广播学院学报》1979年第1期。

② 《我院新闻系征集中国人民广播回忆录》，《北京广播学院学报》1979年第1期。

播电视图史》（赵玉明、2009年）、《中国电视史：1958—2008》（常江，2018年）等著作，这些著作系统地梳理和研究了我国广播电视的产生、发展历程以及不同发展时期的特征和对社会的影响等。

随着研究的进展，我国广播电视史的研究范围不断拓宽，研究不断深入、细化。一是拓展到少数民族广播电视史的研究，出版了专著《中国少数民族广播电视发展史》（林青，2000年）及一系列论文；二是拓展到地方广播电视史的研究，出版了《银川广播电视简史》（王杨宝，2007年）、《从“珠江模式”到跨越式发展——广东广播改革开放30年历史回顾》（白玲、申启武，2008年）、《新疆电视台四十年发展史》（杨洪新，2010年）、《厦门广播电视史略：1935 ~ 2007年》（2009年）、《广播的跨越——广东广播插图史》（白玲，2012年）、《当代北京广播史话》（王娜、于嘉，2013年）、《宁夏广播电影电视编年史》（朱昌平，2014年）等著作及大量论文；三是拓展到广播电视专门史的研究，出版了《中国电视艺术发展史》（郭镇之，1994）、《中国电视纪录片史论（1958—2004）》（何苏六，2005年）、《中国电视剧产业史》（褚玉琦，2014年）、《大陆对台广播史研究》（刘洪涛，2015年）、《中国电视剧60年大系》（6卷）（王卫平，2018年）等著作及大量论文。

总之，我国实施改革开放40年以来，中国广播电视史是我国广播电视学术研究的重要领域并取得了突出成绩，实现了从零散资料收集整理，到对我国广播电视发展史的系统梳理和研究，再到研究范围不断拓展，研究不断深入、细化。

二　中国广播电视本体研究：由广播的特征到广播电视的性质、功能和任务再到广播电视学理论体系的建立

在改革开放之前，我国的广播电视长期沦为报纸的“有声版”与“传声筒”。随着十一届三中全会召开后人们的思想逐步解放，我国的广播电视开始迈出“走自己的路”的新步伐。1980年7月，北京广播学院为“适

应广播、电视事业发展的需要”，将原来的新闻系分为四系一部：新闻系、播音系、文艺编辑系、电视系、语言文学部，“任务是为中央和全国各地方广播电台、电视台培养编辑、记者、播音员”[①]，新闻系设编辑采访专业，播音系设播音专业，文艺编辑系设文艺编辑专业，电视系设电视摄影专业、电视编辑专业和电视导演专业。1980 年 10 月，中央广播事业局召开第十次全国广播工作会议，提出“广播电视坚持自己走路”，“广播电视宣传要改变依赖报纸、通讯社和影剧院的被动局面”，“应该像报纸、通讯社那样，成为一个具有不同特点的、掌握着不同的舆论工具的独立的新闻机关”[②]。在此背景下，一些广播电视研究者也开始思考广播电视的本体问题。据统计，在 1979 年至 1981 年的三年间，在《北京广播学院学报》“新闻采编”上就发表了有关广播电视本体理论方面的研究文章 20 篇。[③]关于广播电视的本体研究，最先是从探讨广播的特点开始的，当对广播具有自己的特点、应走自己的路达成共识后，又延伸到对广播电视的性质、功能和任务等的探讨和对广播电视理论体系的建构。

1. 广播的特征

1979 年，白谦诚发表《广播的特点初探》一文，率先探讨广播的特点问题。他说，“在‘四人帮’横行时期，广播特点也成了‘禁区’”，“十几年来，广播界对包括广播特点在内的许多业务问题缺乏认真的理论研究，业务思想混乱，致使在实际工作中带有一定的盲目性”；他认为，“广播作为一种新闻工具，同报纸、刊物、通讯社、电视一样，都要遵循无产阶级的新闻路线、方针、原则和新闻工作的普遍规律，这是它们的共性。同时，广播又有自己的特点，即个性”；“广播的特点是由无线电波传送声音这种特殊的传播方式所决定的，因而广播兼有无线电和声音两方面的特点”[④]；同年，曹石、杨牧提出，广播的最基本的特点是“声音”。

① 黄勇：《广播学院将原新闻系分为四系一部》，《新闻战线》1980年第11期。

② 《全国广播会议提出奋斗目标——本世纪末建成独立完整自成体系广播电视宣传网》，《新闻战线》1980年第11期。

③ 杨靖、陈思劼：《中国广播电视学术研究20年》，《现代传播》1999年第5期。

④ 白谦诚：《广播特点初探》，《北京广播学院学报》，1979年第2期。

由此而派生出其他一些特点：传播迅速及时，不受距离的限制；听众广泛，基本不受文化水平的限制，就宣传效果讲，它靠“说”和“听”而起作用，因此，更富有感染力和鼓动性，同时，由“声音”派生出来的主要弱点是一听即逝[①]；章宗栋则认为列宁将无线电广播比喻为“不要纸张、‘没有距离’的报纸”已经过时，广播的特点只有一个即“仅仅用声音来传播内容”[②]；董启焕则认为，广播的特点是通过无线电波或导线，向广大地区播送音响节目。[③]还有康荫、杨伟光、艾丰、春犁、周珂等人也从不同角度分析了广播的特点并强调在实际工作中要发挥广播的特点。

此外，康荫发表《关于“要自己走路”探析》、曹石、杨牧发表《谈广播走自己的路》、左漠野发表《自己走路 发挥优势》、韩泽发表《自己走路，走自己的路》等文章，提出广播应发挥自己的特点，“自己走路”，“走自己的路”。

以上关于广播的特点及“走自己的路”的探讨主要集中在1979年至1981年，并很快形成广播因通过无线电波或导线传输信号、以声音为传播介质因而具有不同于报刊的特点、应走自己的路的共识，并进而影响到人们对电视的认识，即认为电视是通过无线电波或导线传输信号、以图像和声音为传播介质的大众媒体。此后延伸到广播（电视）新闻、广播（电视）评论、广播（电视）文艺、广播（电视）戏曲、广播（电视）宣传、广播（电视）广告、广播（电视）语言等的特点方面的研究。进入21世纪后，随着传播技术的发展，相继产生了数字电视、高清电视、网络广播、网络电视、手机广播、手机电视等新的广播电视形态，学者们又对它们的特征进行了分析和探讨。

2. 广播电视的性质、功能、任务及广播电视学理论体系

党的十一届三中全会以后，随着我国广播电视事业的迅猛发展，基于广播电视实践对广播电视理论的呼唤，1985年，广播电影电视部政

---

① 曹石、杨牧：《谈广播自己走路》，《北京广播学院学报》1979年第2期。

② 章宗栋：《“不要纸张”和“没有距离”已经不是广播的特点》，《北京广播学院学报》1980年第3期。

③ 董启焕：《关于广播特点》，《新闻知识》1986年第10期。

策研究室和几位老广播电视工作者发起组织撰写《中国广播电视学》。1986 年 7 月，国家广播电影电视部召开了首次广播电视学研讨会，开始把广播电学作为一门独立学科进行研究。同年 10 月 15 日中国广播电视学会成立，其《章程》中明确了其首要研究任务是“开展广播电视的学术研究，促进中国广播学、电视学的建设和发展”，并将编写《中国广播电视学》一书作为重点课题，纳入了学会的科研计划。在撰写《中国广播电视学》过程中，撰写人员发现，第一章“广播电视的性质和任务”最重要也最难。于是《中国广播电视学刊》在 1988 年第 1 期刊登了《“广播电视的性质和任务”征文启事》，并从第 4 期开始发表有关来稿探讨广播电视的性质、功能、任务问题。1988 年 5 月 17 日至 19 日，《中国广播电视学刊》和广播电影电视部政策研究室联合召开了《关于广播电视性质、功能和任务》的理论研讨会。从事广播电视实践和理论研究工作的 20 余人参加了会议。会上大家畅所欲言，既形成了许多共识，也交换了不同观点。会后，《中国广播电视学刊》刊发了在研讨会上发言的 16 位同志的发言要点。经过以上的研讨，我国广播电视业界对中国广播电视的性质、功能和任务形成了初步的共识。

1990年，我国第一部全面、系统地论述广播电视基本理论问题的专著《中国广播电视学》出版，它由阎玉任主编，由26位作者历时4年共同撰写而成。全书除绪论外，分为8编40章，约60万字。该书以节目研究为重心，既有基础理论研究，又有应用理论研究；既有传播者研究，又有受众研究，既有“无线”研究，又有“有线”研究，既有对内广播研究，又有对外广播研究；既有技术研究，又有管理研究；既有历史研究，又有未来研究……涉及的范围相当广泛。其中前3章属于基础理论研究，探讨了广播电视的定义、自然属性和社会属性。该书给广播电视下的定义是“通过无线电波或导线，向特定范围播送音像节目的大众传播媒介”；该书认为，当代中国的广播电视性质是，由中国共产党领导的社会主义性质的广播电视，人民是我国广播电视的主人。简言之，即广播电视是党、政府和人民的喉舌；广播电视是具有多功能的大众传播媒介。当代中国广播电视的社会功能有传播新闻、社会教育、文化娱乐、提供服务等四个，也可细分为宣传、导向、沟通、告知、批评、监督、教育、服务、娱乐九项功能；当代中国广播电视的任务可分为社会主义初级阶段的总任务和各个时期的具体任务两个层次。总任务就是宣传好党在社会主义初级阶段的总任务，教育、鼓舞和动员全国各族人民为实现这一总任务而奋斗。各个广播电视台以及它们所办的各个节目的具体任务，则要在总任务指导下，根据各个时期中央和地方党委、政府的要求和工作部署以及其他实际情况来制订。这本著作对中国广播电视的性质、功能、任务及相关基础理论问题作出比较科学的分析和阐释，为中国广播电视学这门新兴学科奠定了较为系统、完整的理论基础。这本书的出版标志着中国广播电视学理论体系初步形成。此后陆续出现了一些研究中国广播电视学的研究成果，但大多以该著作的研究框架和核心观点为基础。

进入 21 世纪后，广播电视技术的发展、国际国内传播环境的变化以及导致的传播理念的变化对广播电视理论提出了一些新要求、新挑战，为此，2004 年 12 月，国家广播电视总局将撰写《当代中国广播电视学》确立为部级重大社科研究项目并正式下达给中国广播电视协会。但直到 2014 年由张振华主编的《当代中国广播电视学》才正式出版。该书立足“当代”，在诸多方面取得了中国特色广播电视理论的创新成果，其最大亮点是提出了新的广播电视定义：“广播电视是指以各种电子通信技术与设备为介质，将声音、图像、文字等多种信息广泛传播，通过多种终端为受众提供视听类服务的大众传播媒体。”这个定义契合了当代广播电视的形态与功能变化，拓宽了人们对广播电视的认识。

总之，随着十一届三中全会召开后思想的解放，我国广播电视学术界由探讨广播的特点开始再到研究中国广播电视的性质、功能和任务等基本理论问题，逐步建立起中国特色的广播电视学理论体系，并随着广播电视事业的发展而不断进行理论创新。有关中国广播电视本体的研究以及中国广播电视学理论体系的建立有力地指导了我国的广播电视实践，还在 20 世纪 80 年代初，我国广播电视事业不但实现了“自己走路”，而且很快无论是媒介规模，受众规模，还是传播的影响力等方面均超过原先作为媒介老大的报纸①。此后，在受众规模和影响力上，电视长期占据第一媒体的位置。

三　中国广播电视业务研究：实践导向、经济导向、技术导向、政策导向

十一届三中全会召开之前，受“极左”思想的束缚，我国广播电视节目贫乏。广播成为报纸、通讯社的附庸，电视则被喻为“缩型电影院”，节目囿于“电影+新闻片”，人民群众的意见很大。十一届三中全会召开后，广播电视界的思想逐渐解放，有关广播电视业务方面的探讨、交流也日益活跃起来。1979年9月14日北京广播学院举办建院20周年学术报告会，有6位在广播电视第一线工作的毕业生回到北京广播学院为师生作了广播电视业务方面的学术报告；1980年1月26日至30日，湖南人民广播电台编辑部召开了全省广播剧、广播小说、广播小品创作座谈会；1980年4月14日至21日，在武汉市举行了山东、四川、广东、黑龙江、湖北五省广播电台记者工作经验交流会，讨论了广播经济宣传和记者工作的经验和问题，并商定每年开展一次这样的活动；1980年7月上旬全国第一次广播戏曲座谈会在北京广播学院召开，来自中央人民广播电台和全国二十几个省、市、自治区广播电台的代表参加了广播戏曲创作的研讨；1980年7月25日至31日，华东六省一市电台播音业务座谈会于在上海举行，华东六省一市电台的播音组长和播音员及相关专家探讨了播音语言表达方面的创新以及播音员的培养教育问题……同时，有关广播电视业务方面的研究论文也不断增多，从中国知网上看，1978年刊发有关广播电视业务的论文有1篇，1979年增长到8篇，1980年猛增长到29篇……1985年中央电视台还创办了主要探讨电视业务的学术刊物《电视研究》，一些省级广播电视台也陆续创办了主要探讨和交流广播电视业务的学术期刊，鼎盛时期总数近20家。至今有关广播电视业务方面的研

① 陆晔：《电视时代》，复旦大学出版社1997年版，第15页。

究成果数量非常庞大，单从数量上来看，远超过有关中国广播电视本体和中国广播电视史方面的研究成果。梳理改革开放40年来我国的广播电视业务方面的研究，它具有以下几个鲜明特点——

1. 实践导向性

改革开放以来，我国的广播电视业务研究大多紧贴广播电视业务实践，许多研究者是广播电视业务第一线工作人员，许多研究成果是广播电视业务工作的经验总结和理论思考，因此我国广播电视业务研究具有明显的实践导向性，它突出表现在广播电视实践每出现一种新现象、新情况、新问题、新做法，就涌现出一批围绕这种新现象、新情况、新问题、新做法的研究成果。如 1990 年 4 月 21 日，《正大综艺》节目在中央电视台正式开播，特别是 1997 年湖南电视台的《快乐大本营》《玫瑰之约》在全国走红掀起了全国各地电视台创办电视综艺节目的热潮，随即也掀起了对电视综艺节目的研究热，有关探讨电视综艺节目的策划、制作、管理、营销方面的论文如《浅论综艺节目制作》《浅谈综艺节目的立意和整体把握》《电视综艺节目的创作走向》《浅谈综艺节目的制片管理》等大量出现，以“综艺节目”为篇名，通过中国知网文献网搜索找到 2913 篇相关文章；又如 2002 年 1 月 1 日，江苏电视台《南京零距离》开播并打出“民生新闻”的旗号后，引起城市电视媒体纷纷效仿，创办电视“民生新闻”节目，掀起了一股电视“民生新闻”节目“浪潮”，有关电视“民生新闻”的研究成果也大量涌现，以“电视民生新闻”为篇名，通过中国知网文献网搜索找到 1614 篇相关文章。

2. 经济导向性

改革开放以来，我国广播电视实行“事业单位，企业化管理”体制。“企业化管理”要求各广播电视媒体走向市场，参与竞争，赚取运营和发展资金。因此，怎样搞好经营与管理，特别是通过节目吸引受众，提高收视（听）率和收视（听）份额，吸引广告商，赚取利润，成为广播电视机构不得不面临的现实问题，我国广播电视业务研究也针对此问题开展了大量研究，涌现了大量有关广播电视经营管理、产业开发，提高收视（听）率、收视（听）份额、吸引电视（广播）广告，以及品牌建设等方面的研究成果，如著作《数字电视产业经营与商业模式》（黄升民等，2002年）、《电视媒体广告经营》（夏洪波、洪艳，2003年）、《广播电视经营与管理》（周鸿铎等，2005年）、《中国电视广告经营模式创新研究》（唐世鼎、郭振玺，2005年）、《电视频道经营实务》（周鸿铎、夏陈安，2005年）、《广播电视经营与管理》（刘立刚 等，2006年）、《城市电视媒体经营与策划》（陈接峰，2006年）、《电视收视率解析：调查、分析与应用》（刘燕南，2006年）、《电视与新媒体品牌经营》（支庭荣等，2007年）、《省级电视台经营创新战略研究》（黄著诚，2008年）、《广播经营与管理》（董传亮等，2008年）、《电视节目经营策略》（周鸿铎，2009年）、《广播经营战略研究》（凌昊莹，2009年）、《经营广播》（李秀磊，2010年）等等，而相关研究论文更是数量惊人。如通过中国知网文献网搜索，以"电视广告"为主题，找到9930条结果；以"广播广告"为主题，找到2081条结果；以"收视率"为主题，找到9987条结果；以"收听率"为主题，找到837条结果。由上可见，我国的广播电视业务研究还呈现出突出的经济导向性。

3. 技术导向性

自改革开放以来，随着我国社会经济的发展，特别是在互联网技术、数字技术的推动下，我国广播电视技术飞速发展，广播电视媒体新形态不断出现。而每一次广播电视技术进步和每一种广播电视媒体新形态的出现，都对我国广播电视事业乃至整个媒体格局，甚至社会的政治、经济、文化都产生重要影响。因此，每一次广播电视技术进步和每一种广播电视媒体新形态的出现，都成为我国广播电视业务研究的热点。如自1998年、1999年我国数字电视技术取得突破后，我国逐步推广由模拟彩电向全数字彩电过渡，数字电视也成为我国广播电视业务研究的热点，以"数字电视"为主题，通过中国知网文献网搜索，从2000年1月1日至2018年12月1日竟然找到26265条结果。近年来出现的其他广播电视新技术和广播电视媒体新形态也出现了大量的研究成果，许多都连续几年成为广播电视业务研究的关键词，如以"IPTV"为主题，通过中国知网文献网搜索，找到3239条结果；以"手机电视"为主题，找到1729条结果；以“3D电视”为主题，找到1222条结果；以“手机广播”为主题，找到643条结果；以“视频网站”为主题，找到4684条结果等，说明我国广播电视业务研究紧跟广播电视技术的发展，“技术导向”也是改革开放以来特别是20世纪末以来广播电视技术迅猛发展的这个时期我国广播电视业务研究的一个重要特色。

4. 政策导向性

我国的广播电视，在性质上是党的事业的重要组成部分，接受党的领导；在体制上属于国有国营，由国家投资规划建设，资产为国家所有，并由政府管理，广播电视机构的领导成员由政府任命，广播电视的业务方针由政府规定，业务活动受到政府的指导和监督。党和政府通常会根据政治、经济形势和社会发展需要制定或出台有关广播电视发展方面的政策，而我国的广播电视机构必须毫无保留地落实党和政府的政策。党和政府的政策对我国广播电视的发展会产生直接而关键的影响，它决定着我国广播电视业的发展方向和路径。正因为如此，无论是广播电视业界还是学界自然会非常关注党和政府出台的有关广播电视发展方面的政策，每一项政策的出台都会成为广播电视研究的热点，学术界都会围绕政策对广播电视业务的影响进行分析，对政策的落实提出对策与建议等等。如2004年，国家广电总局将这一年定为“产业发展年”“数字发展年”，大力推进全国广播电视的数字化和产业化，广播电视学术研究中的大量研究就围绕国家的这一政策展开，大量研究成果研究了我国广播电视产业化的历程，产业化实现的障碍和路径，研究推广数字付费电视的困难和对策等等，“产业化”“数字付费时代”后被人列为2004年我国广播电视研究的关键词①；又如2010年1月13日，原国务院总理温家宝主持召开国务院常务会议，提出了推进“三网融合”的阶段性目标；3月5日，温家宝又将“三网融合取得实质性进展”写进当年的政府工作报告，“三网融合”被正式确立为国家的一项重要政策。“三网融合”也成为2010年广播电视业务研究的焦点，以“三网融合”为主题，从中

① 王辰瑶：《2004年广播电视研究的十个关键词》，《声屏世界》2005年第2期。

国知网文献网上可以找到 1868 条结果，为历年最高，“三网融合”也被人列为 2010 年我国广播电视研究的关键词[①]。有人统计发现，从 2004 年至 2013 年十年来广播电视研究的关键词涉及政府政策的达 17 个，除了 2012 年，每年都有涉及广播电视研究“政策导向”的关键词[②]。可见“政策导向性”也是改革开放以来我国广播电视业务研究的一个显著特色。

总之，改革开放以来，我国广播电视事业发展迅猛，广播电视业务在各方面都进步显著，有关广播电视业务研究也取得了丰硕的成果，并在总体上呈现出实践导向性、经济导向性、技术导向性、政策导向性等特征。虽然很多成果存在研究方法陈旧单一、缺乏理论深度和创新不足等问题，但为我国广播电视的业务实践提供了一定的指导和启示，促进了我国广播电视业务的发展。

① 陈力丹、董晨宇：《2010 年广播电视研究的七个关键词》，《声屏世界》2011年第3期。
② 王勇：《从关键词看十年来我国广播电视研究的特征》，《声屏世界》2015年第1期。

第二辑

智能时代与视听传播

以“三化”促融合　以融合促发展

牟丰京*

40年来，中国发生的巨变每个人都有目共睹，而我作为一个在新闻传播领域干了30多年的“老兵”，对此有更深刻的体会。这种体会来自两个方面：一方面是作为新闻人观察和感受到的各行各业、社会的方方面面所发生的翻天覆地的巨变，另一方面是传媒领域本身所发生的深刻变革和进步。特别是广播电视领域，40年前，电视还是不折不扣的奢侈品，放一部电视剧一定会“万人空巷”，而今天，广播电视已经成为广大人民群众精神文化生活的重要组成部分，丰富多彩的节目成为改革开放给中国百姓带来的最显著、最愉悦的实惠之一。回望过去，40年来，中国广播电视行业与改革开放的大潮同频共振，交出了一份总体满意的答卷；展望未来，我们又面临新的、从未有过的考验。发展的方向如何明确？动力从何而来？如何在为经济赋能、为生活添彩的同时，实现自身的不断发展壮大？这几年，重庆广电人不断在思考这些问题，也作了一些探索。

一　加强顶层设计，以“三化”促融合

2013 年 11 月，党的十八届三中全会提出要“整合新闻媒体资源，

* 牟丰京，中国电视艺术家协会副主席、重庆广播电视集团（总台）党委书记、总裁（总台长）。

推动传统媒体和新兴媒体融合发展”。2014 年 8 月 18 日，习近平总书记主持召开中央深改组第四次会议，指出要“推动传统媒体和新兴媒体融合发展，强化互联网思维，着力打造一批形态多样、手段先进、具有竞争力的新型主流媒体”。中央的定调，为我们做好媒体融合发展工作提供了战略指导和行动指南。

在具体工作中，我们发现，同样是传统媒体，报纸和广播电视却有着很大的不同。按照“二八原理”来看，报纸的传播内容，80% 与新闻有关，因此它又被称为“新闻纸”，它的融合发展基本上是以有效整合人力、信息、渠道等方面的资源，再造采编流程，建设“中央厨房”，实现“一次采集，多次生成，多元发布”的新闻运营为主要措施。而我们广播电视的传播内容，只有 20% 与新闻有关，其余的大部分与新闻没多大关系，但与百姓的生产生活息息相关，有极强的文化产业开发属性。这种天然的不同，决定了我们广播电视必须要走与报纸不同的、具有广电特色的媒体融合发展之路。因此，我们结合自身资源实际和特色，提出了要坚持以先进技术为支撑，内容建设为根本，在内容、渠道、平台、经营、管理等方面进行深度融合，以“平台网络化、渠道生态化、内容产业化”（简称“三化”）为战略引领，以构建智能创新生态体系和产业生态体系为战略选择，以打造“两江云”平台、物联网互联网化改造、4K 超高清技术应用实践、新媒体业务拓展等为抓手，以“台网融合”为突破口，推进媒体深度融合发展。

（一）平台网络化。在当今多屏时代，信息渠道和接收终端呈现多元化，受众需求和内容产品呈现多样化，因此必须要改变以往的观念和模式，将互联网、移动互联网思维引入自身能够掌控的各个平台，以“平台 + 互联网”重点项目建设为抓手，快速实现与信息时代融合。近年来，我们积极推进“平台网络化”重点项目，在“第 1 眼”APP、网络广播电视台（视界网）、“逗听 FM”APP、“两江云”平台、IPTV 平台、有线网络互联网化和物联网化改造等方面取得了长足发展。

其中，“第 1 眼”APP 是重庆广电于 2017 年 6 月正式上线运营的以本土新闻为特色，以视频新闻为主导，以新闻类音频、生活服务娱乐类音视频为两翼的重庆地区最具影响力的移动端本地新闻发布平台。其通过图、文、声、像多种方式呈现新闻内容，二次传播、延伸传播、互动传播效果得到显著提升。截至目前，“第 1 眼”APP 下载量达 140 万。在党的十九大、今年的全国两会，以及今年 8 月在重庆举办的全国首届“智博会”期间，“第 1 眼”APP 与广播频率、电视频道、网络广播电视台等共同构成融合报道平台，实现多路采集、多点发力、多屏互动，融合传播形成声势，获得中宣部和总局的多次点名表扬。

“逗听 FM”APP 是依托重庆广播频率资源，打造广播原创类声音产品、广播视频直播平台，于今年 8 月上线试运行，实现广播 6 个频率的移动互联网音频同步直播，并与重庆广电其他新媒体共同形成传播矩阵。

而以先进的互联网和移动互联网新兴技术为支撑，打造全新的、以重庆网络广播电视台（视界网）为主体的 PC 端融媒体平台和互联网生态圈，具有海量的内容资源，可实现电视、电脑、手机三屏合一的组合传播。截至目前，重庆网络广播电视台（视界网）日均页面浏览量达 650 万次，网台联盟覆盖人口超过 3000 万。

重庆有线网络的互联网化和物联网化改造项目近年来取得长足发展。有线网络运营提质增效，积极融入以大数据智能化为引领的创新驱动发展战略行动计划，开拓游戏、娱乐、教育等垂直细分市场，专区和点播业务快速发展，业务规模和渗透率在全国同行业中处于领先，着力打造全国领先的综合信息服务提供商。媒体云业务规模进一步扩大，媒体云分发平台已具备支持 300 万用户在线点播能力；积极参与多个区县的“智慧城市”建设与运营，寻找智慧社区机遇，建成智慧社区近百个；引入智慧设备生产商家，形成了基于智能家居的产品体系，寻找新的增长点；在全市 13 个区县启动“雪亮工程”试点建设，新增光纤通达行政村数量约 200 个，光纤到村累计建设端口近百万个，覆盖农村用户一百多万户，为开辟农村市场提供了支撑。

重庆 IPTV 平台是全国第三家通过国家广电总局验收的省级分平台，拥有涵盖百余套精品直播、26 路超高清精品直播、点播、精彩大片、赛事回看、时移等，以及十多万个小时的海量影视点播内容。该平台拥有完整的卫星接收系统，可实现130多套高标清直播节目的接收和实时处理、实时监看和码流分析处理，还具有大数据分析和智能EPG系统功能，能实现大小屏互动，并提供智能化推荐和智能化搜索等服务。

近年来我们加快推进了以高清系统为重点的技术平台建设，高清播总控系统全面投入使用，具备18个电视频道的高清播出能力，目前已实现10个电视频道的高清播出，居西部之首，现正在等待总局对公共·农村频道、汽摩频道高清播出的正式批复。同时，还开展了4K超高清应用实践和立体声应用实践。

此外，重庆广电还坚持以大数据智能化创新驱动引领集团技术建设，精心打造“两江云”信息基础平台，服务重庆信息化建设。“两江云”采用“云计算＋大数据＋智能化”三位一体进行打造，基于重庆广电自主可控的融合云平台集群，支持多渠道、多格式内容生产应用和多形态、多终端传播分发，向全社会提供融合、开放、安全、可靠的计算和数据处理服务的公有云平台，实现了“一云”（两江云）“两网”（有线无线网、互联物联网）“三用”（政用、商用、民用），为重庆市级及区县融媒体的建设和运营提供了起步支撑。

（二）渠道生态化。即对部分非时政类的电视频道进行渠道生态化改造，将频道由单一的播出平台转化为运营渠道，通过频道与多种媒体的融合，打造线上线下一体化运营的新平台。

重庆卫视大力实施改版创新，展现了鲜明的风格特色和频道气质，特别是办好了《重庆新闻联播》《谢谢你来了》《财经壹资讯》等自办品牌栏目和《我为家乡代言》等垂直细分节目，收视表现形成亮点。《重庆新闻联播》收视稳居同时段前5。《谢谢你来了》以“感恩”“致谢”“致敬”为主题，是全国首档公民道德建设类栏目。自开播以来，全国平均收视排名达到第7位，影响力和美誉度不断提升，先后得到了王沪宁同志、黄坤明部长、陈敏尔书记等中央领导同志的批示和表扬。今年国庆期间，落实王沪宁同志的指示，CCTV-3《向幸福出发》栏目与重庆卫视《谢谢你来了》栏目共同打造一期特别节目，在CCTV-3黄金时段播出，开地方台节目上央视展播的先河，取得了较好的传播效果。截至今年11月底，重庆卫视在35个中心城市的收视排名中，全天排名10位，白天排名12位，晚间排名9位，与2017年底相比分别又上升了6位、5位、5位。各地面频道和广播频率，在改革开放40年来，特别是近十几年来，打造了《天天630》《拍案说法》《凡人有事》《娱乐耍大牌》《生活麻辣烫》《冷暖人生》《音乐风情之旅》《都市情缘》等一大批品牌节目，我们坚持围绕品牌节目，打造精品化内容，开展多元经营，推进渠道化、多元化、生态化发展，成效显著。

渠道生态化还包括“台网融合”方面的积极探索。近年来，重庆广电形成了“两台”“两网”的媒体格局。“两台”，即广播电台、电视台，既包括重庆广电下属的6个广播频率和13个电视频道，还包括各频道组建的公司、电影集团、银龙公司、英度公司等具有广播电视内容生产和内容集成功能的各个主体。“两网”是指重庆广电下属的有线网络和网络广播电视台（视界网）两个网络传输渠道。“两台”“两网”的融合，实质是内容和渠道的融合，实现内容和渠道的优势互补、合作双赢。自实施“台网融合”工程以来，“两台”“两网”积极探索新业务，合作成效不断显现。比如，重庆少儿频道在重庆有线网络开设的“i12社区”，月均访问用户达8.4万户，产值达600余万元。依托品牌电视节目《渝乐耍大牌》开发了电视端、PC端、手机端游戏应用产品。《吃在重庆》《食全食美》等广播电视节目在重庆有线网络打造了美食专区，聚合渠道和品牌优势。可以说，“台网融合”已成为支撑重庆广电整体转型发展的系统工程。

（三）内容产业化。即以影视内容产销为核心，加大资源整合力度，拓展关联经营项目，实现内容产业化布局。

我们坚持以人民为中心的创作导向和“小成本、大情怀、正能量”的自主创新方向，全面介入内容产业链各环节，制作了《特勤精英》《幸福马上来》《黄土高天》等一大批品质优良的影视作品。主控主创的电视剧《特勤精英》，是集团探索制播联合模式的亮眼成果，该模式受到国家广电总局的高度肯定。电影《幸福马上来》实现电影票房和网络点击量双双破亿，创国内同类型影片和重庆原创电影的票房新高，被国家广电总局称为主旋律电影的成功探索。拍摄的纪念改革开放40周年首批推荐剧目《黄土高天》，是一部横跨40年时代变迁，讲述陕西黄土高原上三代农民40年奋斗史的主旋律大剧，已在央视一套播出，获得社会各界广泛好评。另一推荐剧目《麦香》讲述江南水乡姑娘成家立业的心灵史，预计将于2019年初在央视一套播出。近年来，重庆广电投资的《绝命后卫师》《好家伙》《海棠依旧》《失孤》《毛泽东》《革命者》等一大批影视作品获"五个一工程"奖、白玉兰奖、华表奖、金鹰奖、飞天奖等国家和行业重要奖项及总局专项资金补助。同时，这些剧目通过市场化运作，也实现了良好的投资回报，做到了社会效益和经济效益的双丰收。

我们着力提升栏目剧、纪录片、网络剧的产销能力，承制了《橘子红了》《被遗忘的时光》《换心》等央视定制的精品栏目剧，向中央、省级和地方台销售剧目，生产的《父亲》《乱入乾坤》《夜宵之王》《草台班子》等多部网络剧在爱奇艺等一线视频网站播出。纪录片生产实现自主版权开发的新突破，《大后方》《记住乡愁》《洞天》《嘿！小面2》《城门几丈高》等纪录片展现了"渝派"风格。

同时，我们围绕主业，大力拓展产业发展空间，关联延伸业务已成为重庆广电收入结构中具有支撑性作用的重要组成部分。有线网络开展多元业务创收，截至10月底，营收额超20亿元；重数公司IPTV用户总数达到340万人，截至10月底，收入超1.7亿元，同比实现大幅度增长，收入结构正逐步得到优化。移动电视近年来不断加大高端受众市场的有效覆盖，日均受众近千万人次。教育培训业务深耕区县市场，版权工作创新工作思路，对区县内容合作和技术资源市场化运营成果丰硕。

二　谋划集群战略，以融合促发展

除了媒体融合发展的"三化"布局外，重庆广电还积极探索推动创新开放聚集融合，从两个方面谋划集群化发展。

（一）新闻内容的集群化发展。重庆广电于今年9月成立了融媒体新闻中心，是由新闻频道（电视新闻中心）、重庆之声（广播新闻频率）、视界网本地新闻资讯版块、阳光重庆网络问政平台、《财经壹资讯》栏目、技术制播中心新闻技术部、信息技术中心新闻网管机构整合组建而成，率先实现了相关主体的集群化、新闻资源的集约化发展。本着“深度融合、整体转型，主力军全面进入互联网这个新兴的主战场”的工作原则，按照“统一指挥、统一采编、统一产品、统一考核、统一运营”的思路进行深度融合，形成“一支队伍 +N 个平台”新的传播格局，从传统媒体与新媒体的“你是你，我是我；你中有我，我中有你”的联合和相加阶段，一步跨越到“你就是我，我就是你”的相融阶段。

（二）产业项目的集群化发展。针对“小而散”、重复建设、同质化竞争严重的产业发展现状，今年初，重庆广电提出要以市场为导向，围绕广播电视主业，培育发展壮大优势产业和延伸产业，按照坚持法人治理、理顺体制机制、搞好统分结合、合理配置资源、高效整体运营、实现集群发展的六大原则，用 1 年左右的时间，通过科学规划引领、强力资源整合和稳妥有序实施，努力形成一批竞争力较强、效益较好的产业集群，使集团发展质量和综合经济实力得到显著增强。拟打造的产业集群包括：一是以影视剧、栏目剧、纪录片、大型节目等优势内容资源为核心，形成 2 ~ 3 个内容集群。二是深度运营好视频业务、宽带业务、政企业务、增值应用、智慧集成及运营 5 大业务，打造有线网络集群。三是以重数传媒公司新媒体业务为重点，整合形成集团新媒体集群。四是整合广播各频率业务，探索搭建集中运营的广播集群。五是整合各频率频道和公司“小而散”的电商业务，通过市场手段、资本纽带、股份制合作等方式，探索搭建集中运营的电商集群。六是拓展商贸、智慧养老、体育、社区医疗、民宿酒店等产业项目，继续推进技术资源市场化运营，形成 1 ~ 2 个现代服务业集群。

目前，重庆广电成立了集群化发展专项领导小组，进行了内部分工，将按照“成熟一个、审定一个、推出一个”的原则，稳步推动集群化发展。我们希望，通过规模集群实现聚集效应，壮大发展规模，提升事业产业竞争力，推动集团向集约化和可持续方向发展，为建设创新型综合性文化传媒集团提供有力支撑。

三　为融合发展提供体制机制和人才保障

（一）积极调整体制机制，推进供给侧结构性改革。改革开放 40 年的经验告诉我们，要想长足发展，体制机制是保障，人才是根本。近年来，重庆广电积极调整体制机制，科学调整内设机构的设置，撤销原总编室、新媒体发展中心，成立宣传管理中心（媒体融合办公室），加强对宣传和媒体融合的统筹管理和指导；成立经营管理中心，强化对重大项目的论证把关和经营指标的考核；成立广播传媒公司，对广播产业进行整合运营。推动了重数传媒公司、有线网络公司股份制改造，目前正在抓紧推进上市工作；完成了银龙、剧龙公司合并重组。将少儿频道整合并入重数传媒公司管理，推进资源整合，实现电视及相关产业的集约化、规模化发展；撤并了部分职能机构，内部架构更优化。我们还停播和整改了一批“双效”不佳的节目。

（二）大力探索产业经营与宣传业务分离机制，推进混合所有制改革。结合国家制播分离改革的总体部署和相关要求，多年来，重庆广电先后将除卫视和新闻外的其他栏目剧、电视剧、纪录片、少儿节目、交通节目、移动电视、新媒体等资源剥离，组建了重视传媒、银龙影视、纪实传媒、视美动画、交广传媒、移动电视、重数传媒等公司。近年来，又以频率频道运营制改革为契机，新组建了电影集团、影视传媒、都视传媒、渝乐传媒等公司。各公司在严格政治要求和导向管理的同时，不断强化市场意识，积极参与市场竞争，节目生产及营销、项目运作、对外投资等方面取得了较好成效。比如，重庆广电下属都市频道改制后成立的重庆都视传媒公司，通过与社会优质资源进行合作，开展项目的股份制、混合制改造，使得在改制当年就顺利实现扭亏为盈。

（三）加大人才激励和引进机制建设。任何的工作都要靠人去推动。曾几何时，新闻记者被称为“无冕之王”“铁肩担道义、妙手著文章”，是无数学子的人生追求；而今天，伴随着传统媒体面对的冲击，新闻队伍出现了一些新情况新问题，比如新闻记者的职业荣誉感下降、作风不够深入、工作动力不足等问题。今天论坛的主题是“纪念改革开放40周年：中国广播电视发展论坛暨新时代卓越新闻传播人才培养论坛”，我认为切中了要害。培养人才、吸引人才、留住人才，是包括广电在内的传统媒体应对新的竞争，实现长足发展的关键，也是我们和学界可以拓展合作的重要领域。

近年来，我们狠抓以下工作，取得了较好成效。一是抓好人才培训。按照卓越新闻传播人才培养的要求，推进新业务新技能培训，邀请高校以及媒体行业领军人物到集团开展讲座等；进一步深化“走转改”，增强脚力、眼力、脑力、笔力。二是设立“云帆奖”。按年度对在事业产业发展中做出突出贡献的员工和团队进行表彰和奖励，每年原则评选金奖10名、银奖10名，重点倾斜一线人员。奖励额度为金奖每名奖励10万元，银奖每名奖励5万元。目前已举办了两届，今年将举办第三届。通过这一机制的设立，进一步调动了全体员工参与节目创新、技术创新、管理创新的积极性。三是设立总裁奖励基金。通过制度明确可以获得奖励的行为和成果，对一些做出突出贡献的团队和个人进行非常规奖励。四是推进“三名”工程建设。即培育和打造名记者、名编导（辑）、名主持人，以此激励创新创意，提升职业荣誉感；开展“重塑工匠精神·音视频创作大比武”等活动，激励新闻工作者在专业上不断创新变革和精益求精。

40年风雨岁月，40年砥砺前行。作为身处西部的发展中媒体，与全国各先进媒体相比，重庆广电的上述思考和实践，也许思路还不够开阔，基础还不够雄厚，探索还很粗浅，操作还需进一步细化。

我国藏语卫视的跨喜马拉雅地区传播策略探析

韩鸿　林洁*

涉藏传播是近年学术研究的热点之一。从相关研究对象和实践主体来看，关注的重点主要是新华社、《人民日报》、央视等国家级新闻机构，或者《纽约时报》、CNN等西方主流媒体；从关注的受众来看，主要是欧美等西方国家的公众，但一个突出问题就是对于分布在南亚的境外藏胞的针对性传播没有得到足够重视。在“一带一路”背景下，最大范围、最大限度争取包括南亚藏胞在内的喜马拉雅地区的国家和民众的理解和支持，构建跨喜马拉雅地区命运共同体，是实现藏区长治久安的重要基础。然而对于南亚藏胞来说，影响最大的并非国家级的汉、藏、英语媒体，而是来自西藏当地的藏语卫视。

从媒介地理学角度而言，历史上的跨喜马拉雅地区传播，长期以来一直是从南亚一侧向中国西藏和内地推进的。从1904年开始，像《拉达克新闻》《吉朗新闻》《西藏镜报》《喜马拉雅时报》等现代报刊，基本上是以英属印度和克什米尔等地区为中心，呈现从西向东推进的态势。自20世纪50年代开始，这种传播态势开始扭转，我国开始了跨喜马拉雅地区的外向传播。成立之初的中华人民共和国在对外传播体系尚未建

* 韩鸿，男，四川古蔺人，博士，教授，电子科技大学公共管理学院副院长，博士生导师，主要研究领域：发展传播学；林洁，女，河南商丘人，硕士，康巴卫视网站主编，主要研究领域：涉藏对外传播。

立的情况下，仍然利用各种机会和场合通过外国记者及其所在新闻媒体向南亚、向世界传播新西藏的新闻。著名记者爱泼斯坦、阿兰、史沫特莱等先后深入雪域高原，采写了一批通讯报道，向世界报道西藏的变迁，并在印度噶伦堡的英文报纸《喜马拉雅时报》、英国《工人报》以及面向国外发行的《今日中国》等英文杂志上发表。

1964 年 12 月 14 日，我国第一档以境外藏胞为专门对象的《对流落国外的藏族同胞广播》节目在西藏人民广播电台推出（十一届三中全会后，该节目改名为《对国外的藏族同胞广播》），在此基础上形成了我国主流媒体“立足西藏、面向世界”的对外宣传指导思想和“以我为主，从正面宣传为主，以事实为主”的宣传原则。20 世纪 90 年代，我国涉藏对外传播的重点转向“新西藏”的形象构建。进入新世纪，随着网络传播平台和各种新媒体的相继诞生和发展成熟，我国涉藏对外传播渠道日益多样化，从广播、电视、报纸到网络新媒体，涉藏对外传播体系不断完善。涉藏外宣呈现从传统媒体到新媒体全面发展的良好态势。特别是自 2001 年广电总局开始实施广播影视“走出去工程”开始，我国广播电视的“走出去”工作成效斐然，中国主流媒体的国际空间不断拓展。但应该承认，我国藏语卫视的外宣整体水平还有待提高，外宣艺术性、针对性、影响力还不强，特别是对外有效覆盖地域还形不成规模，对外合作的渠道还不够畅通，与党和国家的要求还相差甚远。

藏语卫视是我国少数民族语卫视中数量最多的单语种频道。自从 1999 年西藏藏语卫视播出以来，青海安多卫视和四川康巴也陆续开播，三个藏语卫视频道分别对应藏区卫藏、安多、康巴三大方言区，覆盖藏、青、甘、川、滇四省一区及印度、尼泊尔、不丹等国，深受广大藏族群众的欢迎。这三家藏语卫视由于针对不同的藏语方言区，其国内受众范围不同，但是对外传播所承担的职责和使命是一样的。2002 年 9 月，西藏藏语卫视通过尼泊尔“太空时代网络公司”在尼落地。2003 年、2004 年藏历新年期间通过有关部门和我国驻印度使馆的反馈信息了解到，常住印度的许多藏胞已自行接收西藏电视台藏语卫视节目。康巴卫视则通过中星 9 号和中星 6B 卫星直接覆盖南亚地区，两家电视台通过卫星传输、有线电视网络和无线发射三种方式，开始了我国藏语卫视的跨喜马拉雅地区传播实践。

值得注意的是，藏语卫视有明显的对抗性传播色彩。我们在尼泊尔藏人社区看到，喜马拉雅地区南侧可以收到三个藏语频道，一个是西藏藏语卫视，一个是美国之音，一个不丹广播公司。目前印度、尼泊尔主要藏人社区通过 Bravia synic 等有线电视系统能收看到西藏藏语卫视、美国之音，以及不丹广播公司（BBS）的三套藏语节目。尤其是晚上 7:30—8:30 黄金时段，三家藏语卫视都推出强档节目。西藏藏语卫视与美国之音同时播放藏语新闻，针锋相对，意识形态斗争意味浓厚。因此对藏语卫视来说，随时掌握美国之音等境外媒体的关注重点和节目动态，加强内容的针对性、对象性传播非常重要。

目前在南亚地区的藏胞总数十余万人，其居住具有大分散、小集中的特点。为了维持藏人身份和文化纯粹性，藏人主要以难民营为中心聚居在一起。目前我们采取的主要传播战略是传统的大众媒体广域覆盖，重“上天”不管“落地”，重发送而不管接收。从我们的南亚调研来看，不管是尼泊尔还是印度的有线电视系统已经较为发达，在三大卫视上星工作业已完成的情况下，做好精准化落地是现阶段我们将着力实施的工作，但是落地工作的也要讲究质量。在新媒体背景下，在技术条件逐渐改善的条件下，可以进一步拓宽和深化我们的传播思路。目前最经济和最有效的办法，还是要采取有针对性的落地，采用重点渗透的思路，实施精准落地。我们认为，藏语卫视对境外藏胞传播可以采取三种传播策略：

一是借船出海。

借船出海可以有多种途径：一是注重市场导向，积极发挥影视产业功能，进行直接的节目输出，通过产品销售抵达目标国；二是通过与相关国家的广播影视机构合作，开展节目创作和翻译配音，通过文化交流实现内容走出去；三是借助国外合作平台推动内容走出去，扩大节目影响力；四是举办媒体活动，搭建播出渠道和平台。

目前藏语卫视的跨喜马拉雅地区传播工作需要在理念、内容、渠道、方法、手段方面多加创新，提升项目的市场导向和可持续性，通过综合传播类项目、节目创作类项目、节目翻译配类项目、媒体活动类项目的开展，创作电视剧、纪录片、动画片、宣传图画，策划开展大型或系列新闻报道，针对国际语境和国际方式讲好中国故事，切实增强国际传播实效。例如康巴卫视开办的《岗日杂塘》栏目，就是为响应“丝绸之路影视桥”工程建设的要求，为旅居印度的藏族同胞专门策划制作的一档周播人文类杂志式藏英双语电视栏目。《岗日杂塘》节目每期时长为 50 分钟，周播，一年 52 期。该栏目通过国际化的表达方式，向境外展示我国藏区社会经济高速发展、文化艺术繁荣丰富、人民生活幸福的实际情况。目前，该项目第一期已经通过中宣部和国家新闻出版广电总局“丝绸之路影视桥工程”项目审批，第二期已通过总局审批。康巴卫视建立了专门的制作队伍，完成了第一期节目的内容策划和制作。2016 年 11 月，康巴卫视与印中经济文化促进会签订合作协议，在印度达兰萨拉地区播放由康巴卫视制作的《岗日杂塘》节目。该协议于 2016 年 11 月签订，通过隶属于印度达兰萨拉地区巴格苏（Bhagsu）有线运营公司的城市电影频道（City TV Movies）播出。该公司在当地约有 6000 户用户。《岗日杂塘》于 2017 年 1 月 16 日起播，每周一、三、六晚 18:30—19:00 播出。截至 2017 年 4 月 30 日，《岗日杂塘》节目共在西姆拉地区播放 13 期。该公司在达兰萨拉的调研显示，当地居民大多已经看过《岗日杂塘》节目。

与覆盖走出去相配合，藏语卫视还有必要建立海外联络机制，加强内容生产的走出去工作。加强对境外受众的交流和节目的推广营销方，加大品牌节目在喜马拉雅地区藏人文化圈的影响力。例如康巴卫视不断扩展视野，尝试走出国门做新闻。2013 年藏历春节前夕，康巴卫视采访队伍远赴尼泊尔报道了旅尼藏族同胞欢庆藏历新年的情况，并专访时任中国驻尼泊尔大使杨厚兰。2014 年 4 月，康巴卫视再次派出人员报道了尼泊尔风情等系列新闻内容，并对时任大使吴春太进行了专访。尼泊尔的系列报道进一步提升了康巴卫视的影响力，节目播出后得到境外观众的欢迎。

此外，藏语卫视要拓展受众面和范围，还需要借鉴国外的视频网站、社交网站来借船出海。目前人民日报、中国日报、CCTV、湖南卫视、江苏卫视等媒体都定期将自己的品牌节目上传到 Facebook、YouTube 等主流视频网站，形成对电视覆盖的有效补充。西藏藏语卫视也开始在YouTube、instagram、facebook等社交媒体网站上上载部分节目，这种借船出海的思路，能够利用和依托当地电视频道的本土接近性和观众收视惯性，避免观众固定成见，让我们的节目顺利抵达目标受众，不失为一种有效的跨境传播策略。

二是精准落地。

在藏语卫视中，广播电视“走出去”有先天优势。与平面媒体比较，加大电视境外落地是实施“走出去”、将产品和服务传递给目标受众最直接的方式。我国藏语卫视主要采取广域覆盖方式，通过卫星传送到境外目标地区，再通过当地平台运营商的网络传送给目标受众。其境外落地方式主要是通过平台运营商落地。在尼泊尔，西藏藏语卫视和四川康巴卫视分别都是与当地平台运营商合作落地。根据对尼泊尔藏人的调查发现，有线电视仍然是他们收看中国藏语卫视的主要媒介。但是康巴卫视落地实际情况不理想。2014年4月11日，康巴卫视与尼泊尔有线电视联盟在尼泊尔首都加德满都举行落地签字仪式，实现了在加德满都、博卡拉、蓝毗尼、拉利特普尔、巴德岗、奇旺六个尼泊尔重要城市及藏胞聚居区的落地覆盖。但是我们的实际调研发现，尼泊尔有线电视联盟是一个全国性的电视网，其落地层级较高。康巴卫视的节目只能在加德满都三星级以上酒店才能收看到，基本与当地藏人活动范围没有交集，当地藏人甚至不知道有这样一个藏语频道存在。我们在加德满都及博卡拉调研的藏人聚居区观察发现，每个社区内都有负责该片区电视覆盖情况的有线电视公司，这类有线电视网运营商虽然业务覆盖范围有限，但其覆盖效率高，能直接将电视节目传送至当地藏人家庭。因此，相较于与全国性平台运营商合作，与这种地方性平台运营商合作基本能实现我国藏语卫视进入藏人聚居区、进入藏人家庭目的，进而实现有效落地、精准落地，达成有效传播。

三是精准传播。

习近平总书记强调，“要胸怀大局、把握大势、着眼大事，做到因势而谋、因势而动、顺势而为”。目前基于网络信息技术的新媒体，业态丰富、快速迭代、发展迅猛，显示出强大的传播力、动员力和影响力，成为新闻宣传新的主阵地和舆论斗争的主战场。

随着营销进入窄众时代，试图对所有群体都产生影响的传播观念和方法已经落伍。针对特定群体，最为有效的方式是依照社群的网络结构进行人与人的连接，实现快速扩散与传播，以获得有效的传播效果及价值。在境外调研中我们发现，随着传播技术的快速迭代，境外藏人的媒介使用习惯也在迅速向新媒体靠拢，传统广种薄收的广域覆盖方式存在投入产出比低，受众针对性弱、接收效果不好等缺点。根据我们对境外藏人的调研发现，其对 Facebook、Twitter 以及微信等社交媒体的使用率极高，尤其是微信，由于其使用方便、成本低廉，已经成为境外藏人之间和境内外藏人之间最重要的信息沟通渠道和交友平台。利用微信公众号的巨大影响力，打造藏文微信公众平台，构建社交媒体传播策略是一项加强精准点对点传播的基础性工作。但是如何利用微信公众平台进行针对性、对象性传播则需要精心的设计。

我们认为，针对境外用户的微信公众平台打造应从三方面入手：

第一，要加强精准对位。目前藏语卫视的微信公众号主要针对境内藏区，因此传者中心、任务驱动的特色明显。基于对境外传播的定位，藏语卫视微信公众号在语言上应以藏英文为主，语言表达方式上尽量接近境外藏人使用的藏语“普通话”，要有明确的定位清晰的受众意识。

第二，要做好内容的对象性生产，针对境外藏胞用户心理，打地方牌、文化牌。据我们在尼泊尔的第二次调查数据显示，超过 55% 的受访者关心目前在西藏发生的问题，超过 59% 的人关心其在西藏原籍地的社会、文化和经济活动。基于境外藏人的矛盾心理（一方面想了解家乡状况，另一方面又对主流媒体存在排斥心理），以地方党政新闻微信公众号来作为主要传播载体显然不太合适，而以地方风物、人文掌故、宗教文化、音乐歌舞、文艺娱乐等意识形态色彩较为淡化的微信公众号才较具亲和力，也才能增强境外用户公众号使用的持续性，不至于因为传受兴趣的方枘圆凿而导致掉粉现象。

第三，注意传播策略和传播方式的优化选择。在以社交媒体平台进行的精准传播中，要实现较好的扩散与传播效果需要考虑社群的结构、社群特性、节点扩散的动力、个体传播的效果，只有构建有效的扩散机制，才会获得有价值的回报。康巴卫视新媒体中心副主任告诉我们："我感受深刻的是，我们每篇文章可能覆盖人数并不是特别多，但是都是目标人群，并且他们和我们的互动比较高！有大约三分之一都会通过点赞、转发、留言等表达态度，这是最重要的！"求质量而不求数量，这就是精准传播的核心诉求。现在还不到一个月的时间（2018.12.9—2019.1.5），康巴卫视在脸书上的覆盖人数就超过了 110 万，互动次数超过了 26700 条 。

我们认为，藏语卫视微信平台可以主动走出去，在境外藏人聚居地进行相关的礼品赠送和活动推广，积极培育和建设早期采用者，并以此为第一落点，利用用户推荐和内容转发，进行粉丝群的拓展和受众群的维护。我们在尼泊尔的调研中，就提前准备了存有康巴卫视链接地址的优盘、印有康巴卫视微信公众号和二维码的吉祥八宝书签，在向调查对象赠送礼品的同时，请他们扫描登录，这些藏族群众往往就能成为我们境外传播的第一落点，为我们用户的后期扩散打下了基础。此外，建立在第一落点基础上，微信号的日常用户维护非常重要。在用户群维护方面，藏语卫视应加强微信运营人员与用户的互动交流，在互动中注入情感价值，通过对象化服务、经常性沟通、个性化推送，增强用户黏度，进而为后期用户的增加和培育打下良好基础。

当然，在跨喜马拉雅地区传播中，核心问题还是制作内容，目前由三个问题需要解决：

第一个问题是需要跨越"三重门"——必须解决跨喜马拉雅地区传播中民族的问题、文化的问题、地域的问题。跨喜马拉雅地区要如何体现区域、民族特点？我们的传播内容不能是由汉族的采编人员按照汉族的思维方式针对我们藏族进行的传播，而要注意民族性和贴近性，同时要注意境外藏胞全球分布后的语言、文化变迁。

第二个问题是在一个全球化的传播体系中，内容生产不能内外有别。传统媒体框架下，我们的外宣强调内外有别，但在新媒体背景下，实际上很难实现。例如我们在尼泊尔藏人社区的电视中看到，西藏卫视的会议报道中，会场座签用的都是中文，会场上基本上没有藏语，这在对外传播中是非常有问题的。在藏语新闻中藏文字的消失容易给观众很多不好的联想，这与我们的文化、文字保护是相悖的。我们对外传播的时候不注意这个问题，直接把节目推出去就有可能产生相反的效果。

第三就是要注意“走出去”和“走进去”的问题。传播是传者与受众之间信息交流的动态过程，了解受众的媒介偏好、内容偏好、接触习惯是提高传播针对性和影响力的基础。走出去不见得走进去。长期以来，我国涉藏对外传播存在着闭门造车的状况，“以我为主”没错，但是“自说自话”就不可取了。在调研中我们发现，有些藏语卫视在对境外藏胞的传播中存在受众意识薄弱、缺乏反馈机制等问题。基本关闭了与境外受众的沟通通道。以西藏电视台在 facebook 和 instagram 上开设的“西藏之眼”网页为例，只是一味上载自己的节目，从来不发表评论和反馈，观众的评价也是如泥牛入海。在调研中我们了解到，目前对境外藏胞传播的采编人员对于境外藏人的媒介偏好、欣赏习惯、内容需求仅能从屈指可数的境外受众来电或来信中获得只言片语，或者通过个人的私人渠道了解。传播者非常用心制作内容，却难以获知受众对内容的意见反馈，基本上处于无的放矢的单向传播状态。我们在走出去的时候，原则性和灵活性要相结合，了解受众需求，尽量入耳入心，在坚持原则的情况下，尽量地采取一些适应当地化“圆”的调整，才能真正“走进去”。

在跨喜马拉雅地区传播中，藏语卫视在某种意义上承担的是国家级电视台的功能，成为喜马拉雅地区讲藏语的群众了解我国藏区发展、我国社会主义现代化建设成就的重要信息窗口、文化纽带和传播平台。在“一带一路”背景下，利用沿线地方性媒体的地域接近性、语言相通性、文化相似性特点，展开在地传播和文化交流，促进泛喜马拉雅地区不同国家间的信息相通、文化相通和民心相通，对于“一带一路”倡议的实施和亚洲命运共同体的建设具有重要意义。在此过程中，如何利用地方传播平台，优化我们的传播策略，做好跨境、跨国传播工作，仍然有待我们展开进一步探索。

亲子垂直生态圈的构建与模式探讨
——专业少儿频道运营策略

田　缨*

改革开放促进消费需求，新时代社会主要矛盾已经发生改变，人民日益增长的美好生活需要，越来越多的是文化消费需求。政府工作报告提出要发展壮大文化产业，在“十三五”末成为国民经济支柱产业。中国每年有2000万新生儿，随着国家二胎政策开放落地，母婴亲子行业正在成为新一轮的风口和希望。作为一个2万亿市场价值的接口行业，从垂直服务亲子人群向家庭需求入手，打造家庭消费平台大有可为。

国家崛起文化自信，重庆区位优势明显发展势头好，我们在最好的时代，最有潜力的区域从事最有热度的行业。我们看到，垂直领域的优质内容，正在成为最佳获客渠道，但在一个供应丰富、选择纷呈的时代，电视文化传承传播重站如何做到打造融合新格局、达到宣传新高度？文化消费产品如何做到独特性、差异性、持续性？竞争首先是思维方式的竞争，垂直再细分，个性再定制，专业再跨界，专业少儿频道正在尝试“两圈一链”运营策略：打造少儿媒体融合圈、家庭生活服务圈，发展亲子产业链。

---

* 田缨，女，重庆北碚人，重庆视美动画艺术有限责任公司执行董事，重庆广播电视集团（总台）少儿频道总监，主要研究领域：少儿媒体运营与理论研究。

一　打造少儿媒体融合圈

作为重庆广电集团下属专业少儿媒体，重庆少儿频道秉持“快乐触手可及”的专业儿童媒体运营理念，致力于制作与传播积极、健康、有益、向上的节目内容，打造了《TICO 坚果屋》《童趣欢乐送》《小小见闻家》等一批品牌节目，推出了科学普及、传统国学、才艺展示、时尚娱乐、趣味运动等众多类型的少儿赛事活动。通过切实的一个个商务合作项目，与较有影响力的《少年先锋报》《课堂内外》集团、商界传媒集团旗下《家人》杂志、新浪重庆等传媒机构展开合作，进行线上线下资源联动，加上重庆卫视日播栏目《TICO 欢乐假日》少儿播出窗口、文艺广播《大头小当家》、i12 亲子社区、小伙伴亲子俱乐部，系列微博微信头条号新媒体矩阵，少儿媒体融合圈搭建已初建雏形。

i12 亲子社区，是少儿频道与重庆有线共同打造深度运营的一个儿童视频点播产品，以重庆方言谐音“爱么儿”命名的亲子品牌。有线提供技术平台，少儿频道作为 MCP（内容集成运营商），联合深度运营。动画电影、动画片、儿童节目、儿童绘本，海量儿童版权作品，在功能设计上，开发了父母播单、时间管理、内容选择等满足家长需求的新功能强化运营，为少儿客群开发了自动续播、记忆播放和智能推荐等功能。i12 社区自 2016 年 3 月上线至今，累计在线视频内容底量 48 万小时，累计发展付费用户 30 万户，其中月均在线用户 6.1 万户，单项目累计创造收入 1800 多万元，现已将 i12 平台打造成为功能完善、体验便捷、内容丰富、用户黏性高的特色专区。

《大头小多布》得名于三位儿童节目主持人的名字，大头哥哥是重庆儿童广播节目《大头小当家》的主持人、少儿频道的多多姐姐、阿布哥哥，由文艺广播和少儿频道一起制作的跨广播电视的儿童节目，基于节目还合作了《中国家庭故事》大赛，并与中央人民广播电台《小喇叭》节目互动。

双 11 多屏互动融合营销，双 11 晚上 6 点到 10 点，“京东母婴家庭奇妙夜”主题晚会持续 4 个小时，重庆少儿频道、优漫卡通卫视、山东少儿频道、荔枝新闻客户端、京东直播平台、i12 亲子社区进行了同步并机融合跨屏直播，直播期间，P15–29 女性陪伴人群平均收视份额达到 10.85。海量观众变身规模用户，大屏亲情交流扫码、小屏终端便捷支付，大品牌选品质量好，双 11 价格划得来，一台新颖互动的精彩晚会，以亲子内容带动电商销售，多屏互动边看边买的时尚模式，这样的场景消费，用户体验流畅润滑。

清晰可见，垂直领域的优质内容，正在成为最佳获客渠道。随着移动互联网的不断发展，纯线上、纯线下、纯电商都难以满足行业发展和用户需求。用 TV+ 互联网技术承载媒体融合创新服务，并基于这一主线架构孵化产业生态才符合新时代，才匹配人们现今的现实生活方式。

与此同时，少儿频道传统运营模式遭遇困境，可爱的小朋友是核心收视人群，但他们不具备直接消费能力，需要获得家长的同意和帮助才能实施购买行为，缺乏广告竞争优势，创收艰难；同一城市多个少儿频道落地竞争，央视少儿、北京卡酷、上海炫动、江苏优漫、湖南金鹰、广东佳嘉，都以卫星卡通频道加 IPTV 的方式实现了重庆市场落地覆盖，使本来就偏少的少儿广告资源再次分割；2015 年 9 月出台的《新广告法》对儿童媒体广告播出内容做出严厉限制，发布不慎现在不是违规是违法。坚持深海钻井策略，在亲子垂直细分领域寻求市场机会，是转型破局的必由之路。

二 构建家庭生活服务圈

少儿频道具备专业媒体的公信力，通过深耕少儿客群市场培育了数以百万计的忠实观众和粉丝，在内容原创制作、活动营销和产业链延伸等方面都具有绝对优势。通过重庆有线的用户行为分析系统，观察到少儿频道收视用户流量在白天时段达到 21 万户 / 小时，用户平均收视时间达到 37 分钟，全频道收视市场份额达到 17.6%，稳定在本地可收视频道群（含央视频道群、省级卫视频道群、本地频道群、专业频道群共计 78

个频道）中稳居前三位，这个受众群表现出的用户黏性极其高，《2018年度观众调查报告》显示观众满意度、观众忠诚度数据，重庆少儿频道名列重庆地区所有频道第一，观众忠诚度达到了88.46%，且非常稳定。

在集团“平台网络化、内容产业化、渠道生态化”的指导下，充分利用少儿融媒体平台和TICO品牌影响力，打通线上常规资源、季播主题资源，线下活动资源、渠道资源，以“重庆第一亲子互动平台”为定位，以小伙伴俱乐部为抓手，用互联网+技术手段链接重庆本地亲子生活圈层，打造亲子垂直生态圈，对受众进行社区化圈层运营，以期对流量实施精准营销变现，由此形成了变观众为用户、变收视率为流量、变内容为文化产品的消费闭环体验。发挥用户流量入口导入作用，为受众提供多样化、个性化的深度文化体验服务，形成真实消费关系，共同打造共享经济下的亲子互动平台，开发运营区域市场垂直亲子社群经济。

具体来说，就是充分整合发挥少儿频道在重庆地域的社会影响力，人群凝聚力和资源聚集力，在市委宣传部、团市委、文旅委、科委的指导下，与自然博物馆、重庆科技馆、市气象局、欢乐谷、重庆大剧院、乐高机器人、金佛山第二课堂营地、昆虫王国、小米熊儿童医院、爱琴海购物公园、龙湖系列天街、华生园金色梦幻蛋糕王国、欢乐海洋世界、海洋探索中心、哈尼运动城、青少年马术训练基地、飞乐国际旅游、西南大学天文地质馆……等与亲子生活相关的各种机构深度合作，提供有设计的文化体验，用系列节目活动，分层次开发，拍摄孩子成长过程记录家庭欢乐亲子时光。

“东非探秘”远赴肯尼亚马赛马拉大草原实景观察野生动物、“北欧童话”深度游历波罗的海沿岸7国人文风情，演而问，行而答，将科普问题以情景演绎的方式呈现，角色化的人物设计，幽默风趣的故事延展，高品质特别节目在游轮频道、重庆国际频道、重庆卫视、广东卫视播出，项目通过高品质的少年儿童境外夏令营的运营模式，获得十多个行业的商务赞助，完成了漂亮的产业创收，品牌节目高举高打，打通了品牌节目与青少年文化旅游产业的通道，搭建青少年文化游学新模式。

重庆首部传承礼仪自制剧《中华好故事》，以“仁义礼智信，忠孝勇恭谦”为主题，小朋友古装风精彩演绎历史故事，以文化人、以文育人，体验性传承中华传统美德。

《小小见闻家——科普基地巡礼季》节目通过主持人带领“小小见闻家”走进科普基地、在科技馆参与声音的反射和水中龙卷风两个大型实验，学习声音的传播、风的分级等知识；在园博园，孩子们走进湿地花园，观察自然方式净滤水功能，了解什么是海绵城市，在璧山昆虫王国，认真观察识别害虫和益虫，世界自然遗产金佛山，认识各种海洋生物化石，组队上山寻找化石，再亲自动手制作化石模型，体会沧海桑田、地质运动的巨大变化；有效激发了少年儿童探索科学的兴趣，既发挥了主流媒体普及科学知识、传播先进文化的社会教育功能，又为家庭提供了珍贵的人文科学体验服务。

少儿新春晚会、六一晚会、重庆国际少儿时装周、儿童舞台剧、动画大电影重庆首映礼、小主播大赛等，促进孩子艺术成长，提高孩子艺术审美能力，为全市青少年儿童着力打造和提供最优秀、最具参与性、最具影响力的少儿才艺展示平台。在推动了青少年儿童文化艺术教育及娱乐的繁荣和健康发展的同时，拓展多元化创收渠道，扩大渠道生态化成果。

亲子垂直生态圈，整合母婴、教育、运动、餐饮、游乐各行业优质资源，把通道打通跨界使用，TO B、TO C端双向互动，联合C端家庭用户服务B端商业客户，整合B端商业资源服务C端家庭用户，共享开放平台的价值收益，利用电视大影响力带来的超级流量强关联导流，通过新媒体技术把活动内容发布传达给用户，用户通过新媒体报名购买内容和产品，为线下实体导流实现消费，活动效果和产品反馈再通过全媒体发布，如此形成闭环。

设计、构建，链接、供需，互动、数据，模式、复制，完成技术连接，聚合用户和机构，针对需求，提供适合的文化消费产品，我们的传统电视媒体，正在经历视频平台到生态系统的角色转变，从单一模式到垂直整合的生态模式，利用聚合平台进行链式推广，实现多赢局面，创作力，运营力，变现力不断增强，从而带动少儿频道从视频制播平台，向较高形态垂直领域的社群运营平台转型升级发展。

三　发展亲子产业链

利润隐藏在产业链最薄弱的地方，利润是客户给修补薄弱环节有心人的奖励，全国少儿频道都做了一些产业探索，山东少儿领航教育是家上市公司，除了光谱连锁幼儿园，还在建设泰山、孔子两大研学基地，他们的口号是全国每个小朋友一生应该去一次；上海东方绿洲国防教育基地由炫动公司运营，退役的真飞机真坦克还有一比一大小水泥砌的航空母舰，里面是展览馆，与教委联动，自营宾馆接待，周周都有拓展活动；北京卡酷，玩具店开遍全国，直接欢迎辣妈加盟当老板；宁波少儿总监是当地最著名的儿童节目主持人露露姐姐，他们频道的节目部主任等中干骨干都兼任节目主持人，都要去七色花艺术团授课，非常有特色。

儿童亲子领域，重庆直辖市是一个有容量的市场。重庆少儿频道在动画、玩具、培训等产业上做过一些探索，比如在江北区北滨路与世纪金源集团携手打造了重庆第一个体验式儿童主题购物中心童兜天地 TICO 店。按照集团党委的决定，2018 年 6 月少儿频道与集团市场化程度最高、经济规模靠前的重视传媒公司做了深度融合，少儿频道就拥有更多更新的摄制硬件、演播室拍摄空间和更多数量更高质量的专业影视人才，更灵活的市场机制和更开阔的产业发展思路。位于空港新城 46000 方传媒总部基地已经建成，市教委授牌的研学基地已经挂牌，深度打造的青少年研学内容正在一边试运营一边改进。广电集团内部正在准备产业集群，统一领导、统一产品线、统一考核、统一运营，在这样的大背景大平台上，少儿块的动画电影、儿童电视剧、少儿戏剧节、儿童产业博览会、科学嘉年华，直营培训机构、品牌幼儿园，都会有更拓宽的资源，更优化的内容，更优质的展示空间。

从媒体的本质看盈利模式，牢牢守住自己的核心业务，以优质内容提供赢得用户的情感认同和跟随，通过社群营销、场景互动、提供体验式文化消费品，少儿频道发展思路清晰明了，秉持主流媒体责任，始终把社会效益、价值引领放在首位，巩固公信力，扩大影响力，为社会不断注入正能量，锁定区域亲子家庭，“打造少儿媒体融合圈、家庭生活服务圈、构建亲子产业链”。观众变用户，深挖传播力，坚持品牌化运营，深化融合发展，占领主流市场、抓住主要用户、唱响主旋律、发出好声音；把创作和运作结合好，文化事业文化产业相辅相成，在实际工作中，跨部门创新、跨项目联动、跨行业共融、跨渠道拓展、跨平台突围，改革没有终点，未来已来，继续努力，我们一起在路上。

参考文献：

1.《国家“十三五”时期文化发展改革规划纲要》，中共中央办公厅、国务院办公厅发布，2017 年 5 月。

2. 央视索福瑞：《2018 年度重庆电视观众调查报告》，2018 年 12 月。

3. 田缨：《TICO 坚果屋 行走在路上的少儿节目创新》，《西部广播电视》，2015 年 6 月。

4. 何宗就：《中国电视媒体 TV 融合发展报告 2016—2017》，中国广播电视出版社，2017 年 11 月出版。

童真与本真

——从“真”角度探动画发展的可能性

唐忠会　李　娅*

动画以丰富的想象力和游戏性使观众进入童真般纯真的梦境，通过其独特方式激发观众心灵深处最原初的情感体验，这是当下动画越来越为儿童、青少年，甚至成年人接受和喜爱的重要缘由之一。

一　童真与动画的想象力

动画的一大特点是它的童真意味。动画常常取材于童话或神话，以动物形象为主角演绎人类的故事，让观众在“非真人角色”表演中产生各种诗意的想象。正是童真意味使动画具有一种鲜活跃动的想象力，或者说，童真是激活动画产生想象力的关键点之一。诚然，任何一种艺术都会使接受者产生联想或想象，但动画的“非真人性”使其一开始就将作品和现实生活拉开了一定的距离，使观众不把动画中的世界还原为现实生活，由此动画和现实生活之间便产生了陌生化的张力，这种张力使

---

* 重庆市社会科学规划项目“非物质文化资源与文化产业的对接与转化研究”（项目编号：2015YBYS090）。

唐忠会，女，四川泸州人，重庆师范大学新闻与传媒学院（新媒体学院）副教授，博士（后），硕士研究生导师，主要研究领域：影视文化、动画理论与创作。

李娅，女，云南昆明人，重庆师范大学新闻与传媒学院（新媒体学院）硕士研究生，主要研究领域：影视理论与创作。

得观众沉浸于动画的想象性世界中。动画的这种想象力正源自于它的童真性。

动画是充满想象力的艺术。就与现实的关系而论，动画中的影像是非在场的，存在于人类的幻想世界中，是一种超现实的想象性存在。动画能“说话”、会“聊天”的玩具，能“谈情说爱”的汽车，能带着朋友任意飞翔的小飞象……这些角色都浮现于人们想象的世界，是一种绝对的超现实存在。动画影像中腾云驾雾、幻化无常的仙术，身怀绝技、飞檐走壁的神人，甚至那些无所不能的机器人都将观众带进超现实的世界。这些影像或讽古喻今，或寄托现代人的某种生活理想，或成为人类象征性补偿自身局限性而产生的一种幻想。也就是说，动画影像制作本身为艺术想象提供了无限可能，因而动画影像中常出现超常规的夸张变形、反逻辑的死而复生、天上水下的任意驰骋……可以说，动画不拒绝任何想象，甚至可以说动画因想象而诞生，又以想象来表现最适合存在于想象中的情愫。

动画具有儿童式思维，它将一切影像作“拟人化”处理。“拟人化”直接脱胎于早期人类的原始思维，它是原始社会早期人类最典型的“原始—儿童”意识，这正如列维—布留尔所言：“原始人周围的实在本身就是神秘的。在原始人的集体表象中，每个存在物，每件东西，每种自然现象，都不是我们认为的那样。”[①]在现代心理学那里，儿童意识结构重复着原始意识结构，基本特征是“自我中心”的拟人化倾向。所谓“自我中心”，皮亚杰称之为不能区分一个人自己的行为与对象的变化。这种“非二分主义”一直持续到儿童能够建构自我概念之时，所以儿童总把万物拟人化，从而把自我意识投射到客体中去。如此幻化意识于儿童正像对原始人一样，是完全真实的。如此幻化的形象为什么符合儿童心理？皮亚杰认为，“儿童时期的泛灵论乃是把事物视为有生命和有意象的东西的一种倾向”[②]。在“拟人化”思维中，动物是拟人化最多的对象。

---

① ［法］列维-布留尔：《原始思维》，丁由译，商务印书馆1981年版，第28页。

② ［瑞］J. 皮亚杰：《儿童的心理发展》《心理学研究文选》，傅统先译，山东教育出版社1982年版，第46页。

以动物为动画主角的根本原因，沃尔特·迪士尼阐释道：“为什么动物在动画卡通中占据着统治地位？因为它们对任何刺激都通过身体表达出来。在小孩身上可以发现动物的自发性，但随着接受的教育他们会渐渐丢掉这些自然的东西。”①可见，动物世界和儿童世界是相通的。动画中，动物角色能真实地显出可爱和有趣。如国产动画《快乐奔跑》中，每一个蔬菜娃娃都充满着童真稚趣：内心要强、性情懦弱的小冬瓜多多；性格嚣张、自大得意、爱欺负人的仙人掌刺头；手敏捷、富有正义感的萝卜萝米；力大无穷、善良憨厚的南瓜糖糖；热情活泼、语气夸张、为人风趣的蘑菇主持人；为人热情、活力四射的甘蔗阿甘；说话嚣张、性情蛮横的蒜头等。儿童能在这些可爱、鲜艳、有趣的形象中获得愉悦，因为这些形象的实质正是“万物有灵论”的变体。

动画中对超人与智者的塑造，是儿童心理真实的代偿性满足。动画中的英雄角色，在关键时刻往往担负着救赎的使命，甚至以忍辱负重和牺牲来拯救成人，成为人类的希望。动画片呈现了儿童是权利的主宰，这与现实生活中的儿童有着本质区别。儿童在成长的过程中，蔑视成人世界的贪婪、胆怯，同时对抗着原本由成人控制的欲望世界，而许多动画都提倡重新发现童年，回归童年，从而实现对成人功利、喧嚣、世俗的抵制和批判。在动画中，现实生活的弱者转变成幻想中的强者，有着生存的智慧、神奇的力量和纯真的情感，并且在坚强和智慧的背后时时露出孩子般的骄傲与力量。也许是因为儿童还没有把自己和世界分离开来，所以儿童能与世界成为一体，能和万物成为友伴，更能超越成人所达不到的地方。

二　童真与动画的游戏性

动画中的游戏性体现在两方面：显层面的是动画中的活动影像契合儿童审美感知的特点；潜隐层的是其以自由本质表达了儿童内在的情感

---

① 周鲒：《动画分析》，暨南大学出版社2007年版，第268页。

诉求。游戏是无外在的功利目的，是一种内心自由愉悦的真实状态。动画的游戏性满足了儿童的心理情感需要，对儿童产生了巨大的吸引力，并体现了以儿童为本位，充满着主体性与个性化的儿童精神。

艺术具有游戏性，有人甚至将艺术的起源归结为游戏，虽然艺术起源于游戏只是一家之言，不能概括全部，但这无疑指出了艺术的游戏性质。在古希腊时期，柏拉图将游戏与艺术联系起来。奥地利心理学家彪勒说，游戏是儿童从行动中获得机体与快感的手段。幼教之父福禄贝尔说，游戏的发生是源于儿童内部发生的纯真的精神产物。可见，游戏发生的动机来源于儿童内在的需要，是自发自愿的，这种需要伴随儿童自身一起在发展，是儿童所固有的某种潜能的表现。弗洛伊德在论及艺术创作与游戏冲动的关系时讲："当人长大后，他便停止了游戏。表面看来，他已经丢弃了来自游戏的乐趣。不过，任何知道一点人的精神生活的人都会意识到，要丢弃曾尝试到的乐趣，是再难不过的了。的确，我们丢不掉一切；我们只是以一件事来代替另一件事。……因此，当人长大并停止游戏时，他所做的，只不过是丢掉了游戏同实际物体的联系，而开始用幻想来取代游戏而已。"①动画正是这样一种替代游戏的方式。

由于对游戏的热衷，动画观众在关注动画影像之后便进入忘我状态，并伴随着角色的奔跑、嘶喊、打闹……尽情释放着旺盛的生命力。动画中夸张可爱的造型、弹性十足的动作、快速剪辑的画面、富有个性的配音、和谐强烈的节奏，让观众享受着游戏带来的笑的心境。在游戏心境中，动画艺术家的心理世界与儿童欣赏的心理世界得到完整契合，从而通过对自身内部的挖掘，借心灵的原生，实现与儿童心灵的接近与沟通。在动画中，那些怪诞奇特的角色、上天入地的探险、极具感染力的视听、穿越时空的奇幻，魔法绽放的法则……都为儿童提供了众多奇妙独特的模仿对象，大大满足了儿童在现实生活中无法实现的模仿游戏。此时，"儿童的阅读，遗留并延伸了游戏的精神，可说是一种从身

---

① ［奥地利］弗洛伊德：《弗洛伊德论创造力与无意识》，中国展望出版社1986年版，第43页。

体的扮演（角色）走向精神的扮演。”[①]换句话说，动画影像中的“非真人角色”无论在外貌行为上，还是在言语心理上，都鲜明地闪耀着游戏精神的光芒，并符合儿童游戏性思维的艺术呈现。皮亚杰认为，“当儿童日常生活中一种自我表达的工具，即一个由他构成的并能服从于他意愿的信号物体系，也就是作为象征性游戏特征的象征体系”[②]。从这个角度看，儿童需要一个脱离现实世界的象征性游戏载体，而动画因为服从了儿童的游戏思维，是儿童容易理解的信号物体系，从而成了象征性游戏的呈现载体。

动画对成人而言，同样有着特殊的意义。游戏是人类梦想的起源，是最朴素的娱乐欲望。游戏品格给予动画以尽可能的幽默感和趣味性，也改变了受众的接受情感和心理定式。游戏品格使动画观众更热衷于收看行为本身，对于当下压抑忙碌的成人来说不可或缺。游戏品格中的轻松、明晰、甚至极端的元素，使人们尤其是成年人得到彻底的放松，可以在精神世界里轻松地满足自己在现实中未曾获得的一切，可以暂时逃脱忙碌、残酷甚至被“异化”的现实。如此游戏心境能为当下倍感压迫和拘束的人们制造自由解放的希望，使人们在动画的世界里体悟到空前的视觉享受和心理满足，获取如本雅明所言的“治疗性宣泄”愉悦。相对于一定程度上一种客观存在的“儿童反儿童化”的现象，成人们在动画的世界里以自己的方式演绎着“成人反成人化”或称为“成人儿童化”的趋向，这种趋向的产物是拒绝长大、抱守童真。

三　动画对观众本真诉求的实现

动画昭示了人类的“回乡”情结和“家园”守望。亨利·摩尔认为，艺术不只是对视听感官的愉悦，更是对生活意义的一种表达，是对生命力的一种更大的激发。卡西尔曾精辟地讲道：“艺术成了我们最深沉的、

---

① 班马：《游戏精神与文化基因》，甘肃少年儿童出版社1994年版，第10页。

② ［瑞］J. 皮亚杰、B. 英海尔德：《儿童心理学》，吴福元译，商务印书馆1980年版，第46页。

不可避免的自然本能的实现”。[①]故乡不仅象征了人类对那些曾经美好的一去不复返的过往的珍惜和留恋，而且暗含了人类对当代境遇与感受缺失和困惑的补偿欲望。在现代科技的干预下，宗教衰落，自然失衡，艺术和审美面临“祛魅”危机，动画能折射出人类身上从艺术起源处就有的原始记忆和自然本能，能让当下人完成了对原始生命家园的探望和对现实生命家园的审视，实现内心最本真的情感诉求。

本真的存在境界是与自然和谐一体的境界。对自然和谐一体的追求在国产水墨动画中体现得尤为幽深。那摆着尾巴的小蝌蚪、丛林间吹笛的男童、穿着肚兜的采药小女孩、虔诚接过古琴的少年等身影，无不把我们成人的思绪带到那天真无邪、童心烂漫的孩童时光，这种最最纯真的本真正是当下人们所欠缺的，也正为我们所向往所追求。[②]再如中国大陆入选 SIG-GRAPH 2003 动画节的三维动画片《夏》，该片以全新的方式塑造了诗意唯美的画面，同时把中国“天人合一”的自然意境完美演绎。《麦兜响当当》通过虚实相间、形神皆具的艺术手法演绎出中国泼墨山水意境，如此自然境界正是现代人所期望回归的家；《梦回金沙城》演绎了人、动物与自然共存的理念，梦回金沙之程就是一段梦回自然之程。这种对自然回归的原始性与观者的心灵共鸣，也正是这种共鸣才促使该片拿到了角逐奥斯卡最佳动画长片奖的入围券。

动画通过狂欢精神的彰显，张扬了人的生命感性欲望。动画是总充满着笑的艺术，其笑的真正迷人之处，除了其局部的滑稽、讽刺外，更在作品中整体流动的欢乐感和狂欢性。如此狂欢，使当下成人的儿童气质彻底释放，从而满足了成人的虚拟儿童心理和被遗落了的想象，在狂欢中快乐着，体验着真正的自由和解脱的快感。动画中的狂欢就是狂欢，狂欢就是为了发泄、为了愉悦，甚至不需要任何理由，因而往往将神圣同粗俗、崇高同卑下、伟大同渺小、明智同愚蠢等反差极大的事物甚至对立的事物结合在一起，并以狂欢的态度颠覆生活，让观众相信这样平庸的快乐是可能实现的。如在《喜羊羊和灰太狼》中，在青青草原上，

① ［德］卡西尔：《语言与神话》，生活·读书·新知三联书店1988年版，第186页。

② 唐忠会、龚文：《动画本真性探究》，《南京艺术学院学报》2010年第4期，第175页。

羊的天敌灰太狼，其最大人生目标就是能吃上一只羊，可每次当狼和羊相遇后，吃亏上当的总是凶猛强健的灰太狼，狼在此就相当于狂欢节中被“脱冕”的国王。如此狂欢的姿态颠覆了人们的日常生活，让观众相信如此平庸的快乐是可以实现的。在心理机能方面，动画中的狂欢找出了一条让观众能量释放的有效途径，具有理想化与乌托邦的意义；在美学层面，它动摇了古典美学一些基本范畴的权威性和优越感；但在更高层面，它摧毁了绝对理念，代之以快乐精神，倡导着快乐哲学。

正如尼采所言，面对欢乐的人群，我们如何能不感同身受和热泪盈眶？这种快乐可能是短暂的，可能是幻化的，但对于人的存在体验来说，却是极端重要的。动画里总能表现出对生活的高度肯定，总是洋溢着生命意志的勃发气氛。为了烘托这种氛围，动画常常会出现群众性的欢庆场面，比如大型的仪式祭祀场面、酣畅淋漓的舞蹈性场面、个人性情的释放场面……在这种集体参与的狂欢中，参与者得到了突破个体存在局限的崭新体验，种种构成紧张存在的元素在这种状态下得以舒缓。

尽管目前的动画能够部分地实现人类对“真”的诉求，但就动画目前的创作现状来看，这种“真”的追求还不充分，还未达到一种有意识的自觉。许多动画导演或编剧过多地倚重于技术性来进行表现，忘记了动画作为艺术应该坚守的艺术原则。动画如何借用最新的科技手段来实现人类本真的最高关怀，既是动画产业应当深思的课题，同时也为动画的发展带来新的可能性。

数字化语境中新世纪以来文艺传播的审美窥探

贺滟波*

在不同时代、不同历史时期，或者在同一历史时期的不同地域，文艺传播的方式、介质、渠道、载体、形态等方面都有不同之处。在数字化时代，随着互联网、手机等移动客户终端的推陈出新，QQ、博客、微博、微信等新型媒介不断涌现，对传统媒体的发展造成了强烈的冲击。各类传统媒体在应对这一冲击的过程中，不断加快其数字化步伐。与此同时，原先处于单一化功能状态的媒介也开始趋向融合，出现了诸如新闻客户端、微信公众号等新媒体、新传播工具。基于此，作为人类传播活动的一个重要分支，文艺传播在数字化语境中发生了诸多的变化。

一　从现实环境到拟态环境：文艺传播环境的拟态化

在数字化语境中，文艺传播的变化之一是，其传播环境由实在的现实环境向虚拟的拟态环境转变。作为新闻传播学的重要理论术语，"拟态环境"（pseudo-environment）由美国新闻评论家沃尔特·李普曼（Walter Lippmann）于1922年在《公众舆论》（Public Opinion）中提出。在李普曼看来，"拟态环境"是一种模拟环境、信息环境，是因传播媒体介

---

* 贺滟波，女，山西大同人，重庆师范大学新闻与传媒学院（新媒体学院）副教授，主要研究领域：大众文化理论与批评。

入人与现实环境中而造成的。因此，“拟态环境”不是现实环境“镜子式”的真实再现，也不是社会生活事件的真实客观映现，而是传播媒体在采访、编辑、报导过程中择取、提炼、变形的产物。然而，人们却常常把这种经过传媒折射后的信息报道混同于客观现实事件。

“拟态环境”理论告诉我们：人们所接受的“拟态环境”是模拟的、虚构的、想象的，绝不是真实的，但是，“在社会生活的层面上，人对环境的调适是通过‘虚拟’这一媒介进行的”，[①] 人们常常忽略媒介的加工和选择，而将这种虚拟性的模拟环境当作真实的现实环境予以接受，并据此做出反应。可见，由媒体所塑造的“拟态环境”，对人们的现实社会生活具有重要的影响。

（一）环境监测功能“去权力化”

在库尔特·卢因看来，信息传播的流通总是有“门区”的，门区就是把关人所处的位置。信息能否进入渠道，能否继续在传播渠道中流通，把关人具有决断权。[②] 在电子媒介时代之前，文艺信息的“把关”权力主要掌握在政府机构或大众传媒组织手中。一般情况下，传播主体在建构“拟态环境”时，会最大限度地尊重事实本身，文艺信息一般趋向正面化、积极化，负面的、不利于社会健康的文艺信息常常会遭到抑制。然而，“数字化互动式新媒体”的大量涌现，微信公众号等自媒体平台层出不穷，可以说，当前人人皆是自媒体，人人皆是麦克风，这使得文艺信息源不断多样而动态，从而使文艺信息趋向泛化、底层化。

相对于报纸、广播等传统媒体时代而言，数字化时代文艺信息的流通与发展变得没那么容易控制了。自媒体平台的准入，使得传播者的专业水准大大地降低了。为了抢时效、抢流量、抢首发、抢独家，一些传播媒体“萝卜快了不洗泥”，文艺信息大量地雷同化、克隆化，标题玩惊悚，广告硬推销，媚俗无底线……甚至有的媒体平台在转发其他媒体报道或帖文时，为了博眼球，故意篡改标题、断章取义，更有甚者，不

---

① ［美］沃尔特·李普曼：《公众舆论》，阎克文、江红译，上海人民出版社2006年版，第12页。这一版本将其翻译为“虚拟”，在本文中，译文采用“拟态”。

② 李苓等：《大众传播学通论》，四川大学出版社2010年版，第19页。

惜踩踏政治红线而置国家利益于不顾。可以说，自媒体平台的大量出现，使文艺传播环境更为瞬息万变，更为鱼龙混杂。

即使是同一文艺信息，其获取的路径也各有不同。比如老年人多习惯从《新闻联播》等传统媒体中知天下大事，而青年人则更热衷于APP等新型客户端的使用，如此一来，受众总是习惯于在各自熟悉的“信息沟壑”内活动，习惯于某一路径获取信息而规避其他路径。由此，相对于依赖统一发布公共信息的媒体平台而言，以互联网为媒介载体的网络“拟态环境”变得更为复杂多样，媒体掌控环境监测的权力也趋于弱化与分散，传统媒介语境中的“把关人”的权力显然已逐渐被削弱。

（二）“拟态环境的环境化”

在李普曼的基础之上，日本学者藤竹晓进一步提出了“拟态环境的环境化”。在滕竹晓看来，传播媒体建构了“拟态环境”，人们根据拟态环境认识世界并作出行动反应，反过来，“拟态环境”中的语言、观念、价值趣味、行为方式乃至生活方式等不同层面很快会演化为社会的流行现象，变为真正的社会现实，从而潜移默化地引导和塑造人们的认识、行为、价值取向，使人们不知不觉地依此立身处世。因此，“拟态环境”常常成为“现实环境”的引领者和塑造者，以至于人们很难区分“现实环境”与“拟态环境”之间的界限，“拟态环境的环境化”成了一个不争的事实。

李普曼所说的“拟态环境”，主要关注的是报刊对信息环境的影响、塑造。而滕竹晓所谓的“拟态环境的环境化”，强调的则是电视对生活时尚的巨大影响。二人对“拟态环境”的认识，其侧重点稍有不同。如今，网络传播技术和数字化媒体则造成了新的“虚拟现实”，催生了比现实更醒目的“超真实”。[①]可见，从报刊所提供的“拟态环境”（李普曼）

① 关于这一说法，可以参见道格拉斯、尼葛洛庞帝等人。“超真实一词所指的是：真实与非真实之间的区分已变得日益模糊不清了。这个词的前缀‘超’表明它比真实还要真实，是一种按照模型产生出来的真实。此时真实不再单纯是一些现成之物（如风景或海洋），而是人为地生产（或再生产）出来的‘真实’（例如模拟环境），它不是变得不真实或荒诞了，而是变得比真实更真实了，成了一种在‘幻境式的（自我）相似’中被精心雕琢过的真实。”（［美］道格拉斯·凯尔纳、斯蒂文·贝斯特：《后现代理论——批判性的质疑》，张志斌译，中央编译出版社2001年版，第154页。）“虚拟现实能使人造事物像真实事物一样逼真，甚至比真实事物还要逼真。”（［美］尼古拉·尼葛洛庞帝：《数字化生存》，海南出版社1997年版，第140页。）

到电视所产生的“拟态环境的环境化”（滕竹晓），直到基于电子计算机基础之上的互联网媒体所建构的虚拟现实系统，现实世界与拟态世界之间的界限不断遭到模糊，拟态环境变得更为“超真实”。

在印刷报刊盛行的历史时期，人们常常把连载小说、虚构诗文中的人和事当成真人真事，力图在现实中找到那个虚构的文学人物。比如，《福尔摩斯》系列作品的发表，使读者误认为作者即是“福尔摩斯”本人，并根据自己的亲身经历而完成，于是，读者纷纷写信给作者本人。可见，关于文艺中“真实”与“虚构”之间的关系，受众尚难以分清“书里书外”，常常把文学家虚构的人物当作作家本人，但这种拟态真实不管如何逼真，受众都身在其外，只能借助想象抵达，只能是一种被动的接受。

然而，在数字化语境中，数字化互动式新媒体[①]提供了一个受众主动参与、实时反馈的“拟态环境”。新媒体建构的拟态环境已经不仅仅局限于模拟真实环境，甚至开始超越真实环境，现实环境也带有拟态环境的特点，如基于“六度空间理论”而建构的SNS媒介（Social Network Service，社交网络服务），开心网、校内网等实名注册网站，这都决定了SNS媒介传播主体的现实回归性，文艺信息在这一空间中流动，接受文艺信息的一方，并不是被动接受、被动阅读的，而是积极地、即时性地与传播者进行交流与互动。

二　从点对面到点对点：文艺传播方式的块茎化

2006年，美国《时代周刊》将互联网所有的使用者评为年度人物，封面写道：Yes you, You control the information age, Welcome to your world，并对其作注：

> 在2006年互联网演化为这样一个工具，它让上百万人微小的努力集腋成裘。苏格兰哲学家托马斯·卡里关于“世界无非是伟人们

① 参见匡文波：《“新媒体”概念辨析》，《国际新闻界》2008年第6期。

的自传”的理论，今年受到严重挑战。[①]

《时代周刊》的评价宣告了世界范围内网民时代的到来。与此同时，中国的网民也不甘落后。同年，在互联网流量使用的调查中，百度和腾讯迅速超过了之前的新浪、搜狐、网易等门户网站，一下跃居前位。[②]这表明：大规模的、工业化的、集中供给的、点对面的信息传播模式发生了变化，即从一种有层级的、有秩序的、统一的“树状”式的文艺信息传播方式转变为去中心、去结构、去整体、去层级的“块茎”式的文艺传播方式。[③]

（一）从“点对面”到“点对点”

从1993年至今，互联网技术已经从Web 1.0时代过渡到Web3.0时代。

在Web1.0时代，互联网以门户网站为主，商业公司或传统媒体作为信息内容生产的主体，将信息、知识等内容搬到互联网上，出现了电子杂志等“新”事物。这一时代的商业模式，依然主要沿用工业化时代大规模的信息生产模式，并追求受众最大公分母的信息供给模式。在此，网民主要作为被动接受信息、知识等内容的消费者而存在。显然，在这一阶段，文艺信息生产模式与传统媒体并没有本质性的区别，网络与纸质媒体类似，充当的依然是文艺信息的物质载体。可以说，Web1.0时代，Netscape，Yahoo和Google等网络公司做出了突出的贡献，其中，Google推出的互联网黄页为受众提供了可供浏览的新的信息平台。

---

① 夏有根、黄晓英：《基于微内容的信息服务构建》，《现代情报》2011年第8期。

② 根据美国Alexa 2007年统计数据显示：百度贴吧的用户流量为11%，居百度所有产品流量的第四，百度新闻流量为1%，腾讯个人空间流量为19%，居第一，新浪流量一直稳居第一，但将至第三，其中，新浪博客以15%的用户所占据的流量比重居所有网页的首位，这高于新闻频道13%的用户流量占比。（参见张海潮：《频道分化与媒体市场》，《电视研究》2004年第4期。转引自夏有根、黄晓英：《基于微内容的信息服务构建》，《情报科学》2009年第3期。）

③ “树状”与“块茎”概念来自法国哲学家德勒兹《千高原》一书。德勒兹以生物形象来喻指思维方式。本文以此指代信息的流动、生产方式，事实上，德勒兹在论述“生产机器”等概念时，也包含了信息的生产方式。相关的论述可参考：Gilles Deleuze, Fe1ix Guattari. A Thousand Plateaus: Capitalism and Schizophrenia, Minneapolis: University of Minnesota Press, 1987。贺滟波《比较视域中的德勒兹》，鲁东大学硕士论文，2012年。陈永国编译《游牧思想：吉尔·德勒兹、费利克斯·瓜塔里读本》，吉林人民出版社2003年版。

技术不断发展，Web2.0 取代了 Web1.0。2004 年前后，中国进入 Web2.0 时代。关于这一问题有各种不尽相同的表述，但基本上呈现出这样一个共识：Web2.0 是互联网发展的一个阶段，是这一阶段各种技术及其相关产品、服务的总称。总体而言，Web2.0 最重要的特征有两个：第一，用户创造内容。不同于 Web1.0 时代，网站不再是管理员进行信息发布与管理的主导者，与此同时，用户不仅作为消费者而存在，而且也可以参与信息的发布、更改与删除，拥有作者、编辑的双重生产者身份；第二，共享信息。Web2.0 开放源代码运作，降低了技术门槛，网民也可以随意出入，并从“网上冲浪”的沉溺体验进入参与共享时代。在 Web2.0 时代，“榕树下全球中文原创作品网”是比较有代表性的文学网站。以“榕树下”为媒介平台，网站注册用户消费文艺作品的同时，也参与原创作品的发布。到 2005 年 10 月左右，“榕树下”已拥有 450 万注册用户，每日投稿量在 5000 篇左右。

2010 年前后，中国开始进入到 Web3.0 时代。相对于 Web2.0 时代而言，Web3.0 时代是一个大数据、云计算的时代，这时，你不用通过搜索“关键词”来获取各种相关的数据，而后自己进行筛选，而是浏览器通过你平时在互联网消费、浏览、搜索的各种数据，直接帮你做出选择，直接给出方案。

目前，关于 Web3.0 的定义等等，学界、业界基本还处于争议的状态，但是，Web3.0 的运用已经开始在人们的生活中崭露头角，甚至直接地影响文艺信息的生产与传播。比如，美剧《纸牌屋》的走红，便是 Web3.0 运用的一个成功案例，这是一部采用大数据捧红的剧作。据相关资料分析，《纸牌屋》的成功，得益于世界上最大的流媒体（在线视频）播放服务商 Netfix 的海量用户数据分析，因为“Netfix 上约 60% 的租赁是基于算法生成的推荐”，[①] 而这种算法是可以根据用户的需要、喜好进行个性化的定制推荐的。故而，基于大数据分析，当无数观众都在询问“什么电影最符合我的口味？”“最近哪一部电影最好看？”，Netfix 接到这些

① 李青著：《海外新媒体观察丛书》，南方日报出版社2015年版，第44页。

问题之后，立即对海量数据库进行分析，发现多数用户喜欢 Fincher 导演的片子（《社交网络》《七宗罪》的导演），Spacey 主演的片子也不错，还知道英剧版《纸牌屋》也很受欢迎，于是，Netflix 综合这些要素，最终催生出了美剧版的《纸牌屋》。[①]

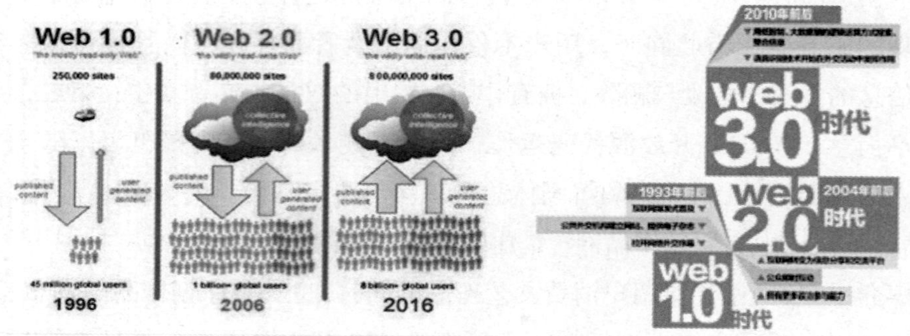

从 Web1.0 时代至 Web3.0 时代，媒介技术突飞猛进，给我们的日常生活带来了天翻地覆的变化。基于高速智能的宽带网络，大数据、云计算、物联网、移动互联网等新应用相继出现，与之相伴，QQ、SMN、博客、微博、微信、新媒体客户端等媒介共享平台也逐渐应用，微传播逐渐成为社会传播社交、娱乐和信息服务的主流传播方式。如今，“微传播”现象大量涌现：微视频、微电影、微广告、微商、微店、微营销、微店、微小说等，微关系、微动作、微经济、微新闻成了微传播的特质。[②] 基于这一传播形态，文艺信息的扩散，不再是“一对一”的人际传播方式，也不再是“一对多”的群体传播方式，也不是“推”“拉”并存的网络大众传播形态，而是呈现为核裂变效应的“链式反应”传播方式。[③] 这一

---

① Netflix是如何用大数据捧火《纸牌屋》的，https://www.aliyun.com/zixun/content/2_11_280035.html。

看NETFLIX如何用大数据造就了《纸牌屋》，http://bbs.feidee.com/thread-937605-1-535.html。

② 参见王宇、童兵《微传播：当代媒体的新集群——2014年微传播发展扫描》，《新闻爱好者》2015年第1期。

③ 参见杨清波、黄英霏《微传播时代的网络信息窄化解析》，《新闻研究导刊》2012年第12期。

新型传播形式，使信息传播逐渐碎片化、块茎化。媒介趋向融合互动，媒体格局不断发生变化，文艺信息的传播在时空、行业领域等层面均发生着不同程度的跨界整合。

（二）从“各自为政”到“跨界传播”

所谓“跨界传播”指的是在传统的分隔领域中进行跨空间（线上、线下、终端的跨界）、跨时间（知名、认知、美誉、忠诚的跨界）、跨领域（行业、领域中的跨界等）的传播行为。在数字化语境中，随着媒体格局的变化，文艺信息的传播也发生了诸多变化。

就空间而言，传统的线上为电视、户外、报纸、杂志等，线下为公共促销等手段，也有数量不等的独立销售终端，可以说，线上与线下是相对分离的。随着数字化技术的发展，消费者的选择也趋向多元化，线上、线下逐渐互联互通，甚至日趋一体化。比如，观众若想看电影，只需在网络上点击购票，预订座位，直接进电影院观看即可，或者直接在网络上下载，随时随地就可观看，这完全突破了传统观影的时空限制。

就时间而言，传统品牌的建构要素包括知名度、品牌认知、美誉度、忠诚度，这需要经历一个较长的时间才可获得。然而，在数字化时代，这些要素完全可以一气呵成，同时完成。比如，“爱华仕”品牌专卖店花了 10 多年时间，才在全国建了 1500 多家分店。相比之下，“凡客”没有店面、没有实体销售员工，却建立了自己的品牌。再比如，二维码的使用，不受面积的限制、版面的约束、时间的考虑，受众可以通过手机拍摄、扫描，随时随地对内容加以了解，这超越了行业、身份的界限，实现了报纸、期刊、图书、广播、电视、电影、网络、通信等全方位的传播。

就领域而言，伴随数字媒介转型，市场竞争日益惨烈，行业与行业之间的渗透与融合逐渐变得紧密。为了达成相同的目标，行业之间优势互补，互利双赢，通过信息的共享、扩散、互动、整合，两个不同的行业或领域可以融汇集成。微信“滴滴”一声，进入了出租车行业；淘宝“双 11”销量，让银行业不再淡定。互联网 + 商业、互联网 + 农业、互联网 + 工业、互联网 + 教育模式纷纷涌现。在“互联网 +”的大背景下，各种同样的行业联合、各种各样的产业集聚频频显现，跨行业、跨领域、跨文类、跨媒体的文艺传播也无处不在。比如动漫与京剧、相声、小品等传统曲艺，原属于不同的行当，但是，动漫京剧、动漫相声、动漫小品等“新”文艺形态的出现，改变了传统文艺形态及其传播方式。在同一传播领域中，新闻传播、文艺传播、科技传播、体育传播、政治传播等领域也有着“边界”和不同的规则系统，但是，数字化技术打破了传播领域内部的界限。如 2013 年，嫦娥三号探测器首次将中国航天员送入太空的新闻消息，尤其是“@月球车玉兔”的微博互动，不仅改变了传统的新闻语态，而且实现了文艺传播与科技传播、新闻传播的多领域跨界与融合。

（三）从“推传播”到“拉传播”

在数字化语境中，“以机换笔”的网络文学创作通过计算机键盘、手机等电子设备完成创作、发送，互联网的全球覆盖和触角延伸，将文艺信息传播到世界各个角落，由此，文学文本可以“撒播”到无数用户手中，实现了由“推”传播向“拉传播”“推拉并举”传播的转换，实现了单向传播向多向传播的转换。可见电子设备的使用以及互联网技术的发展，破除了物理传播时代的信息壁垒，从而在物质、时间、空间三位一体上，实现了文艺信息的无障碍沟通。

同时，传统媒体的文艺传播主体通常是传媒组织、政府机构，而大众只是接受文艺信息的一方。但是，在互联网的文艺传播过程中，网民不再只是被动的接受者，而可以在 bbs、QQ、微博、微信等不同的媒介平台发表自己的看法、抒写个人情感、信笔涂鸦等等，由此，文艺信息的话语权逐渐趋向多元化、去中心化，网民也成为文艺信息传播的主体，这改变了传统单线的“施—受”（即“推”传播）文艺传播方式。我们想象一下传统媒体一统天下的时期：除夕夜，电视、广播等几乎所有的主流媒介都在转播春节联欢晚会，全国人民面对被“施”予的央视春晚信息，只能单向、被动地接受。然而，在互联网时代，网民一方面有更多的文艺信息可以选择，可以在各类“春晚”节目中自由换台，另一方面也可以通过手机短信、微信“摇一摇”、支付宝“咻一咻”、微博等多种新型媒介平台参与“春晚”的互动性话题讨论，以多种形式与春晚剧组实时互动。

三　从宏观叙事到微观叙事：文艺传播内容的碎片化

在数字化语境中，文艺传播的信息内容趋于从历史性的宏大叙事解构为个体性的微观叙事，即传播内容从“宏内容”（macrocontent）转向“微内容”（microcontent）。

“微内容”，是相对于传统媒体中大制作、重要的“宏内容”而言的，这一概念，最早由 Jakob Nielson 提出，用以描述一个网页上所显示的“超小文字段”，如页头与标题。Cmswiki 将其定义为“最小的独立的内容数据，如一个简单链接的一篇网志，一张图片音频视频，一个关于作者标题的元数据，E-mail 的主题，RSS 内容列表等”[①]。可以说，互联网所产生的任何数据、任何信息都属于“微内容”的范畴，比如，博客的任何一则日志，Amazon 中的一则读者评价，QQ 空间里信息的修改与删除，微博转发的每一条信息，微信上传的任何一张图片，或者用户“赞”的每一次点击，都属于微内容。这一内容短小、快捷，更为私人化、个体化，可以说，Web2.0 技术的广泛应用，使微内容的信息内容实现了大众化传播，碎片化的“微内容”在当今无孔不入，四处翻飞。

总体而言，碎片化的微内容主要呈现为两个方面的特征：

第一，由被动接受到用户原创。互联网用户传到网上的任何数据、任何信息，都属于微内容，具有原创性、个性化、碎片化的特点。用户原创的内容，多为用户的私人感悟、一己体验，或者是朋友圈的一呼百应，或者是飙升的点击率、转发率。用户不再只是传统纸媒时代的看客、听众，不再袖手旁观而是随时随地在网络上发声，随时参与热点事件的发布、转发与传播，这展现了一种敞开的、包容的、多元化、多维度的交流与呈现。

第二，信息置换。在数字化语境中，为了适应不同媒介受众接受、阅读信息的习惯，原先发表在报纸、杂志等纸质媒介的文艺信息，通过微信公众号、新闻客户端等新媒介的运营，文艺信息发生了改变，标题

---

① 李邑兰：《微内容时代对全景世界的建构》，《青年记者》2007年第8期。

被改头换面；严肃的政治性内容被改换为颇有文艺范的标题。期刊上的学术性文章，进入微信公众号的空间中，文章并不是以全貌原原本本地从纸质期刊转移到微信中，而只是截取其中的关键性信息，文章篇幅不仅被大大地压缩，标题也变得更为去学术化了，成为“小清新”或“大话体”。比如，学术期刊文章《11 月 11 日：从文化建构到商业收编——对“光棍节”和“网购狂欢节”的分析》（《青年研究》，2014 年第 3 期，王璐），“社会学了没”微信公众号在编发时，将这一题目改为《光棍节是如何被网购收编的？》（2015 年 11 月 10 日），题目被改动得更为日常化、生活化。两篇文章发表时隔一年之久，而且所处的文本空间大有不同，前者处于严肃的、学术气味较浓的期刊文本中，主要面向高校师生、学者专家，后者出于受众群体的考虑，不仅改换了标题名字，而且还加入了“社长说”的段子体①。可见，文艺信息的传播从一种严肃的、正式的话语表达置换为轻松的、幽默的、诙谐的话语形态，这种信息置换的现象在今天可谓是司空见惯，却又发人深思。

四　从单一媒介到媒介融合：文艺传播渠道的多样化

数字化语境中的文艺传播载体、传播内容等层面，均发生了不同的变化，随之，文艺传播形态及其传播渠道也趋向多样融合。以电子计算机及其互联网技术为依托，微博、微信等新媒介的应用，不同程度地强化了网络传播的速度和广度，从而使网络传播融合了多种传播形态。

进一步而言，网络传播不仅打破了人际传播与大众传播之间的传统壁垒，而且囊括了人际传播、组织传播、群体传播、大众传播、文化传播等多种传播形态，各种传播形态相互交织，使互联网成为复合型的传播媒介。由此，一对一、一对多、多对多等不同的交流模式，也同时发生于网络这一虚拟环境之中。比如，一条信息的传播，可能同时见于 QQ 空间、微博、微信等不同的媒介平台，这既可以属于人际传播的范畴，

① 在“社会学了没”的微信公众号中，“社长说”段子体内容如下：“紫薇：尔康，我有一辆价值连城的车。尔康：什么车？紫薇：购物车！尔康：滚出去……”。

也可以算作大众传播的方式；既属于一级传播，也可以算作二级传播乃至多级传播；既可以是同步的即时性传播，也可以是异步的延时性传播。总之，在数字化语境中，新媒介的运用实现了跨越多种传播形态的可能。

基于以上种种，原先处于单一化功能状态的媒介也开始趋向融合，媒介融合成为数字化语境，尤其是新世纪以来文艺传播的重要趋势。

（一）旧媒介与新媒介共存

新媒介的大量出现，并不意味着旧媒介时代到此终结。“印刷文字并没有消灭口语交流。电影并没有消灭剧场。电视并没有消灭广播。每一类旧媒体都被迫与新兴媒体共存。”[①] 从上古时期的结绳记事，到龟甲兽骨、青铜器皿、棉帛丝绢，直至纸张、广播、电视、电影的出现，文艺信息内容记载的载体方式不断更新换代，但是，这并不意味着旧媒介从此退出历史舞台，而只是说我们存储文艺信息内容的工具发生了变化，从原先使用的磁带、录像带、录音机转录到MP3、MP4、移动硬盘等，甚至是一种虚拟的网络存储平台，如微盘、百度云盘等等。

以大众耳熟能详的德云社相声为例，旧媒介平台有“欢乐喜剧人”等电视节目、“郭德纲相声集”等广播节目，这些节目可以满足消费者茶余饭后的视觉享受以及开车、乘车区间的听觉娱乐。同时，新媒介平台——如“优酷视频”——也有“郭德纲专辑”、“岳云鹏专辑”等主题版块。同一文艺消费信息在旧媒介与新媒介平台同时存在，形成了互补格局，各种平台自有其他平台难以取代的价值和功能。

（二）旧媒介与新媒介融合

目前，关于“媒介融合”[②]（Media Convergence）的说法，还比较有争议。综合起来而言，媒介融合主要有狭义和广义两个层面。就狭义层面来说，媒介融合指的是报纸、杂志、广播、电视、互联网等不同

---

① ［美］亨利·詹金斯：《融合文化：新媒体和旧媒体的冲突地带》，杜永明译，商务印书馆2012年版，第45页。

② 关于“媒介融合”的概念，学者们的理解各不相同。除了文中提到的，还有美国西北大学李奇·高登教授的“五种融合”说，即所有权融合、策略性融合、结构性融合、信息采集融合、新闻表达融合。（参考自丁柏铨：《媒介融合：概念、动因及利弊》，《南京社会科学》2011年第11期。）

的媒介形态融合在一起，形成一种新的媒介形态，如电子杂志、博客新闻、新闻客户端、电子广告、武术电子游戏、豆瓣广播、滴滴打车等等，“我中有你，你中有我”，这也是大多数人对媒介融合的认识。

事实上，媒介融合的范围比较广阔，不仅包括媒介形态的融合，还包括媒介功能、传播手段、所有权、组织结构等要素的融合，可以说，它涉及一切媒介及其有关要素的结合或融合，即“我就是你，你就是我”，这是一种“印刷的、音频的、视频的、互动性数字媒体组织之间的战略的、操作的、文化的联盟”。[①] 从马克思时代的“报纸”到我们当下的移动互联网，文艺传播的手段、媒介、方式、功能都发生了诸多的变化，这种媒介融合态势“改变了现有的技术、产业、市场、内容风格以及受众这些因素之间的关系”，“改变了媒体业运营以及媒体消费者对待新闻和娱乐的逻辑”，[②] 媒介融合对文艺的传播产生了重要影响。

（三）“中央厨房”：媒介融合改变文艺传播形态

如今，看到这样的情形，人们已经见怪不怪了：一名高中学生，一边做着家庭作业，一边开着电脑，电脑上有四五个窗口同时运行。学生写着作业，浏览着网页，欣赏并下载着 Mp3 数据压缩格式文件，同时，还用 QQ 视频聊天，手指快速地敲击着键盘，用 Word 软件撰写文稿，摆在桌子上的手机，可能还同步在线登录 QQ、微信等工具，学生自如地用文字同他人交流，在不同的学习、娱乐空间中相互跳转。当然，这并不属于媒介融合的范畴，但足可以说明新媒介在人们的生活中逐渐成了“器官的延伸”。

“中央厨房”是目前媒介融合发展的最近案例与实践运用。自 2015

---

① “联盟”涉及战略层面、操作层面（具体业务）、文化层面。可以说，这一界定不仅涉及“媒介融合”的狭义层面，即指涉不同媒介形态融合为一种新的媒介形态，如电子杂志、博客新闻、新闻客户端、电子广告等等，而且也涉及其广义层面，即媒介形态、媒介功能、媒介传播手段、媒介所有权、媒介组织机构等与媒介相关的所有要素的汇聚与融合。本文对这一问题的探讨，主要侧重其狭义，后者是前者的结果。（蔡雯《新闻传播的变化融合了什么》，《中国记者》2005年第9期。转引自丁柏铨，《媒介融合：概念、动因及利弊》，《南京社会科学》2011年第11期。）

② ［美］亨利·詹金斯：《融合文化：新媒体和旧媒体的冲突地带》，杜永明译，商务印书馆2012年版，第47页。

年“两会”期间，《人民日报》相关技术人员对“两会”记者的稿件进行了可视化处理，得到了市场的普遍欢迎，这可以说是“中央厨房”机制的首次尝试运行。自此，习近平访美、9·3 阅兵、习马会等重大活动期间，“中央厨房”先后启动，并配以 VR 技术对新闻活动进行报道，生产制作的图片、图表、视频、H5 等可视化产品也得到了受众的欢迎。

总体来说，所谓的“中央厨房”，并非是一个煎炒炖炸的烹饪场所，而是化用其形象意义，将每天发生的各种新闻事实、新鲜资讯、文艺活动等信息比作各种“食物”，媒体平台或各种组织机构化身为“厨师”，对新闻策划、采集、编辑、发布各个环节进行统筹协作、集中指挥、高效协调。可以说，“中央厨房”既是一个平台，又是一个机制，是“一次采集、多种产品、多媒体传播”的工作机制，这包括总编协调制度、部门沟通制度、岗位值班制度、采前策划制度、线索沟通制度、效果反馈制度。如果说前者是硬件（平台）的话，那么，后者即是软件（机制），是无形的。

这种无形的媒体融合的生产机制，在我国，目前还处于起步阶段，各大新闻媒体单位还处于探索阶段。但是，这一生产机制对文艺的生产与传播会产生重大的改变。“一次采集”的各种素材（比如杭州西湖图片），通过“中央厨房”的统筹规划，既可以用作新闻领域的报道（如 G20 峰会新闻报道），也可以置入文艺副刊的版面，当作娱乐信息供读者放送身心，还可以制作成H5等可视化产品进行传播。比如《傅莹邀你加入群聊》《总理给你送快递》等 H5 产品，一改之前严肃的、高深的政治政策解读，因其有趣好玩，而在“两会”期间，借助互联网的优势，总点击率超过千万次，成为当年“两会”传播热点。

五　从游吟诗人到赛博格主体：文艺传播主体的复杂化

在数字化语境中，文艺传播主体日趋复杂化，这主要表现在三个方面：

第一，文艺传播主体身份的专属性、权威性、稳定性遭到消解。在口语时代，文艺创作主体与接收主体凭借“口传心授”的方式进行着文艺信息的传递和交流，创作主体和接受主体既界限分明，又可以互换。比如，听众耳熟能详后，就可以变成传唱者。在印刷传播时代，“书写促进了文化的代际传输，促使文化作品转变为不朽之作，并促成作者向权威的提升。书写还鼓励读者形成批判性的思维”[①]，书写文字的固定性提升了作者的权威，但是，与此同时，印刷术及机械复制手段强化了主客体的分离、自我的分离。正如马克·波斯特所言：“无论在读者还是作者的情形中，印刷文化都将个体构建为一个主体，一个对客体透明的主体，一个稳定和固定身份的主体。简而言之，将个体构建成一个有所依据的本质实体。”[②]文艺的生产主体与客体的身份是固定的。

然而，在数字化语境中，电子计算机及互联网的出现，改变了这一情形，QQ、博客、微博、微信等自媒体平台的大量涌现，使得信息发布的门槛大幅度降低，“人人皆可为作家”似乎不再遥远，“打工仔、保姆都可以写作长篇，洋洋洒洒几大册不在话下，长篇小说这位文学宫殿的公主下嫁民间，电脑成了轿夫”[③]。再加上，“用户制作内容”等互联网思维逐步深入人心，这些都使文艺信息的创作者和接受者、信息发布者和信息接受者的界限日渐消弭，从而逐渐解构着文艺传播主体与客体二元对立的态势。在这一语境中，“当大众媒介转换成去中心化的传播网络时，发送者变成接收者，生产者变成消费者，统治者变成被统治者”，[④]普通人只要粗通文墨，热衷涂鸦，皆可建设自家的“自媒体”家园，将信息传播对象分割成众多微小的单位，去进行文艺信息的传播。由此，文艺传播的主体，既是文艺信息的生产者，又是文艺信息的接受者或消费者。文艺传播主体专属的、稳定的身份开始消解。

第二，文艺传播主体的碎片化生存趋向分众传播。新世纪以来，伴随数字媒介转型，文艺传播主体不再总是局限于固定的时间、空间，“画地为牢”式的创作或接受文艺信息，他们可以根据自己的需要、爱

① ［美］马克·波斯特：《第二媒介时代》，范静哗译，南京大学出版社2005年版，第70页。
② 同上书，第61页。
③ 黄鸣奋：《网络时代的许诺：“人人都可以成为艺术家”》，《文学评论》2000年第4期。
④ ［美］马克·波斯特：《第二媒介时代》，范静哗译，南京大学出版社2005年版，第33页。

好，选择个性化的信息服务方式，这就使得文艺传播主体接受的信息内容、接受的信息时空均呈现碎片化的情形。正如马克·波斯特所言："后现代型的这种传播中，身份是去稳定性且碎片化的。这种置换不是在高度仪式化的宗教集体行为或其他社区功能中完成的，而是在家庭私下的非正式的孤立的状态中完成的。这种置换也不是在某些特殊时刻完成的，而是在每天、在很长的时间内完成的。"[①] 比如，以 CCTV 为例，CCTV- 新闻频道主要播送各类新闻信息，CCTV- 科教频道主要立足各类科教信息，CCTV- 农业频道传播大量农业信息，CCTV-6 及 CCTV-8 等频道播送文艺信息内容。同时，在 CCTV-1 频道，新闻在七点到七点半时段，而后是天气预报时段，八点开始是影视剧时段，可以说，央视等传统的电视媒体，其文艺信息的传播一般是在特定的时段由特定的传播主体完成的。而数字化媒介技术风行以来，新闻信息、科教信息、农业信息、天气信息、影视剧信息等可以在任何时段传播，传播者经常可以"越界"传播（如大量草根媒体、自媒体信息的发布者并没有泾渭分明的传播分工），也可以利用边角时间以碎片化的形式传播各类信息。

另外，在传统的文艺传播路径中，生产文艺信息的主体主要是具有话语权的上层阶级、传媒组织、政府机构以及知识分子，文艺信息的传播往往被社会上层垄断或控制。然而，在数字化语境中，QQ、博客、微博、微信等新媒体不断涌现与发展，文艺传播主体日趋多元，各色人等都可以借助自己熟悉的自媒体进行信息的传播。这种传播不再是广告式的"周知"传播，而是围绕自己构建起各种各样的"朋友圈"，在这一空间中，传播单元经常是相互分割的，圈子内人与人之间进行点对点的链接，同时，也排斥了"外人"的进入，不同"朋友圈"、不同群体又实现了人类群体的"再部落化"。可以说，文艺传播主体及其受众被分割为一个个大小不等的传播单元。除此之外，电视真人秀节目愈演愈烈，各种风格、各种类型频出，这不仅宣告了泛真人秀时代的到来，也从另一个角度表明，电视节目形态的文艺受众已然出现了具体化、小众化的大趋势。

---

① ［美］马克·波斯特：《第二媒介时代》，范静哗译，南京大学出版社 2005 年版，第 64 页。

穿越“真人”与“秀”边界的当代媒介野心

叶思诗*

基于媒介重塑现实的强大能力，李普曼在《公众舆论》中提出了三种“现实”的存在，并将由媒介建构的现实称为“象征性现实”，即拟态环境。“我们必须特别注意一个共同的要素，即人们和环境之间的插入物——拟态环境。人们的行为是在对拟态环境做出反应[①]。”尽管人们普遍接受媒介与现实的关系早已超越镜像和简单依附，但长久以来，媒介与现实间仍然横亘一条无形的边界，这也是人类信心所在，即媒介仍然可控。但媒介本身却并不就此满足，媒介的发展正是穿越“拟像”壁垒，将“真人”（现实）与“秀”（媒介）融合起来，不断试探和模糊媒介与现实的边界。从这个意义上讲，“真人秀”绝不单纯是一种节目样式，他是在媒介演化进程中被生产出来的内化之“我”者，是媒介发展多种必然性的产物。媒介不断扩张从而产生超越自身，越界直接塑造现实的需求。

---

* 重庆市教育委员会人文社科规划项目“重庆市互联网传播治理体系的创新研究”，项目号（16SKGH046）。

叶思诗，女，重庆沙坪人，重庆师范大学新闻与传媒学院（新媒体学院）副教授，主要研究领域：文艺与传媒，文艺美学。

① 沃尔特·李普曼著：《公众舆论》，阎克文、江红译，上海人民出版社2002年版，第15页。

一　“真人秀”节目：一个透视媒介野心的完美视角

“真人秀”是个受欢迎的节目形式但也是难以被定义的概念。事实是自“真人秀”概念被国内学界和业界提出以来，电视综艺节目不再追求清晰分类，而是被随意拉入“真人秀”行列。“真人秀”似乎成了综艺节目的代称。“真人秀”之所以难以被定义并且被泛化使用，首先是因为“真人秀”本身是媒介发展到一定历史阶段的产物，因而具有高度的形态综合性。其次是“真人秀”的产生发展过程以及功能与效果都完美地呈现了媒介穿越“真人”与“秀”，从而僭越现实的边界野心。

从自身演变史看，“真人秀”按照生活的表演化和表演的生活化两个非同向路径经历三个发展阶段。“真人秀”发展的第一阶段，即雏形时期以电视纪实节目为代表，属于较低层级的生活表演化。媒介与现实间的边界清晰，生活并不因为媒介而存在或改变，首先是生活本身，然后通过纪录成为媒介资源；“真人秀”发展的第二阶段以目前火爆众屏的“真人秀”节目为代表，属于表演生活化范畴，媒介表演不甘于虚拟设定，而是侵入现实，不仅将生活内容（婚恋、生育、整容、求职、生存体验等）统统转化为媒介表演，同时表演结果还直接变成生活现实（成名、变美、就业、恋爱等），即日本学者藤竹晓所称“拟态环境的环境化”，媒介与现实的边界开始模糊；第三个阶段将是高层级的生活表演化，如同电影《楚门的世界》所预警的那样，当事人的全部生活不自知地成为他者的媒介设计，至此现实与媒介的边界消失，媒介失控。第三阶段尽管还未到来，但是“真人秀”自身的发展逻辑和人类野心正朝这个阶段迈进。

从媒介功能看，“真人秀”具有强大的身份生产能力。明星真人秀和素人真人秀的魅力都来源于此。明星真人秀中明星不再扮演某个虚拟的角色（媒介身份），他也并非现实自己（现实身份），他扮演自己。同时“真人秀”游戏化而非戏剧化（影视剧）的场景设定更加深了明星扮演自身的幻觉，明星的话题性、养眼性和祛魅性杂糅一处，受众在欣赏明星和窥探明星之间获得双重满足，这也是中国明星真人秀泛滥的关键原因之一。素人真人秀的身份生产与此略有差异，是在现实身份和表演身份之外生产出另一层伪明星身份，因此素人真人秀大多具有造星的性质。

从媒介效果看，“真人秀”往往有意制造媒介与现实的灰色地带，并以影响和改变现实为结果。“选秀”类“真人秀”的获胜者经由一个节目就完成从草根到明星的逆袭，“超级女声”们是典型代表。减肥真人秀、美容真人秀是以身体的真实改变为结果，职场真人秀是以求职成功为结果。因此“真人秀”不是简单一个节目，而是媒介插入现实的踏板。美国的“真人秀”更被有意作为影响现实的媒介工具，是整个公共关系策略的重要环节。美国不少涉事明星政客，如伊利诺伊州州长罗德·布拉戈耶维奇为了能获得更多媒介表达机会，将参加“真人秀”节目视为难得机遇，以期争取受众舆论支持，获得法官和陪审团的同情，影响判决走向①。

二　穿越“真人”与“秀”引发伦理消费

伦理是经过长期磨合沉淀而约定俗成的人与自然，人与人之间相处的法则。媒介作为现实的投射，尽管有自身游戏规则但应该尊重现实伦理从而形成媒介伦理。对于媒介中虚构成分较大，与现实关联稍弱的媒介领域可以适当放宽伦理要求。在“现实”与“媒介”相对分离的情形下，媒介游戏规则与现实伦理容易互不干扰。但是“现实”与“媒介”之壁一旦被瓦解，媒介游戏规则与现实伦理间的矛盾就不可避免地被激化。这也是“真人秀”节目在国内的发展几乎总是伴随着伦理论争的重要原因。《完美假期》张扬人际厚黑学，《超级女声》煽动“成名要趁早”的浮躁社会心态和中性化审美热潮，《非诚勿扰》“我宁愿坐在宝马里哭”推崇拜金婚恋观，在众多“选秀”类真人秀本土化过程中孕育出“三

① 克利福德·G. 克里斯琴斯等著：《媒介伦理—案例与道德推理》，孙有中译，中国人民大学出版社2014年版，第185—186页。

分才艺七分故事”的畸形成功学，《爸爸去哪儿》引发的亲子真人秀浪潮不仅直接导致国家广电总局“限童令”的出台，围绕星二代而产生的儿童成人化危机更是伦理症结。

“真人秀”节目正是因为穿越了“媒介”与“现实”之壁，将“真人”与“秀”混融一处而成为媒介伦理的论争焦点，具体有两个重要表现。第一是“真人秀”干扰了现实的自然过程。所谓伦理往往在于对约定俗成的自然过程的尊重。而“真人秀”以猎食者的姿态侵入现实，为了满足游戏规则的需要掠夺式开发现实内容，重组自然过程，必然蛰伏种种伦理问题的隐患。例如以未成年人为主角的真人秀，无论是《变形记》还是亲子真人秀《爸爸去哪儿》《爸爸回来了》，表面上看都有伦理面具，前者让儿童直面现实从而更加珍视生活和努力学习，后者警示现实中父爱的缺位，但都难掩背后儿童成人化的商品策略。儿童成人化的本质是童真消费，将童真作为成人世界的稀缺品而赋予交换价值，因此童年的自然过程被操控了，亲子真人秀字幕组对宝宝们的表情、语言和人际关系进行花样娱乐化解读，以飨成人受众[①]，节目组对宝宝们的“卖点”精确把握和放大让儿童过早迎合成人世界的娱乐规则。《变形记》让城乡对立、贫富差异赤裸地暴露在儿童世界中，尤其通过交换生活让贫困小孩独自承受生活突升突降的强烈落差。而婚恋真人秀看似缓解快生活时代男女婚恋瓶颈，实则以强烈的仪式感和程序感绑架操纵“婚恋”这一自然过程，感情的自然交流和积累被简化为第一印象—问答—再问答—选择几步公式化程序。

第二现实伦理叠加“真人秀”法则，使伦理问题复杂化。现实伦理经由媒介传播而发酵本属正常。“只要京籍户口可轻度残疾”等价目表式相亲被新闻媒介曝光后引发伦理热议，《蜗居》《双城生活》《欢乐颂》《我的前半生》等影视剧掀起“小三儿”“异地恋”“职场潜规则”“全职太太”的围观讨论。但是新闻媒介追求客观地反映现实，属于现实偏向；影视剧倚靠虚构和夸张，属于媒介偏向。“真人秀”与新

① 张越：《儿童电视节目中的伦理问题及对策》，《新闻世界》2015年第5期。

闻和影视剧皆不同，是戴上“真人”面具的“秀”场，因此“真人”面具使其对现实有更直接的指涉，比影视剧有更强的迷惑性，尤其“真人秀”是用明确的输与赢，晋级与淘汰来强化某些价值观念。而其实作为“秀”场，“真人秀”与新闻反映现实不同，更多是对现实的否定。首先“秀”场本身具有非现实性。当婚恋真人秀中的参与者大放厥词的时候，很容易被混同为现实而在现实中引起反响，但其背后却只是节目组的精心设计和安排，“真人秀”被剪辑编排后播出更是业内通则。其次“秀”场规则是对现实的肢解和虚构。《爸爸去哪儿》出于收视需要而提出反现实的要宝宝们交换爸爸，森碟与林志颖共处一晚引发小女孩不能和陌生男子单独相处的伦理争议。《非诚勿扰》用公式化程序和快速选择肢解现实，必然强化“以貌取人”“看碟下菜”等婚恋恶俗，通过“多对一”挑选及“留灯—灭灯”等娱乐化规则更是否定了公平和尊重这一婚恋基石。

三　突破边界：媒介形式的共同野心

媒介环境和现实环境已经突破了原有来源与表征的封闭循环关系，更多地以“互唤”和“互渗”面目出现。这场新的领地出征唤起了不同媒介团结一致的共同兴趣。

首先电视“真人秀”节目的出现本身就是媒介杂交的产物。电视“真人秀”有两个雏形，第一是以《一日女王》为代表的素人电视综艺，每期节目评选一个最悲惨的家庭主妇，第二是以《一个美国家庭》为代表的电视纪实节目，摄制组将跟拍的一个美国家庭实况剪辑后播出。因此“真人秀”天然具有电视综艺的娱乐性和竞赛性以及纪录片的“纪实性”。1992 年美国 MTV 电视台推出《现实世界》栏目，展示来自美国各地的 7 位陌生年轻人进入公寓生活的状况，正式将纪录片与电视综艺两个雏形结合起来，但《现实世界》并不刻意突出电视综艺的竞赛规则，直到 1999 年荷兰推出《老大哥》才被公认为电视“真人秀”的正式诞生。作为集万千优点于一身的杂交宠儿，“真人秀”将新闻的即时性、纪录片的纪实性、影视剧的情节性、电视综艺的竞赛性、新闻和影视剧的不可预知性融为一体，迅速风靡全世界，挤占了原来电视综艺和影视剧的大量收视份额。

其次，网络媒介兴起以后迅速加入到与电视真人秀的合作之中。第一，基于 PGC 生产的原创网络真人秀已经成型，实现了与电视真人秀的差异化发展。与作为大众传播媒介的电视真人秀相比，网络真人秀更加突出自媒体特性，包括更加倚重素人真人秀，如《完美假期》《美女与极品》；更加重视节目内容按现实分类垂直细分，健身、职场、汽车、科学、音乐纷纷被拓疆为网络真人秀的内容领域；网络媒介更加重视利用网络的互动特性[①]，《女神的新衣》等节目尝试与电商结合 T2O 模式扩充“真人”与“秀”的结合方式。第二，电视真人秀积极向网络媒介延伸，与以往视频网站仅仅充当卫视补充播出平台不同，以湖南卫视与芒果 TV 强强联合为旗帜，电视真人秀优质资源向网络整体渗透，湖南卫视和湖南经视王牌真人秀《爸爸去哪儿》和《完美假期》全部转战芒果 TV，两档节目均由原电视主创团队与芒果 TV 团队合作，充分结合互联网基因打造，湖南卫视真人秀品牌《快乐男声》也转由芒果 TV 播出。第三，网络媒介极大拓展了“真人秀”的结合力度。2015 年腾讯视频《我们 15 个》，发挥互联网时空优势，360 度 24 小时直播 15 位参赛者的户外生存状况，突破了电视户外生存真人秀一周一期的限制。《创造 101》也大大拓展了《超级女声》时代的赛程赛制容量。

再次，网络直播是网络媒介穿越“真人”与“秀”的新作为。由游客直接打赏主播的网络直播秀就是“真人秀”节目之后“真人”与“秀”结合的新形态，从形式上看借助网络平台普通人能够对自己和他人的生活片段、表演、聊天等等行为快速媒介化，是“真人”与“秀”的直接结合。同时与传统电视及网络真人秀节目相比，网络直播能避开大众传播的高度组织性，也就更多规避高度组织性对“真人”的抹杀，将个人生活与个人传播方式与个人传播意愿三者结合突出“真人”。但同时也

① 罗霆：《互联网 + 真人秀：2016 真人秀的格局形态问题》，《新闻战线》2017 年第 1 期。

给予了个人以膨胀的媒介霸权。随着参与门槛的降低，网络的参与基础更加广泛，现实和媒介表演间的边界进一步模糊。其实在电视真人秀正式诞生前，1998 年电影《楚门的世界》就预先虚构了“真人秀”的电视形态，男主角楚门从小被电视公司收养，他的成长和生活同步向全世界直播，他的全部世界就是一个巨大摄影棚。如果在当时这部电影可能直接启发了电视真人秀的诞生，那么在媒介日益泛滥的趋势下，这部电影更可能是未来媒介与现实边界陷落的谶语，谁都可能成为不自觉被媒介操纵的“楚门”。正如杰弗里·罗森指出的“全视监狱”权力方式，是多数人监视多数人，并且这种监视是可逆的循环监视。

四 结语

媒介数量、形态和技术基础的飞速发展与提升使得打破现实与媒介的无形之墙成为一种实际行动。媒介不断扩张产生出超越自身的强烈需求，渴望越界直接娱乐现实。“真人秀”节目的出现就是这一需求的产物，“真人秀”节目的发展则让这种需求和野心得以愈加充分地展示，因此“真人秀”节目本身是观察媒介与现实互渗的绝好视角，但是随着“真人”与“秀”结合的不断发展升级，更多的媒介形态，比“真人秀”节目更加深入的媒介形态只会层出不穷。当《楚门的世界》中的设想慢慢成为现实，现实逐渐丧失对媒介的控制与必要的区隔，人类将面临巨大的考验。

社交媒体在危机管理中的运用研究

夏播　刘超　杨阳*

2008年5月12日，中国四川汶川发生了M8.0级破坏性地震。它造成69277人遇难，4643人受伤，17923人失踪，给当地居民带来巨大的损失。地震发生仅仅7分钟，就有网友在百度贴吧发出简短的地震消息，网友们通过社交平台发布灾区路况、求助信息等，为救灾工作提供了许多有价值的信息。2011年3月，日本地震和海啸发生后，当地社交媒体促进公共警报，启用紧急措施帮助寻找失踪人口。① 2011年1月在澳大利亚昆士兰州和维多利亚州爆发了山洪，用于公共紧急服务的Facebook网站增加了6倍，社交媒体用于突发性事件的处理与救灾得到了巨大的增长和支持。② 如今，越来越多的组织已经开始推动社交媒体用于突发性事件的处理和新闻传播。

---

* 重庆市教委重大面上项目：媒介融合背景下的传媒人才培养模式改革与实践（111008）。

夏播，女，贵州贵阳人，重庆师范大学新闻与传媒学院（新媒体学院）讲师，主要研究领域：新媒体艺术。

刘超，男，安徽定远人，重庆师范大学新闻与传媒学院（新媒体学院）实验师，主要研究领域：新媒体，战略管理。

杨阳，男，吉林省吉林人，重庆师范大学新闻与传媒学院（新媒体学院）副教授，主要研究领域：纪录片创作与理论。

① Hjorth and Kim, “The Mourning After” *Television & New Media*, Vol.12, No.6, June 2011, p.552.

② Bird and Ling, “Flooding Facebook: The use of social media during the Queensland and Victorian floods” *Australian Journal of Emergency Management*, VOL.27. No.1, January 2012, p.27.

一　社交媒体的特点与发展状况

根据维基百科的定义，社交媒体是指允许个人或企业在虚拟社区和网络中创建、分享或交换信息、职业兴趣、想法和图片 / 视频的以电脑为中介的工具，是人们建立社交网络或关系的平台，常用的社交媒体软件有社交网站、脸书、推特、微博、微信、播客等。通过网络，社交媒体可以共享文件、图片、音频、视频，它可以让个人，组织和公众之间进行互动交流。[①] 新媒体环境下，人人皆媒体，事事皆新闻，由于技术的发展，社交媒体能够很好地进入人们的碎片时间，越来越多的人将社交媒体作为最主要的新闻来源。

根据中国互联网络信息中心的分析，社交媒体的使用受到性别、学历、收入、年龄等因素的影响。2018 年的有报告称，中国社交媒体用户男性比例较大，用户有八成集中在 15 岁到 44 岁，又有八成是全职工作者。用户中具备中等教育的群体规模最大。月收入在 3000—5000 元群体的比例最高。除此之外，社交媒体的接受程度还和国家有关，发达国家的人们更倾向与使用社交媒体。另外，社交媒体的使用程度受人格因素影响，性格外向的人群更容易使用社交媒体。

在美国，对 30 岁以下的人来说，互联网是最重要的信息来源。对其他年龄的人来说，网络仅次于电视。在中国，30% 的人群使用互联网获取信息，通过智能手机使用社交媒体的人群达到了 6 亿，接近总人口的一半。由于智能手机和社交媒体的使用越来越频繁，互联网成为全世界一股不容小觑的力量。社交媒体在某种意义上废除了“信息把关人”，这其中包括医生使用社交媒体给予在线医疗咨询没有进行信息把关的情况和记者发表新闻故事时缺少信息把关的情况。使用社交媒体时，信息把关人被“网络筛查”所取代，网络筛查是自发的依靠信息，以网络过滤或自我调整的审查方式进行。因此，各类信息的产生、传递过程没有

---

① Potts and Liza,eds.. *Social Media In Disaster Response*, New York, NY: Routledge Press, 2014, p.143.

传统媒体那样的“把关人”，缺乏合理把关和伦理道德的约束。

二　危机管理社交媒体的作用

灾难和重大事件发生时使用社交媒体应有一定的审查。危机发生时，使用社交媒体的公众、紧急情况管理者、第一批响应者和研究人员对危机的报道和描述各有不同。社交媒体用于救灾、恢复和减少风险有以下作用。

1. 监听与监控。监听功能包括定期或不定期地对社交媒体进行抽样检测，这样能够对大众舆论和公众偏好的流向进行判定。它也能监测公众的行为和对事件做出的反应。Crawford（2009）将在线监听分为三类：背景监听、相互监听和委托监听。背景监听是指语言接触的最小形式，细微的调整；相互监听则是包含双向的信息交换，包括对其内容和信息来说相互敏感的部分；委托监听指在信息引导和反应时“公平参与”的一种集体的形式，因此，监听不仅需要跟踪意见的渠道、还需要提供和收集感兴趣的信息。

监控功能是指被动收集信息，进行检测，提高对事件的反应，了解公众在想什么和做什么来加强对其管理。Bird 等（2012）研究表明，使用社交媒体不会额外地增加有害的和不准确的谣言。[①] 其原因是大众参与开始流传的谣言很容易被知识渊博的人纠正。例如，2011 年 3 月日本发生了地震和海啸后，没有证据表明日本民众大规模使用社交媒体传播谣言和虚假信息。相反，推特上 49% 的信息要么是积极的，要么是积极的应急准备，只有 7% 的信息是消极的。另外，2008 年中国汶川大地震时，公众大量使用社交媒体进行互动和交流，很少人通过社交媒体传播虚假信息。调查发现：虽然灾难等突发事件发生时，容易产生谣言，但在微博、微信等平台上发布这类消息，需要确认信息的官方来源。许多国家也出台了相关法律，禁止在社交媒体平台上传播、散播虚假消息和谣言。因此，

① Crawford K, “Following You—Disciplines of Listening in Social Media” *Continuum*, Vol.23, No.4, April 2009, p.525.

尽管在使用社交媒体时存在重大危机，但一般情况下并不会导致无政府的失控状态。

2. 应急和危机管理。社交媒体可以让数据双向传播，即它可以从公众得到信息并向公众提供信息。Barr（2011）的一项问卷调查发现，80%的美国公众和69%的网络用户认为国家应急响应组织应该定期监控社交媒体用于危机管理。[①]很多机构担心社交媒体会发布来历不明和虚假信息。社交媒体要完全整合到应急管理中，需要应急管理人员改变工作方式。社交媒体引入到危机管理中，所以，建立由危机管理协作系统、公众双向传递系统、指挥决策系统、信息管理系统四个模块组成的应急和危机管理系统（如图1所示）。由于指挥控制模式不适用于公众主导的数据生成扩张和数据搜寻活动，尽管如此，社交媒体还是拥有巨大的潜力能使数据传播变成双向的过程，即从公众得到信息并向公众提供信息。

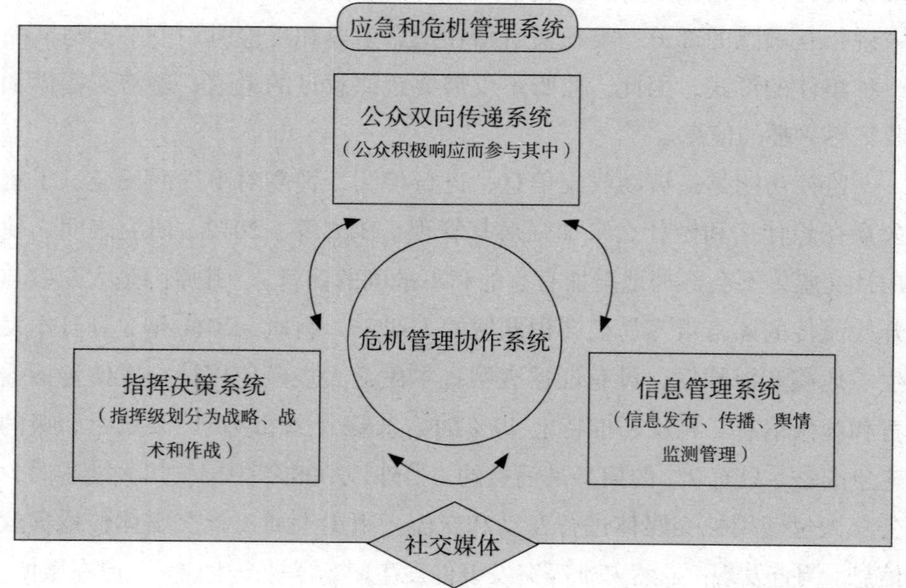

图1　应急与危机管理系统

① Barr, "Staying connected. Social media put to work when disaster strikes" *Modern Healthcare*, Vol.41, No.36, June 2011, p.33.

应急管理中，指挥模式与协作模式是连续的。命令往往倾向于专治和独裁，并将能力按指挥级划分为战略、战术和作战。协作倾向于将能力划分为沟通、后勤和住所。因此在社交媒体中没有一个明确的层次结构，和单一指令相比，它们更适合于协作模式。发布命令，公众可能会对社交媒体产生不良反应，产生异化，而发布合作的请求则会引起公众积极响应而参与其中。因此，社交媒体在减少灾难风险方面的专题组织应急管理协作模式，有利于在任务、主题和部门共享信息。

Hughes 和 Palen（2012）研究得出应急管理系统，如美国 NIMS 的就有严格官方性质，它和自由使用的社交媒体是不同的，应急管理人员被告知要加以区别。[①] 社交媒体本质上可以提高公共信息人员的福利，因为它可以让人与人直接交流，以帮助官方媒体纠正错误。此外，灾难发生后，民众往往在第一时间通过社交媒体发布信息，可以主动的运用社交媒体进行应急管理。目前大量社区、志愿者组织和新闻机构正在使用社交媒体，它可以为用户提供警告，还可以在复杂的情况下，提供本地地图和数据的信息，在危机和灾难到来时告知民众怎么做。

3. 大众服务和协作开发。在大多数突发性事件和灾难当中，第一响应者是公众。此外，社会资本也以技能、领导力、网络、支持系统等形式参与进来。社交媒体和用户之间的互动会提高生产率和附加值。社交媒体受益于其成员的特殊能力，形成的社会资本可以传播大众服务。例如美国的 Shahidi（www.ushahidi.com）就是一个危机地图平台，它和 Eden、Vesuvius 以及 Mayon 都是开放和免费的灾难管理系统，它们利用社交媒体创造和传播，特别适用于那些灾难管理和响应不发达、资源稀缺的地区。这就是社会资本参与的最好例证。

在大众服务中，1% 的人创建内容，10% 验证内容，89% 的人会使用内容。这就已经足够维持在大众服务中建立一个恒定的流量信息和高水平的咨询网站。大众服务还可以危机映射，通过使用社交媒体，它形

---

① Hughes and Palen, "The Evolving Role of the Public Information Officer: An Examination of Social Media in Emergency Management" *Journal of Homeland Security and Emergency Management*, Vol.9, No.1, January 2012, p.1547.

成的报告可以收到许多用户的信息，并编译成综合地图广泛传播。这份地图可以描绘幸存者的临时难民营情况，资源分配来源情况，道路情况，受影响地区情况等。大众服务的缺点是缺乏一个共同的机制来促进组织之间的协调，所以缺乏安全性。

4. 提升社会凝聚力，促进灾后重建。社交媒体可以提高当地居民和其用户的认同感。人们关注灾难报道，是因为可以从社交媒体的参与中获得更多的支持和对未来的乐观。社交媒体可以通过增强各个自愿组织之间的联系来提高服务，这可以对团队成员产生积极影响。此外，在灾难发生时，越来越多的人通过网络和社交媒体向外界报平安。例如，日本 2011 年发生大地震后，通信极不通畅，而网络成了灾民抚慰心灵、求助联络的绝佳平台。于地震发生当天发起成立的“日本地震中文求助联络”微博，短短时间内就有几万名在日中国人在此平台上报平安。灾难或是重大的新闻事件发生以后，人们经常都会想要捐赠钱物，但不知道应该从何处下手，社交媒体此时可以成为一种有效的工具。比如说，在一场飓风、洪水或地震过后，来自于慈善基金和组织的微博、官方微信 Twitter 和 Facebook 能为想要捐赠的人提供有关现场情况和如何捐献的信息。

5. 社会动员。社交媒体可以让普通民众发声。它能让普通大众民主地参与公开辩论、促进信息和交换观点。在紧急情况下，社交媒体不但可以快速形成凝聚力，比如刺激捐款，它还可以在某些方面揭示一个民族的精神和情感状态。现代信息和通信技术对未来的改变就像印刷术的发明给世界带来的变化一样意义深远，这些改变很快会直接或者间接地影响到世界上大多数的人们。社交媒体的社会动员主要表现在以下几个方面：（1）社交媒体的社会动员可以有效地减轻防止民众恐慌情绪的扩散；（2）社交媒体可以帮助政府引导民众配合调控的相关措施；（3）社交媒体可以使政府和社会民众达成协作，共同应对危机。

三　社交媒体运用于危机管理的 SWOT 分析

SWOT 分析法，即态势分析，就是将与研究对象密切相关的各种主要内部优势、劣势和外部的机会和威胁等，通过调查列举出来，并依照矩阵形式排列，然后用系统分析的思想，把各种因素相互匹配起来加以分析，从中得出一系列相应的结论，而结论通常带有一定的决策性。突发性新闻传播使用社交媒体的 SWOT 分析如下表：

<table>
<tr><td>优势（Strength）</td><td colspan="2">1. 社交媒体的用户众多
2. 突发性事件使用社交媒体传播成本较低
3. 通过社交媒体进行突发性事件新闻传播具有更强的危机沟通能力</td></tr>
<tr><td>劣势（Weakness）</td><td colspan="2">1. 社交媒体环境下识别突发性事件信息的真实性难道增加，传播过程难以控制
2. 受众的素质良莠不齐，对社交媒体的使用与掌握以及对信息的接受与理解各不相同</td></tr>
<tr><td>机会（Opportunity）
1. 随着信息技术的发展，通过社交媒体对突发事件新闻传播需求激增
2. 社交媒体传播突发新闻中，受众面广，信息可以传递到各个用户</td><td>S–O
充分把握社交媒体快速发展的趋势，在突发性新闻传播中形成高效的传播机制</td><td>W–O
主流媒体和社交媒体传播突发事件共存，主流媒体引导，多途径传播模式</td></tr>
<tr><td>威胁（Threat）
1. 对于社交媒体的监管系统不够完善，管理制度不健全
2. 使用社交媒体传播突发性新闻留给危机管理人员准备的时间较短
3. 传播虚假信息和不准确信息，散播恐怖主义</td><td>S–T
建立制度健全的网络环境，完善社交媒体传播突发新闻的监控体系</td><td>W–T
提高控制能力，应急预警系统要适应不断变化的社交媒体，学习新方法</td></tr>
</table>

四　运用社交媒体进行危机管理时的伦理道德问题

1. 社交媒体的伦理道德问题

社交媒体的出现大幅度地提高了受众的参与性和互动性，互联网为信息的传播和应用创造了无限的机会，但是在使用社交媒体进行信息传播时还是会遇到道德伦理问题。例如，美国医务人员协会反对医生不受限制的使用社交媒体来帮助病人，因为这可能因为某一些医生会因为某些利益导致道德沦丧，向病人提供夸大效果的药品来收取好处。

社交媒体可能会侵犯隐私和传播未经授权的个人信息，甚至被用于传播谣言，煽动暴动，组织恐怖活动从而危害国家的安全。例如，2009年7月5日，“疆独”分子在乌鲁木齐实施了打砸抢烧等严重暴力行为，而这些“疆独”恐怖分子还利用无法监管的国外社交媒体平台Facebook发布虚假信息，建立讨论组，企图通过社交媒体平台掩盖和扭曲事实的真相。

对灾难的误传是社交媒体使用的另一个道德的问题，误传包括了有意和无意的两种情况。对于一些复杂的、有争议的科学问题，如个人基因测试、转基因食品、使用抗生素等，数百万人们对它们的观点通常是基于自身在社交媒体上的涉猎。许多传统新闻机构和媒体在报道科学研究时，内容本身就不甚完整，或误读了研究成果，或强调了异常言论，而一旦这些内容进入社交媒体的“回音室”，误解就会被放大，或挫败于同类信息的竞争下，或迷失在有限注意力的混乱中。

社交媒体的滥用还可能削弱政府的信息管控能力。传统媒体的使用过程中，政府可以通过新闻监管部门进行信息把关。而社交媒体采用了个人化信息的双向沟通，由原来的被动“获取”信息变成了主动“收取信息”，人们不再通过受监管的媒体资源渠道获取信息。虽然各国都出台了一定的法律进行约束和管理，但是社交媒体因为自由言论和传播速度快等特点使得监管部门防不胜防，信息的把关能力也大打折扣。

2. 社交媒体的伦理道德问题的解决办法

危机管理人员的工作就像走钢丝一样，不管是过度反应还是反应不足都可能被认为是过失。任何灾难响应或风险防控系统，都受到社交媒体访问服务风险的影响。社交媒体也不能给所有人都提供帮助，因为再高的“智能”移动电话覆盖率，也会有人因为贫困、残疾或其他原因而无法使用。显然，年轻、健康、富裕、更有个性的人，他们更愿意通过社交媒体寻找服务。而“电脑文盲”则会阻碍数字通信服务的发展。对于这一群体，可加强口头传播信息来帮助他们。批评者会认为，社交媒体的民主功能只不过是一个错觉，因为并不是所有人都会参与其中。但是社交媒体是传播和维持民主以及在减少灾害风险时促进参与式治理的一种手段。传播信息和在传播基础上给予人们执行权利是有区别的，传播信息只能在一定程度上授权。社交媒体是否被滥用取决于如何规范，进行适当的监管。

针对道德问题的解决办法，是在一些明确的案例中围绕社交媒体在灾难中的使用提出解决方案。当局应该在引人注目的情况下的追踪电子媒体“跟踪”和迫害、种族主义的传播、危害未成年人的暴力威胁、其他犯罪活动，记录下来采取措施，并使得犯罪者脱机，并在适当的地方进行起诉。对灾害中对故意滥用信息社交媒体进行惩罚。

五　结论

社交媒体会对公共信息的生产和分配产生影响。社交媒体工具的不断增长和点对点通信的不断加强，使得灾难管理模式发生了改变，尽管没有广泛分布，但常有引人注目的案例，如若任其发展，可能导致不必要的延迟，冲突和失误。政府部门应该积极考虑如何使对等的信息交流和开展救灾信息生产与传播功能的新概念。换言之，由于公共设施的使用，将社交媒体整合到已有的应急管理系统是不可避免的。此外，由于社交网络可以双向通信，它们可以混合流行的和官方的信息，这就让市民被视为一个强大的、自组织和集体智慧的力量。

社交媒体为公众的互动和监测公众的关注，提供了巨大的潜力，它大大地增加了信息交流的范围、数量和速度，但并不是没有风险，很多虚假或不准确信息的传播和社交媒体还是有联系。然而，大众参与倾向于纠正一些与自由和不受管制的信息流相关的不足之处。未来可能会看到一个合理化的判断公众情绪和公众所提供信息的社交媒体。这将是一个挑战，应急计划和管理者必须面对。社交媒体在重大灾害和危机管理中会在一段时间内处于支配地位，应急预警系统要适应不断变化的社交媒体，并解决道德困境，社交媒体才可能广泛地应用于未来。

《把乐带回家》：广告微电影传播的符号矩阵解析

李红秀*

广告微电影传播是微电影传播中最普遍、最常见的一种类型，无论从资金的投入，拍摄制作的质量，还是传播效果，广告微电影都格外引人注目。在各种各样的广告微电影传播中，百事贺岁系列微电影《把乐带回家》可以看作是比较成功的典型案例。本文拟运用结构主义叙事学理论来解析《把乐带回家》，探究其意义的生成机制。

一　作为叙事文本的广告微电影《把乐带回家》

结构主义符号学是结构主义与符号学汇流的结果，其理论建构以索绪尔结构主义语言学为基础，20 世纪五六十年代罗兰·巴特将其应有到文化批评领域，结构主义符号学由此出现。结构主义叙事学是对文学文本尤其是叙述文本进行结构—语法分析的研究模式，旨在发掘叙事体不变的深层结构，试图通过分析叙事体共有的各种要素及其关系，建立一套叙事体的普遍结构模式。“叙事学成功地解决了两个方面的问题：一是叙事结构，它告诉我们故事的形成机制；二是叙事主体，它告诉了我

* 李红秀，男，四川南江人，教授，巴渝学者特聘教授，文学博士，硕士生导师，美国德瑞克大学（Drake University）访问学者，主要研究领域：新媒体传播和融媒体新闻。

们在媒介故事中谁在说话？”[①]其代表人物有格雷马斯、科凯、热拉尔·热奈特、托多洛夫等。“广告行为同样是一种符号操纵行为，它通过能指和所指的规约性来建构广告所需要的意义场，赋予产品一定的意义，以提升产品的附加值，符号学模式为探索广告中的意义生成机制的问题提供了一种方法。”[②]

格雷马斯（1917–1992）是法国结构主义符号学家，他认为文化产品的创作过程从内化（immanence）走向外显（manifestation）一共要经历三个阶段，分别是：深层结构、表层结构（即叙事层面）、外显结构（即词语层面）。深层结构意指整体的“形态”结构，格雷马斯引入了“语义矩阵”的概念，这种矩阵被认为是位于深层、并且具有逻辑——语义特征的意指结构的组织形式。[③]表层结构分为四个部分：产生欲望、具备能力、实现目标和得到奖赏，从而建立了叙事语法。实现目标是其核心。外显结构“由它生成并组织能指。虽说它也含有某些类似于普遍现象（quaai–universaux）的东西，但它主要还是依附于某一种个别的语言（准确地说，它定义了各语言的个性）、某一种特别材料。对它的研究局限在表层的色彩、形式和词素等修辞领域”。[④]

《把乐带回家》是百事推出的贺岁系列广告微电影，首次推出是2012年春节。当年，百事中国通过调研发现，人们回家的痛苦指数高达70%，很多消费者都不愿意在家过春节。针对这种情况，百事联合旗下三大品牌开展了一个公关活动[⑤]——拍摄广告微电影《把乐带回家》，邀请了杨幂、古乐天、张国立、张韶涵、周迅等明星主演，宣传“你的归去是你父母最大的快乐”，提倡过年回家陪伴孤独的父母。[⑥]

自2012年开始，百事公司几乎在每年春节期间都要拍摄制作一部微

---

① 刘小妍：《格雷马斯的叙事语法简介及应用》，《法国研究》2003年第1期，第198页。

② 黄楚新：《新媒体融合与发展》，人民日报出版社2016年版，第47页。

③ 刘小妍：《格雷马斯的叙事语法简介及应用》，《法国研究》2003年第1期，第200页。

④ ［法］A. J. 格雷马斯：《论意义》，吴泓缈、冯学俊译，百花文艺出版社2005年版，第140页。

⑤ 百事公司中国地区的品牌很多，目前最有影响力的三大品牌是百事可乐、七喜和美年达。

⑥ 黄楚新：《新媒体融合与发展》，人民日报出版社2016年版，第50页。

电影，邀请著名演员主演，比如杨幂、古乐天、张国立、张韶涵、周迅、罗志祥、何炅、蔡依林、郭采洁、六小龄童、宋丹丹、高亚麟、杨紫、张一山、邓超、周冬雨、吴莫愁等，有些明星还多次参演。这些系列微电影虽然大标题都叫《把乐带回家》，与百事可乐品牌标题契合，但是每一部微电影传播的主题还是有所区别。2012 年微电影的主题是“陪爸过年”，2013 年的主题是“互助回家”，2014 年的主题是“保护超市”，2016 年的主题是“猴王世家”，2017 年的主题是“家有儿女”，2018 年的主题是“霹雳爸妈”。有些微电影故事情节是原创的，比如“陪爸过年”“互助回家”“保护超市”“霹雳爸妈”；有些故事是根据真实事件改编的，比如“猴王世家”就邀请六小龄童主演，讲述他一家和他自己怎样成为美猴王的经历；有些故事是在过去热播电视剧基础上加工后的演变的新情节，比如“家有儿女”是在 2004 年时火遍全国的电视剧，2017 年又邀请原班人马重聚，演绎长大后儿女们的新故事。

《把乐带回家》系列的大部分微电影的时长都在 30 分钟以内，有些甚至不到十分钟，其传播载体以网络、手机等新媒体为主。这些广告微电影都是明星主演，专业制作，体现了投资者的商业诉求。当然，这些广告微电影又不同于纯粹的广告片，体现了宣传和推广行为的一种叙事化转向，具有短篇幅的“故事化”叙事特征，突破了与商业的界限，承载了品牌诉求、品牌精神和内涵。①

二 《把乐带回家》的叙事程序

格雷马斯在普罗普对俄罗斯民间故事研究的基础上更深入而全面的研究了语法，提出了“状态”和“转换”两个基本概念，状态表示主体和客体的关系，它们只有两种情况：拥有关系和失去关系。转换即从一个状态过渡到另一个状态，同样只有两种情况：从有到无或从无到有。②正如前文所提到，一个叙事文本的表层结构具有四个行动模态：产生欲望、

① 冉思雨：《微电影：微时代影像说服的叙事化转向》，苏州大学硕士论文2013年。

② 刘小妍：《格雷马斯的叙事语法简介及应用》，《法国研究》2003年第1期，第200页。

具备能力、实现目标和得到奖赏。实现目标是指一个使状态转换的行为，有两种类型：从拥有到失去或者从无到有。围绕实现目标阶段，必须先有一个发动者，使施动者产生实现这一目标的欲望，并进一步获得方法，具备实现目标的能力，最后便进入了“得到奖赏”的阶段。

贺岁系列广告微电影《把乐带回家》无疑是叙事文本，每一部微电影都可以进行结构主义叙事学的解读。本文重点解读2018年制作的《把乐带回家之霹雳爸妈》（以下简称《霹雳爸妈》），分析它的表层结构和深层结构。

（一）产生欲望

《霹雳爸妈》的故事发生在除夕。作为厨师的超叔（邓超饰）与超嫂（吴莫愁饰）经营着一家餐厅，超叔做了很多菜，等待儿子阿生（王嘉尔饰）回家吃晚饭。可是等到7:30阿生还没回家，超叔不高兴地独自吃饭。两人吃完饭后，阿生才回到家。超叔很生气，阿生解释说：“好不容易谈成这个广告配乐，先得把它做完啊。”超叔追打着阿生说：“你以为懂几个乐谱就想当音乐家啊？”阿生反驳道：“我起码有梦想，你呢？一个破厨子。”超叔停止了追打，沉默地走开了。父子矛盾进一步加剧。更重要的问题是，阿生有梦想，超叔曾经有过梦想吗？欲望由此产生。

（二）具备能力

只有一个人的阿生突然穿越到20世纪90年代，他看见留着长发的年轻的超叔扛着录音机在自家餐馆前炫耀，被超叔的父亲追打：“你就不能干点正经事啊！整天就知道做白日梦。”超叔回答：“白日梦也是梦啊。”一群孩子围着超叔狂欢，超叔邀请街坊四邻晚上去看霹雳舞大赛。

晚上，阿生来到狂欢的舞厅，看见年轻的超叔与年轻的超嫂在舞台与山哥（张一山饰）队举行霹雳舞比赛，最终，超叔和超嫂赢了山哥队。超叔把霹雳舞手套抛向空中，被观看的阿生接住，手套上写着“坚持”“梦想”四个字。年轻时的超叔和现在的阿生一样，也有梦想，并且具备实现梦想的能力。

（三）实现目标

赢得霹雳舞比赛冠军的超叔和超嫂高兴地走出舞厅，超嫂说她怀孕了。于是，超叔只好放弃喜欢的霹雳舞梦想，继承父业，与超嫂经营起餐厅，超叔也从霹雳舞冠军转变成了厨师。

阿生终于知道父亲超叔和超嫂年轻时也有梦想，因为孩子（阿生）而不得不放弃梦想。他终于理解了父母，带着女朋友冬冬（周冬雨饰）准备回家见父母。走到家门口，冬冬的父亲山哥（张一山）出现了，已经当医生的山哥对冬冬与阿生恋爱很不满。超叔和超嫂出门迎接阿生和冬冬，又看见了因霹雳舞大赛产生矛盾后多年未来往的山哥。阿生主动与超叔拥抱，超叔与山哥也冰释前嫌。阿生与超叔的矛盾化解，超叔与山哥重归于好，家人、朋友一起团聚，叙事目标得到实现。

（四）获得奖赏

阿生把写有“坚持”“梦想”的霹雳舞手套交给超叔。于是，超叔、超嫂、山哥、阿生、冬冬在街上重新跳起了舞蹈，街上的人也跟着跳起来。同时，阿生、超嫂、山哥、冬冬跟随音乐唱起歌曲。最后，超叔一家和山哥一家在餐桌上一起举着百事可乐“干杯”！至此，两家人其乐融融，矛盾化解，重新达到了一个稳定和谐的局面。

三 《把乐带回家》的动素模型分析

格雷马斯在索绪尔和列维-施特劳斯的影响下，接受了结构主义的二元对立原则，认为在结构主义语言学中，意义只有通过二元对立才能存在，在处理文化现象时，重要的是从多元关系中找出基本的二元对立，作为文化价值的架构或意义的来源。[①]由此，格雷马斯提出了著名的行动元结构（即动素模型）和语义矩阵。在《结构语义学》中，他根据作品中主要事件的不同功能关系，区分出六个行动元，亦即六种角色，呈现三组二元对立的关系：主体（subject）/客体（object），发者（sender）/受者（receiver），助手（helper）/对手（opponent），从而建立了动素模型图。

① 黄楚新：《新媒体融合与发展》，人民日报出版社2016年版，第52页。

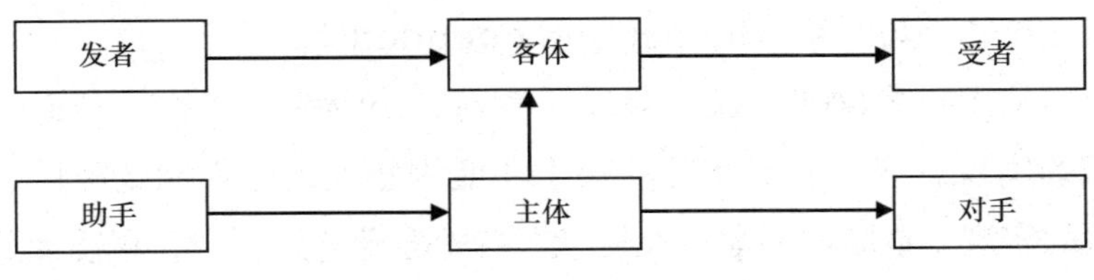

图 1　格雷马斯动素模型图

根据格雷马斯动素模型图，在《霹雳爸妈》中，可将故事区分出六个行动元，从而建立起《霹雳爸妈》动素模型图。

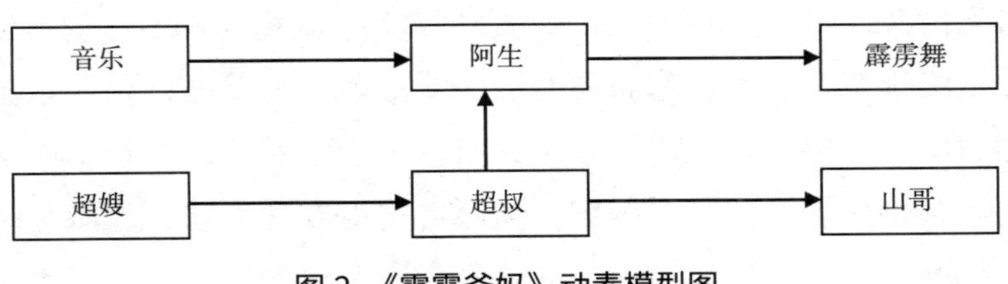

图 2 《霹雳爸妈》动素模型图

（一）主体与客体（subject and object）

故事围绕客体组织起来，客体是主体的欲望对象，客体处于发者与受者的交流关系中。在《霹雳爸妈》中，阿生因为喜欢音乐而引起超叔的不满，特别是除夕之夜，阿生没有按时回家吃年夜饭，父子之间的矛盾进一步激化。故事情节是围绕着阿生展开的，因此，阿生是故事的客体，而与阿生相对立的超叔是故事的主体。

（二）发者与受者（sender and receiver）

发者是客体的导火索，受者是客体引发事件的结果。在《霹雳爸妈》中，阿生与超叔的矛盾根源是音乐，因为阿生喜欢音乐，喜欢唱歌，有音乐梦想；而超叔反对阿生对音乐的爱好，希望他做些别的事，因为他自己年轻时也有梦想，最终梦想破灭，回归家庭和现实。因此，音乐是整个故事的发出者，它推动着故事情节向前发展。那么故事的受者是什么呢？通过穿越的方式，阿生看到了年轻时的父母——超叔和超嫂是霹雳舞的爱好者，而且他们还夺得过霹雳舞的冠军。这样看来，霹雳舞是整个故事的受者，它是阿生了解父母经历之后的结果。

（三）助手与对手（helper and opponent）

主体欲望投射的对立关系是助手和对手，助手在于提供帮助，或促成愿望的实现，或有利于交际；对手功能则相反，他们制造障碍，或阻碍愿望的实现，或阻碍对象的交际。[①] 在《霹雳爸妈》中，超嫂无疑是超叔的助手，年轻时，超嫂是超叔霹雳舞团队的成员，是超叔的女朋友，帮助超叔夺得霹雳舞冠军；结婚后，超嫂帮助超叔打理餐馆，互敬互爱。超叔的对手无疑是山哥，虽然他俩都是霹雳舞爱好者，但也是竞争对手。在霹雳舞冠军争霸赛中，超哥在超嫂的帮助下战胜了山哥，从此山哥与超叔成为仇人，二十多年没有往来。直到最后，在阿生和冬冬的帮助下，两人才最终和解。当然，超叔还有一个对手就是他父亲，他父亲也一直反对超叔跳霹雳舞，不过，影片中只有一个全景镜头，很快一闪而过。后来超叔结婚生子，接管了餐馆，实际上也潜在地反映了超叔与他父亲关系和和解。

四 《把乐带回家》的语义矩阵分析

格雷马斯认为，一个故事文本的深层结构可以用语义矩阵进行分析。任何复杂的叙事作品都可以抽象为一组核心的二元对立项和一组与之相关的二元对立项，两者共同构成叙事的逻辑语义方阵。假设一个意义 S1（significance）以语义轴的形式显现，那么它的对立面就是非 S1，S1 和非 S1 相互矛盾，是意义的绝对真空。而语义轴 S1（内容层实体）在内容层形式的层面上串联着两个相反的义素：S1 和 S2，且两者必然有与它们各自相矛盾的对立项目。[②] 通过不是对立就是否定的行动元，以便挖掘叙事背后的深层意义。因此，语义矩阵的基本结构图便能从下图中反映出来。

从格雷马斯语义矩阵结构图可以看出，确定 S1 和 S2 非常关键，很大程度上决定了整个分析的成败优劣。要从故事文本中提炼出 S1 和

① 黄楚新：《新媒体融合与发展》，人民日报出版社2016年版，第53页。

② ［法］A. J. 格雷马斯：《论意义》，吴泓缈、冯学俊译，百花文艺出版社2005年版，第140页。

S2，重要的是要立足于全篇视角，有时这两关键要素并不是以单一形象反复出现，而是以多个形象的组合出现，这就需要多一道工序，从这些丰富的形象中寻找具有同一性的“义素”。

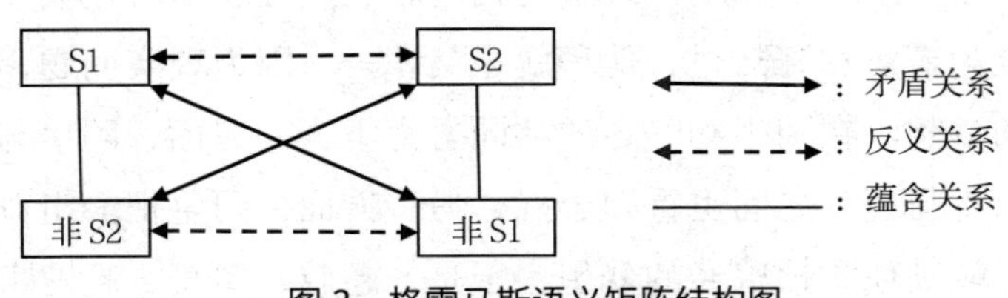

图3　格雷马斯语义矩阵结构图

运用格雷马斯语义矩阵结构图，我们可以进一步研究《霹雳爸妈》的深层结构，在对文本分解然后组合的过程中，文本的意义得以建立。影片中，阿生一直有着音乐梦，超叔反对阿生的音乐梦，因为他曾经有过霹雳舞梦，却以失败告终。于是S1的关键义素是“梦想”，与“梦想”反义的关系是“现实”，因此，S2的关键义素也确定下来。影片的关键义素确定之后，文本意义也由此衍生，《霹雳爸妈》的语义矩阵结构图便建立起来。

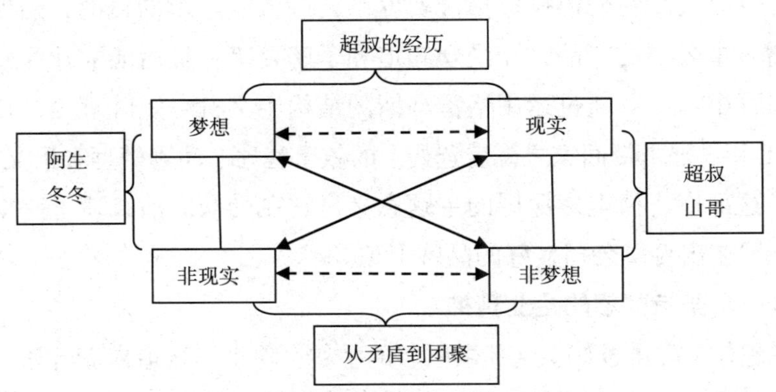

图4《霹雳爸妈》语义矩阵结构图

在这一语义矩阵中，梦想与现实是一对反义关系，超叔处于梦想和现实之间，他曾经有过霹雳舞的梦想，后来因为超嫂怀孕和父亲的反对，不得不放弃梦想，回到现实经营餐馆。阿生和冬冬代表梦想，他们都追求音乐梦想，并且一直坚持不放弃，虽然阿生的父亲超叔和冬冬的父亲山哥都反对他们的音乐梦。山哥和超叔代表现实，他们曾经有过霹雳舞梦想，但最后都放弃而不得不回到现实，山哥当起了医生，超叔当起了餐厅老板。更重要的问题是，他们因曾经的霹雳舞大赛而结怨，从此互不往来。

但是，当阿生通过穿越方式了解到超叔、超嫂、山哥他们年轻时也有梦想，也为霹雳舞狂热过，他理解了父辈——因为现实问题而不得不放弃心中的梦想。在阿生和冬冬的共同努力下，一方面，阿生与超叔矛盾化解，山哥与超叔之间也重归于好；另一方面，阿生把霹雳舞手套交还给超叔，鼓励他重拾曾经的梦想，于是，超叔、山哥、超嫂带领大家重新跳起了霹雳舞。同时，阿生、冬冬、超嫂、山哥跟着音乐唱起来。大家载歌载舞，年轻人梦想继续坚持，父辈重新找回梦想，父子之间、朋友之间、亲友之间在除夕之夜欢乐团聚，再次在系列广告微电影《把乐带回家》中传播了“欢乐”的主题。

五　百事品牌传播的意义

百事三大品牌公司投资拍摄贺岁系列广告微电影的目的，当然是为了传播百事公司的产品，让受众知道和了解百事，最后能够让受众踊跃地购买百事产品。通过运用格雷马斯的结构主义符号矩阵理论，详细分析 2018 年《把乐带回家之霹雳爸妈》的叙事程序、动素模型和语义矩阵，得出了这部广告微电影深层的主题意义，它在受众面前打造了一个品牌神话，塑造出百事公司良好的品牌形象。

（一）坚持梦想的企业精神

梦想是《霹雳爸妈》这部微电影的主题。阿生一直追求着音乐梦想，虽然他父亲超叔极力反对，两人多次争吵，但是阿生也没有放弃。阿生的女朋友冬冬也有音乐梦想，明知父亲山哥与阿生父亲超叔有几十年的恩怨，仍然偷偷与阿生恋爱，支持着阿生的音乐梦。超叔和超嫂曾经也有霹雳舞梦想，可在现实生活面前，最终妥协了，放弃霹雳舞，认认真真地经营起餐馆。当阿生知道父亲曾经有过霹雳舞梦想，于是把霹雳舞手套交给他，让他重新振作，再开心地跳霹雳舞。梦想在影片结尾得以全部实现。

电影的梦想主题与部分演员的生活经历和职业有相似之处。饰演阿生的王嘉尔是香港著名的流行乐男歌星和主持人，是男子演出团 GOT7 成员。王嘉尔父亲是香港击剑队总教练，受家庭影响，王嘉尔自幼练习击剑，12 岁获全运会第一枚击剑金牌，17 岁获亚青赛佩剑个人金牌。但是，为了音乐梦想，王嘉尔不仅放弃了参加 2012 年伦敦奥运会，而且放弃了已经取得的香港大学和斯坦福大学的录取通知书，前往韩国学习音乐，经历长达两年半的练习生生涯，最终实现了音乐梦想。饰演超嫂的吴莫愁是中国内地流行乐女歌手，她从小受父亲影响而喜欢上音乐，经常跟随父母坐着大篷车到全国各地去演出。2011 年高考前夕，她父亲不幸离世，克服巨大悲痛后，考上了沈阳音乐学院。2012 年，吴莫愁参加浙江卫视歌唱选秀节目《中国好声音》的比赛，最终获得庾澄庆组冠军、全国总决赛亚军，从而正式进入演艺圈。饰演超叔的邓超少年时很叛逆，13 岁开始打耳洞，染五颜六色的头发，帮朋友出气经常参与校园群殴，让父母很头疼。因年少轻狂酷爱跳舞而混迹舞厅，去舞厅当过领舞和 DJ，后离家出走独自一人前往广州，最后被父母心感动才浪子回头。邓超虽然没有走上舞蹈演员之路，但 1995 年考入江西艺术职业学院话剧班，1998 年考入中央戏剧学院，从此走上了专业演员的道路，实现了艺术梦想。

影片主题的梦想也契合了百事的企业精神。百事公司创办于 1898 年的美国北卡罗纳州，如果没有梦想，它不可能在短短一百多年的发展历程中跃居世界饮料行业的前两位，曾经百事超过可口可乐位居行业第一。百事品牌的理念是“盼望无穷”，提倡年轻人积极进取的生涯态度，寓意是对年轻人来说，机遇和幻想有着无穷多的空间，他们可以纵情地遐想和寻求。“盼望无穷”是对梦想的一种解释方式。为了推广这一理念，百事选择足球和音乐作为品牌基本和企业文化载体，在广告和社会公益运动中借助杰克逊、“小甜甜”布兰妮、郭富城、王菲、蔡依林、陈慧琳等一大量明星作为品牌代言人，极力提倡企业文化所倡导的精力，使百事的“新一代的选择”和推重“快活自由”的作风普遍地被人们尤其是青年人懂得和接收。因此，《把乐带回家》选择明星参演，目的在于推广百事的企业文化，实现百事不断坚持梦想的企业精神。

（二）带来快乐的价值理念

在《霹雳爸妈》中，阿生和冬冬追求音乐，超叔和超嫂曾经追求霹雳舞。无论是音乐还是舞蹈，都能给人带来快乐，带来放松，带来激情的释放。影片长度为 21 分钟，而音乐和舞蹈占据了大部分内容，其中，阿生在片中演唱了两首歌曲，超叔、超嫂、山哥参加霹雳舞争霸赛播放了一曲动感十足的英文歌曲。最后，大家边唱边跳，演唱了《把乐带回家》主题曲，核心歌词是“把乐带回家，把爱带回家，把心带回家”。影片中多次出现大家一边跳舞一边喝百事的镜头，一方面以插入式广告的方式传播百事品牌，另一方面又把欢快的气氛传递给消费者，背后传播的实际上是百事公司的价值理念。

（三）遵守传统的人伦情怀

百事公司的子公司遍及全球 100 多个国家和地区，在企业品牌传播中，百事中国的贺岁系列广告微电影作品充分体现了霍华德·贾尔斯的适应理论中的“趋同”，它在广告中将企业文化与本土文化进行有机结合，使有差别的交流者之间更好地达到观点的统一和联结，消除了距离感，增强了可理解性。①

《把乐带回家》这个系列广告微电影，就充分尊重中国的传统价值观。从 2012 年到 2018 年推出的每部微电影，把中国新春过大年的传统节日习俗融入广告微电影制作当中，使广告更能贴近消费者的心理和文化生活。在《霹雳爸妈》中，超叔虽与儿子阿生有矛盾，但还是盼望他回家吃年夜饭。阿生虽然忙着广告配乐的事回家晚了，但还是赶回了家。最后，在阿生和冬冬的努力下，阿生与叔矛盾化解，超叔与山哥也冰释前嫌，两家人在除夕之夜开心团聚，充分体现了中国春节重视家人团聚的人伦传统。在这些系列广告微电影中，除了可以感受到浓浓的中国味，从人物对白中展现中国传统的四邻和睦、相亲相爱，还能从影片的叙事语法、人物角色模拟的转变中窥见中国传统价值观的力量。

---

① 黄楚新：《新媒体融合与发展》，人民日报出版社2016年版，第57页。

第三辑 媒介创新与社会发展

框架理论视阈下《人民日报》“美国国际贸易”形象嬗变研究

——以1979—2018年“美国国际贸易”报道为例

贺一　金鑫　潘亚芬*

自1979年中美两国正式建交以来，两国间国际贸易快速发展。随着全球化的不断深入，各国经济贸易影响加深，美国作为世界上第一大经济体，其国际贸易时刻影响着其他国家进出口经济。2017年8月，美国总统特朗普要求贸易代表审查“中国贸易行为”，对中国发起“301调查”，引发2018中美贸易战，其涉及面广、影响程度深，引起多方关注。作为党和国家的喉舌，《人民日报》中的美国国际贸易报道成了一个值得关注和研究的样本。那么，它是如何通过新闻报道建构美国的国际贸易形象的？不同时期的新闻报道呈现出的美国国际贸易形象又是怎样的？本文采用框架理论的分析方法，对这一问题进行研究。

一　框架理论下的媒介形象建构

框架理论的创始者戈夫曼在1974年的著作《框架分析：关于经验组

* 贺一，男，四川达州人，博士，重庆师范大学新闻与传媒学院（新媒体学院）教授，硕士研究生导师，主要研究领域：计算传播学。

金鑫，女，云南昆明人，重庆师范大学新闻与传媒学院（新媒体学院）副教授，在读博士研究生，主要研究领域：计算传播学。

潘亚芬，女，重庆开州人，重庆师范大学新闻与传媒学院网络与新媒体专业本科生，主要研究领域：数据新闻。

织的一篇论文》中首次对框架进行了详细的论述："社会事件本就散布各处，彼此无所归属，须通过符号转化，始能成为与个人内在心理有所联系的主观认知。这个转化的过程，就是框架的基础。"[①] 他认为，"框架是个人组织事件的心理原则与主观过程"。[②] 在新闻传播领域，当媒介在新闻报道中选择不同框架方式对新闻事实进行"符号转化"的同时，不仅"重现"了原有社会事件的新闻信息事实，也建构起了报道中某个群体、组织或机构的"媒介形象"。美国学者塔奇曼认为："新闻并不是一面被动的镜子，简单地对社会事实进行客观反映，而是一种社会真实的建构过程，且是媒介组织与社会文化妥协的产品。"媒介形象就是经由媒介建构而来的，媒介作为形象呈现的一个载体，根据特定的框架对信息进行筛选、强调和排除，影响着公众对社会真实的主观认知。在新闻报道中，大众传媒通过不同的框架所构建出的媒介形象是大相径庭的。框架理论视阈下媒介形象建构的中心问题指向的是媒介生产的问题，即"将文本作为自主体系考察其内在的关系并由此凸显的意义"。本文选取《人民日报》40 年来的涉美国国际贸易新闻报道为分析对象，揭示不同时期美国国际贸易媒介形象的嬗变。

二 "美国国际贸易"新闻报道的框架分析

国内学者陈阳在《框架分析：一个亟待澄清的理论概念》一文中从三个传播维度分析总结了框架建构：从新闻生产的角度研究媒体框架如何被建构；从内容研究的角度来考察媒体框架的建构；从效果研究的角度来分析受众如何接受和处理媒介信息，即受众框架。[③] 本研究从内容研究的角度来考察媒体框架的建构，采用全样本大数据分析法，用网络爬虫抓取"人民日报图文数据库"中 1979—2018 年所有涉美国国际贸易报

① 臧国仁：《新闻媒体与消息来源——媒介框架与真实建构之论述》，三民书局1999年版，第28页。

② 同上书，第32—34页。

③ 陈阳：《框架分析：一个亟待澄清的理论概念》，《国际新闻界》2007 年第 4 期。

道全文，经数据清洗，去重，删除与研究主题无关的报道，最后共保留研究样本 666 篇。

（一）报道数量

以年份为单位来看，在 1979—2018 年的 40 年里，《人民日报》一共发表了 666 篇涉美国国际贸易报道。从每年报道篇数变化来看，《人民日报》对美国国际贸易的年度报道篇数波动很大，不存在周期性时间规律。总体上看，1979—2018 年《人民日报》对美国国际贸易的年关注度分布在每年 4—59 篇报道，其中有 31 年报道篇数分布在 5—25 篇之间，这也是《人民日报》对美国国际贸易关注比较稳定的数量。1979—2018 年中，《人民日报》对美国国际贸易的关注出现了两个高峰，2018 年以 59 篇报道高居年度关注度第一，1995 年以 49 篇报道位列年度关注度第二。对深入采集的报道文本进行进一步的研究发现，报道高峰出现的时期都是贸易争端频繁的时期。2018 年的报道主要集中在中美贸易摩擦、美国 301 调查、美国提高关税以及美国新的贸易政策引起的各界反响。1995 年的报道主要集中在美韩和美日汽车贸易争端、美日胶片贸易争端、美韩柑橘贸易摩擦和中美知识产权谈判。

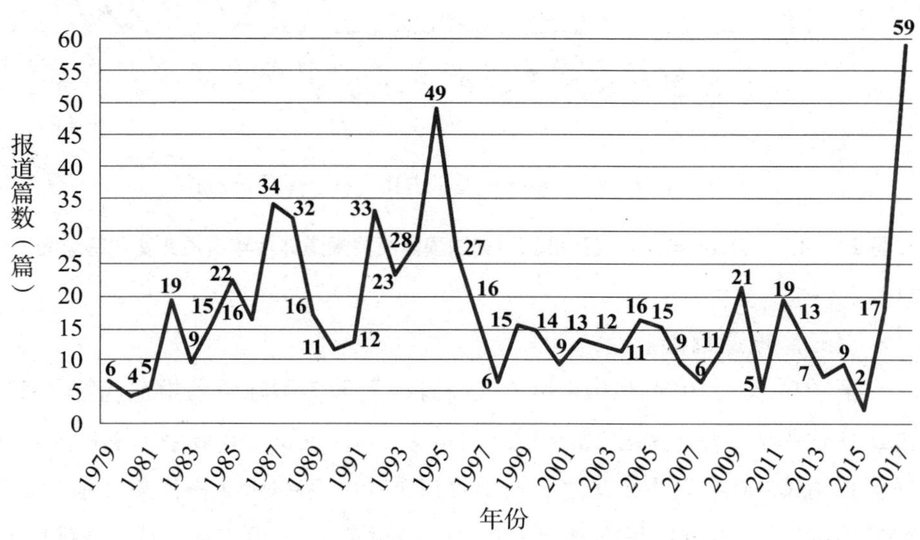

图 1　1979—2018 年《人民日报》涉美国国际贸易报道数量的年度分布图

（二）报道体裁

通过大数据处理技术对文本进行筛选，本文对报道文本按照消息、通讯、评论进行分类。从下图可以看出，在 1979—2018 年《人民日报》涉美国际贸易报道中，对美国国际贸易的新闻评论整体占比偏小，在 1979—2002 年间除 1987 年、1995 年、1996 年、1999 年有少量占比外，其余年份均没有新闻评论。2003 年后新闻评论占比虽然曲折但整体有所提高，在 2018 年因 16 篇对美国贸易保护主义和贸易战的评论达到最高占比：27.1%。总体来讲，《人民日报》对美国国际贸易的报道从简短的消息向更深度、更详细丰富的通讯和评论转变，涉美国际贸易的报道越来越详细深入。

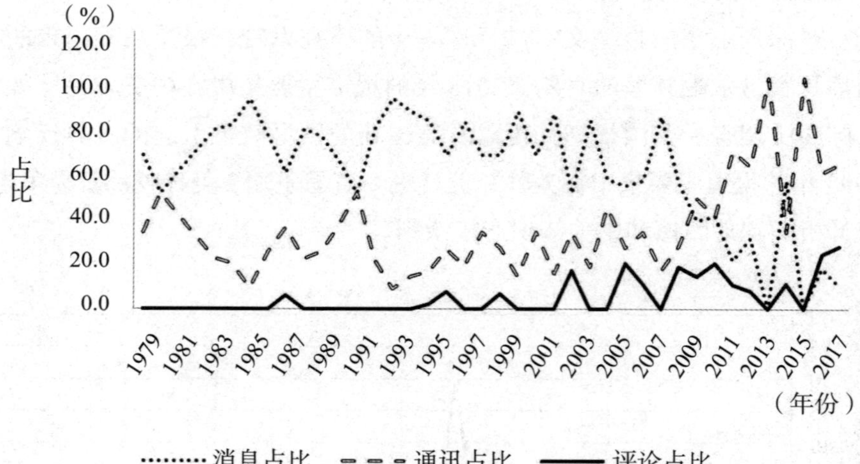

图 2　1979—2018 年《人民日报》涉美国国际贸易报道体裁年度占比变化趋势图

（三）报道篇幅

下图显示了 1979—2018 年《人民日报》涉美国际贸易报道篇幅年度占比变化趋势，整体来看 2009 年以前报道中篇（300—1000 字）占比最大，短篇报道（300 字以下）次之，长篇报道（1000 字以上）占比整体最少。2009 年起，长篇占比呈波动上升趋势，而短篇、中篇占比呈下降趋势，但中篇占比整体高于短篇占比。2009 年后《人民日报》中涉美国际贸易报道的篇幅变长，报道的内容更具体、全面。

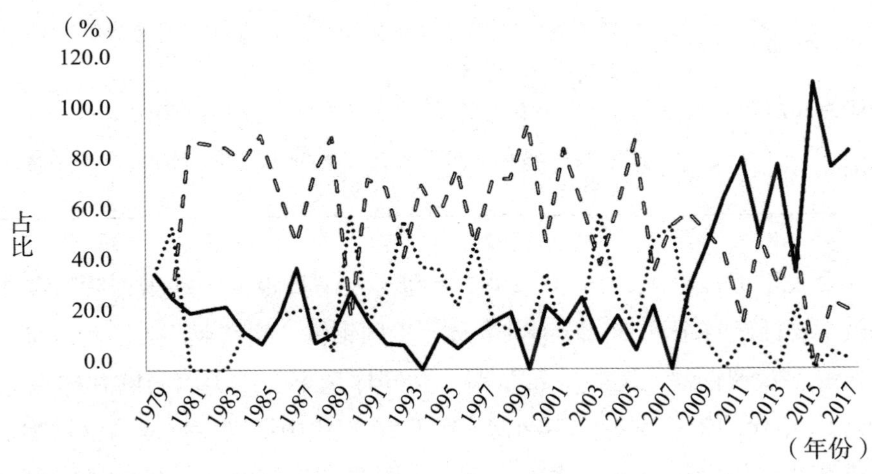

（注：300 字以下为短篇报道，300—1000 字为中篇报道，1000 字以上为长篇道）

图 3　1979—2018 年《人民日报》涉美国国际贸易报道篇幅年度占比变化趋势图

（四）报道主题

根据 1979—2018 年间《人民日报》涉美国国际贸易报道的情感得分变化（详见本框架分析的第五点）的四个阶段，并考虑年度报道篇数变化，将《人民日报》中的美国国际贸易划分为四个时期，分别为 1979—1989 年、1990—1997 年、1998—2009 年、2010—2018 年。对划分的四个时间段内的报道文本，使用 NLPIR① 软件分别进行聚类分析，得到不同时期的主体特征词。

表 1　1979—2018 年间《人民日报》涉美国际贸易报道各时期报道主题特征词

报道时期	主题特征词
1979—1989 年	欧洲共同体 美国钢铁 钢铁业 美国商务部 南朝鲜 欧洲钢铁 尤特希尔斯 共同体理事会

① 本软件来自中科院计算所，详见http://www.nlpir.org/wordpress/。

续表

报道时期	主题特征词
1990—2000 年	坎特 超级条款 指责美国 乌拉圭回合 指责日本 报复清单 中国纺织品 不平衡 美国商务部
2001—2010 年	美国商务部 美国 加拿大 商务部 木材 美方 中国 钢铁 日本
2011—2018 年	特朗普 钢铝 液化天然气 单边主义 征收关税 美国大豆 中国商务部 美国智库

由表 1 可以看出，1979—1989 年间《人民日报》中涉美国际贸易报道最主要话题特征词有：欧洲共同体、美国钢铁、钢铁业、美国商务部、南朝鲜、欧洲钢铁、尤特、希尔斯、共同体理事会。美国与欧共体在 20 世纪 60 年代的钢铁贸易就不和谐，到了 70 年代中期则发展成为钢铁战。由于欧共体的钢铁竞争力比美国强，美国为了抵制欧共体的钢铁占领其国内市场，多次对进口欧共体钢材实行限制，《人民日报》中有关两方在钢铁贸易方面的报道也频繁出现。其次是美国贸易代表希尔斯、美国农业部长尤特，涉及两人的报道主要有关美欧农业产品贸易战，尤其是美欧牛肉战。

1990—2000 年间《人民日报》中涉美国际贸易报道最主要话题特征词有：坎特、超级条款、指责美国、乌拉圭回合、指责日本、报复清单、中国纺织品、不平衡、美国商务部。坎特作为这一时期的美国贸易代表经常出现在涉美国际贸易报道中，代表美国官方宣布对其他国家展开贸易制裁，或者是与其他国家展开贸易谈判。其中，美国在与日本展开贸易谈判后结果达不到期望，就会指责日本，认为日本的行为不利于世界贸易的发展。同时期，美国贸易进出口发展不平衡，为了保护国内贸易就蛮横的开展贸易报复，对多个国家出具报复清单，引发了其他国家对美国的指责。

2001—2010 年间《人民日报》中涉美国际贸易报道最主要话题特征词有：美国商务部、美国、加拿大、商务部、木材、美方、中国、钢铁、日本。这一时期的《人民日报》涉美国际贸易更多的是以美国商务部、商务部作为其贸易发言或谈判代表，而非以贸易代表个人。其次，这一时期美国对我国的钢铁产品、无缝管产品、纺织品、家具、冷冻及罐装暖水虾和加拿大的软木或提高关税，或开展制裁，或认定为反倾销，只为实现美国认定的“公平贸易”以维护美国利益。

2011—2018 年间《人民日报》中涉美国际贸易报道最主要话题特征词有：特朗普、钢铝、液化天然气、单边主义、征收关税、美国大豆、中国商务部、美国智库。这一时期聚类分析表明：最大聚类的报道都集中在 2017—2018 年间，在此期间特朗普当政后从单边主义角度出发实行贸易保护，对中国许多产品征收关税挑起中美贸易战，同时也对其他国家，例如俄罗斯开展贸易制裁，引发全球贸易的动荡。对此，许多专家学者在报道中表示，美国的贸易保护行为只能害人害己，是在坑美国。

（五）情感态度

通过NLPIR软件[①]，对1979—2018年间《人民日报》中涉美国际贸易报道文本进行情感分析。经统计表明：1979—2018年里，每年《人民日报》涉美国际贸易报道的正面情绪一直高于负面情绪，总体来讲通过媒体报道塑造了积极、正面的美国国际贸易形象，详见图4。

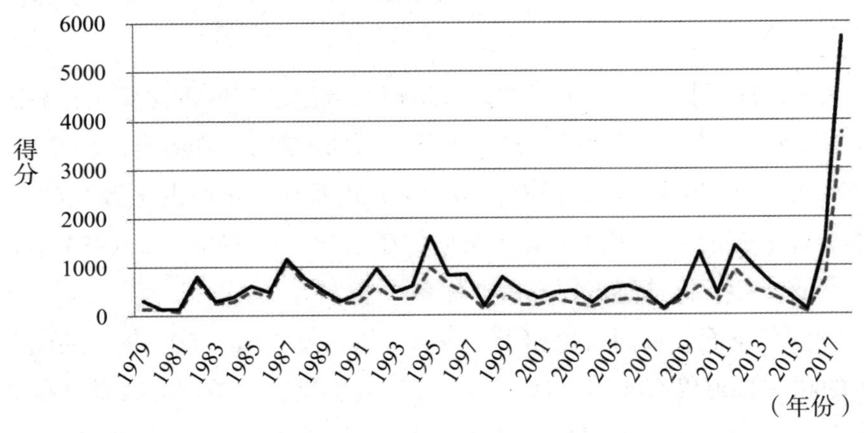

图 4　1979—2018 年《人民日报》涉美国际贸易报道正面、负面情绪得分的年度变化趋势图

① 本软件来自中科院计算所，详见http://www.nlpir.org/wordpress/。

图 5 呈现了 1979—2018 年里，每年《人民日报》涉美国际贸易报道情感得分之和的变化趋势。可以看到，《人民日报》的涉美国际贸易报道情感得分波动较大，1980 年情感得分最低，仅 7.0 分；2018 年情感得分最高，高达 1958.0 分。

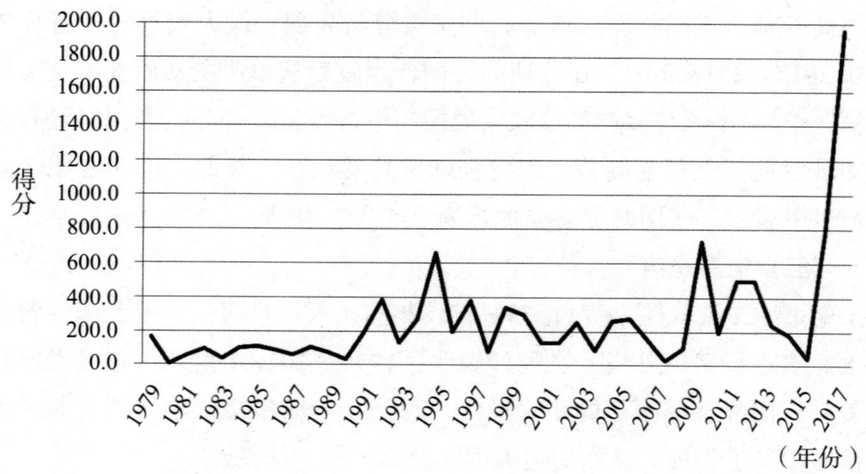

图 5　1979—2018 年《人民日报》涉美国际贸易报道情感得分的年度变化趋势图

从《人民日报》涉美国际贸易报道情感倾向的年度占比变化趋势图中还可以看到，《人民日报》在涉美国际贸易的报道中，1981 年、2003 年、2016 年和 2017 年这 4 年，所有报道均为正面报道，正面占比为 100%。整体来看正面情感占比总体大于负面情感占比，但 1980 年、1983 年和 2008 年这 3 年正面情感占比不占据优势。

1980 年正面、负面占比相当，各有 2 篇占比 50%。这一年《人民日报》的相关报道仅有 4 篇，其中负面报道分别是有关美国征收暴利税能源法案和美国粮食禁运的报道。1983 年负面报道（5 篇）占比 55.56% 高于正面报道（4 篇）占比 44.44%，其中负面报道分别涉及美欧农产品贸易战、美日贸易摩擦、美欧钢铁战、美国限制进口中国纺织品及征收反倾销税。2008 年负面占比报道（3 篇）占比 50 % 高于正面报道（2 篇）占比 33.33%，其中负面报道分别涉及美输华大豆被检测出有毒、布什政府反对国会提出制裁中国提案、美伊关系紧张之际对伊出口额却增长。

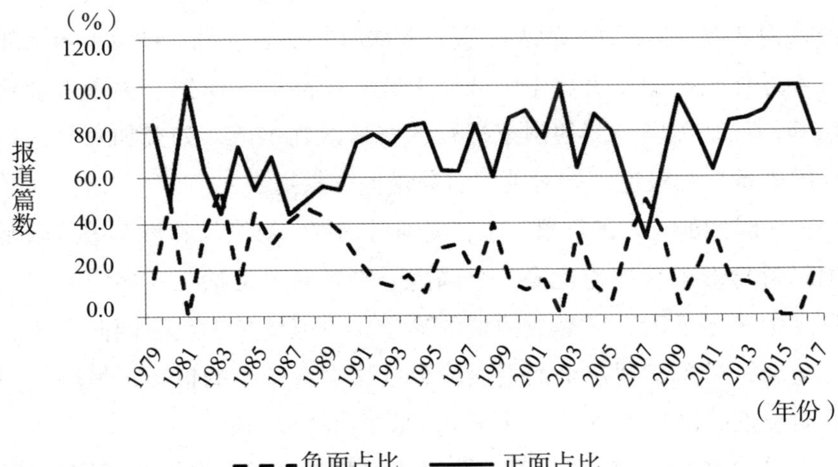

图 6　1979—2018 年《人民日报》涉美国际贸易报道情感倾向的年度占比变化趋势图

三　“美国国际贸易”的媒介形象嬗变

综合 1979—2018 年《人民日报》涉美国际贸易报道篇数、报道情感态度及占比、报道文本，可以将《人民日报》中美国国际贸易形象变迁划分为四个时期：

（一）1979—1989 年：公平贸易主义抬头，与日欧贸易战频繁

20 世纪 70 年代，美国经济由于“石油危机”而不景气，此后引发美国国内通货膨胀率上升迅速、经济增长缓慢、失业率却持续走高。80 年代初期，日本、西欧等国的制造业在国际贸易中兴起并占据市场，与此互为替补商品的美国产品市场竞争力不足，使得美国的国际贸易收支逆差持续走高，在国际贸易中的地位明显下降，国内贸易保护主义抬头，颁布了许多新的具有保护主义色彩的贸易法案，贸易政策开始由自由贸易向“公平贸易”转变。

1979—1989 年《人民日报》中的美国国际贸易报道主要可以分为三大类：一是美国颁布带有贸易保护主义的新贸易法案或实行贸易保护行

为，如1988年综合贸易法案、限进保出贸易法案、美国限制西欧特种钢进口、征收高额进口税；二是美国与日欧等国的贸易摩擦（贸易战），如美欧钢铁战、美日纺织品战、美日超级计算机贸易战、日美大米之战、美日半导体贸易战、美欧牛肉战、美欧农产品贸易摩擦、美泰香烟贸易争端等；三是美国与其他国家进行的贸易谈判报道，如美加贸易谈判，或美国进贸易的报道，如对美国贸易逆差的报道。

这一时期的《人民日报》中，美国对钢铁、纺织品和汽车进行限制，其国际贸易形象就被构建成一个国内公平贸易主义抬头，在国际贸易中与日欧中等多个国家贸易战频繁的形象。报道情感正负面倾向占比趋势变化复杂，虽曾出现过负面报道篇数占比多余正面的情况，但整体的情绪倾向中正面得分稍高于负面得分，呈正面积极态度。

（二）1990—2000年：贸易向亚洲和拉美转移，蛮横开展贸易制裁

世界经济贸易格局在20世纪90年代初出现重大变化，由两极格局向多极化发展，美国国际贸易的重心也开始向亚洲和拉美转移。这一时期的《人民日报》中，美国与亚洲、拉美国家间的贸易来往增多，除与中日的贸易往来外，还与俄罗斯、菲律宾、巴西、韩国、加拿大、印度等国展开了国际贸易。

同时期国际间贸易竞争愈加激烈，贸易谈判和贸易摩擦不断，此前已经抬头的公平贸易在这一时期日趋成熟，克林顿上台后运用于实践中，在贸易往来中采用双重标准，贸易中处于不利地位时蛮横对他国开展贸易制裁，或提高关税设置贸易壁垒，如：《克林顿政府宣布日本在限期内如不让步　美将实行贸易制裁》[①]《美国政府对欧征收报复关税　欧洲农民不满美国贸易制裁》[②]。

此外，美国还重视双边贸易谈判，在谈判中要求对方开放市场，方便出口以保障本国利益，或签署区域贸易协定，如：《就半导体芯片市

---

① 鲍世绍：《克林顿政府宣布日本在限期内如不让步　美将实行贸易制裁》，《人民日报》1994年8月2日第7版。

② 王建生、王星桥：《美国政府对欧征收报复关税　欧洲农民不满美国贸易制裁》，《人民日报》1999年7月22日第7版。

场问题 美国要求日本作出实质性开放》[①]。

总的来说在这一时期的《人民日报》中，对美国国际贸易的关注度有所提高，正面情绪报道数量占比远超负面占比，总体还是倾向于看好美国外贸。总体呈现出一个贸易重心向亚洲和拉美转移，公平贸易日趋成熟，根据美国国内经济安全而蛮横对他国开展贸易制裁的形象。

（三）2001—2009 年：多手段实现公平贸易，遏制中国贸易发展

2001 年小布什任美国总统后，美国的对外贸易政策依然是公平贸易，但是就实现手段来讲单边、双边、区域与多边共用。2001—2009 年的《人民日报》中，美国就采取了许多手段来实现公平贸易政策，如《我家具在美遭“倾销”裁定》[②]中美国就从单边主义出发，对威胁到其国内产业的产品单方面实施贸易报复；《布什签署美澳自由贸易协定》[③]中美就从双边层次，与澳大利亚签署贸易协议；《美国巴西欲挽救多哈回合谈判》[④]中，讲述了美国努力促进多边贸易合作以维护本国利益。

同时期，《人民日报》中美国国际贸易的报道也重点关注美国对中国的各种进出口限制，如《美国 10 天内向我钢铁产品连发三起“两反”调查 商务部有关负责人表示此举令中方震惊》[⑤]，通过关税、补贴、调查等一系列手段来遏制中国贸易的发展。

这一时期的《人民日报》对美国国际贸易的关注度比较平稳，除 2008 年负面倾向报道篇数占比超过正面外，其他年份正面占比占据绝对优势。就整体情感态度而言，虽总体倾向于看好美国贸易但认可度不是很高，呈现一个通过多种手段共用来实现公平贸易，保护本国贸易利益，遏制中国贸易发展的形象。

---

① 新华社：《就半导体芯片市场问题 美国要求日本作出实质性开放》，《人民日报》1992年8月6日第7版。

② 王振华：《我家具在美遭“倾销”裁定》，《人民日报》2004年01月12日第7版。

③ 赵毅、李学军：《布什签署美澳自由贸易协定》，《人民日报》2004年8月5日第7版。

④ 陈家瑛：《美国巴西欲挽救多哈回合谈判》，《人民日报》2006年7月31日第7版。

⑤ 龚雯：《美国10天内向我钢铁产品连发三起“两反”调查 商务部有关负责人表示此举令中方震惊》，《人民日报》2009年6月30日第2版。

（四）2010—2018 年：从贸易倾向性不明转变为贸易保护，霸凌主义兴起

2010–2016 年间《人民日报》构建的美国国际贸易形象是贸易无明显倾向，虽有贸易摩擦但是整体向好发展变化的形象。在这七年间，主要是关于贸易合作的报道，包括美国和其他国家签署经贸协议、修补自贸协议、加入 TPP 建立泛太平洋伙伴广西。也有关于贸易摩擦的报道，如 2010 年美国对中国新能源发起“301 调查”，不利于双方贸易发展。

2017 年起，《人民日报》中的美国国际贸易形象出现了重大变化，贸易霸凌主义兴起，出现明显的贸易保护主义色彩，中美间的贸易关系面临巨大挑战。2017—2018 年间的报道主要集中于美国通过增加关税、实行补贴、贸易调查、贸易制裁等措施挑起贸易战，及引发的相关讨论和评价，如《扰乱全球经济 危害美国自身——国际舆论纷纷谴责美国政府挑起贸易战》①。

总的来说，2010—2018 年《人民日报》塑造了一个从对外贸易侧重为国内经济服务，如增加就业、为企业发展提供机会，没有明显的贸易倾向性，整体向好发展转变为霸凌主义兴起，贸易保护主义引起贸易摩擦的霸道形象。这一时期的《人民日报》中，虽从 2017 年起包含许多关于贸易摩擦的报道，但这一时期的报道仍以正面报道为主，整体呈正面情感倾向且比以前情感得分更高，《人民日报》对美国国际贸易的报道越来越客观。

四　结语

《人民日报》作为中国的权威党报，一向被视为新闻报道的风向标。《人民日报》对于美国国际贸易的新闻报道，不仅体现了国家的意志和态度，也影响着国内民众对于美国国际贸易媒介形象的认知。从信息传播的角度来看，从美国国际贸易形象的不断变迁过程中可以看出，《人

① 任彦、许立强等：《扰乱全球经济　危害美国自身——国际舆论纷纷谴责美国政府挑起贸易战》，《人民日报》2018年7月7日第3版。

民日报》作为我国的主流媒体，在传播信息的过程中能够坚持新闻报道的客观性，但报道倾向也与我国政府与美国外交关系的变化具有一致性。从媒介形象建构的角度来看，分析《人民日报》40年来的涉美国际贸易报道的情感倾向方面，年度报道情绪得分随着时间的变迁时起时落，呈现复杂的变化，但年度报道的正面情绪显著高于负面情绪，呈现出的美国国际贸易形象整体是正面的，所建构出的媒介形象总的来说也是积极的。这也代表了中国一直以来在国际贸易上提倡的“和平合作，互利共赢”的发展理念。总体来讲，中国和美国作为当今世界的第一大国和第二大国，两国间的贸易关系直接影响到两国外交关系及国际关系的稳定与发展，只有建立互信平等的外交关系，才能实现发展与共赢。从《人民日报》构建的美国国际形象变迁来看，《人民日报》一直以开放的态度在为两国友好贸易往来营造积极的环境。未来，期待两国的国际贸易合作能够让两国关系的发展登上一个新的台阶。

知识付费时代下出版业的转型及路径

罗 灿*

自2016年起一种新兴的网络知识服务模式——知识付费席卷了出版行业，内容生产者们纷纷转向新的平台，就连众多出版社编辑也屡屡跳槽，投入知识付费领域。传统出版业面临人才流失、市值落后，话语权的丢失困局。

一 解读知识付费

自古以来花钱买知识是一种常见的消费行为，例如请大师观天象、送礼拜师学艺、缴学费上学、购买书籍报刊等都属于“知识付费”，随着印刷业的兴起，书籍成了历史上最重要的“知识付费”方式。随着互联网的兴起，人们强调信息共享、知识开源，更有人倡导知识应该全人类共享。然而这条路并不好走，随着互联网海量数据的产生，信息噪声越来越多，获取有效信息的难度越来越大，人们认识焦虑也随之放大，迫切需要精准有效、垂直服务方式获取信息，哪怕是有偿的，这就催生了站在免费共享对立面的“知识付费”的产生。没人会说“食品付费”“出行付费”“就医付费”因为收费是理所当然，“知识付费”带有强大的互联网基因，它是互联网思维的变异或者进化，是互联网语境下的特有

* 罗灿，男，重庆渝北人，硕士，重庆师范大学新闻与传媒学院（新媒体学院）实验师。主要研究领域：影视传媒，多媒体技术，信息传播。

名词。

我们可以将知识付费定义为：一种贩卖知识产品的电商平台。那么它与网上书店、电子书刊、运程教学、慕课平台、电视讲座、教程网有什么不同？知识付费的显著特点是供求的双向流动，以娱乐化、通俗化、场景化知识产品缓解用户的知识焦虑或者帮助用户过滤庞杂信息①，同时，内容提供者在传播中获得满足和盈利。通常一门知识是需要系统化的学习以及高强度练习和应用才能掌握或精通，到达专业程度，但是在知识付费环境中这样的学习似乎非常少，大多数内容仅仅是停留在"了解""知道""十天学会……"的浅层次上，从"知乎""得到""分答""短书"的名字中也可见一斑。

二　知识付费为出版业带来的启示

近几年，几乎所有的传统出版企业都在谋求"转型升级"，探索新的图书出版盈利模式，试图实现从传统出版到知识服务的转型。出版业入场知识付费必须厘清两个问题：第一知识付费如何吸入巨大流量；第二知识付费有哪些值得借鉴之处。

（一）知识付费如何吸入巨大流量

获取知识和信息是人们最基本的生活需求，互联网为我们提供了一个便捷的通道，例如百度知道、维基百科、谷歌学术等就是满足人们知识获取的平台，一直以来也保持稳定流量，此类平台以主要是免费使用，广告引入模式运营。与百度知道、维基百科、谷歌学术之类的知识共享平台不同，知识付费平台，具有产生高质量内容的激励机制。以知乎为例，知乎每天都通过"问答"来形成大量的高质量内容，从而吸引了大量的用户（流量），正如传媒界一句名言 "好的媒体就是提出一个好问题，并且自己解答出来"。所以，我们可以把知乎看作是一个"媒体"，由"人"提出了问题，由另外的"人"给出了详细答案，问题＋答案组成了"内容"，

① 陈晓晖：《出版业如何抢占知识付费的风口》，《中华读书报》2017年12月20日第6版。

“问题”的共鸣程度，决定了有多少人会来看。而“得到”则是将知识包装成“心灵鸡汤”通过节目形式传播，通过个人魅力引入各行业意见领袖围绕粉丝经济开展知识付费。

知识付费一般有三个发展阶段，第一是制造话题，平台初期会推出一些能引起用户共鸣的话题带动流量，如投资理财、职场技巧、创业求职等题材。这些题材可能是每个人都会面临的问题，覆盖率极高，短期内会吸引广泛的受众。第二是巩固用户黏性，首先通过高质量的内容输出，切实能解决用户问题，保持用户的信赖度。第二利用名人效应，依托明星、大V、网红、KOL（意见领袖）等打造明星化和品牌化的“头部”产品。很多人并不是为解决自己问题，而仅仅是想了解名人对这个问题的看法，获取名人的观点和态度。而知识付费平台正是成功的打通了用户与KOL之间的联系[①]，让用户的信息需求和KOL的影响力推广同时得到满足，从而建立起平台的粘连度。第三是培育信用土壤，付费是以信用为基础的，很多用户在早期支付时都是抱着试一试的态度（一般会支付少量费用尝试），当自己需求反复获得满足后就会建立信任，从而逐渐投入时间金钱，信用的形成会对内容生产和用户投入起到双向促进作用。

（二）知识付费的优势

1. 提高信息的供求效率

知识获取本质上是信息的获取，600年前，印刷技术的崛起改变了信息和知识的分享效率，同样，以互联网通信为基础的知识付费平台，也极大地提高了知识的分发效率。下图为出版与知识付费模式比较：

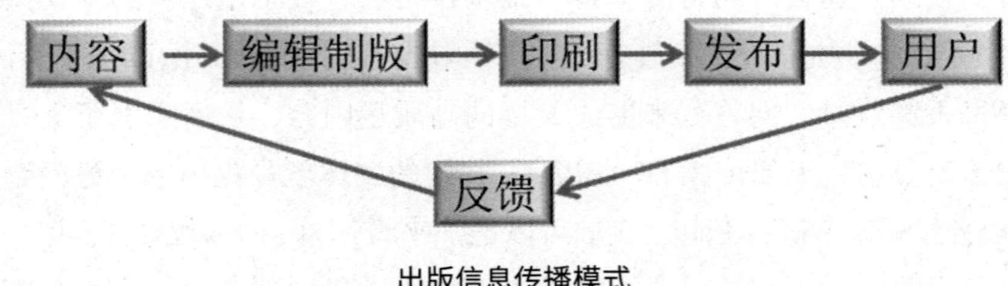

出版信息传播模式

① 路遥：《新知识付费时代，出版业的机会在哪里？》，《出版商务周报》2018年1月26日，http://www.hustp.com/index.php?s=/index/iteminfo/type_id/3/id/1421.html，2018年1月29日。

知识付费模式

传统出版行业是以印刷为基础的信息呈现方式，需要较高的硬件及技术要求，其中涉及材料、工艺、设计、制版、装订等一系列流程，而且具有不可逆性，一旦中间任何一个环节出错，回溯的成本很高，所以整个工作流程严谨慎重、缓慢低效，出版社的三审三校制度就是典型例子。新书发行一般只有网络书店、实体书店两种渠道，而且当书出版后，出版机构还不能松一口气，因为还不能马上变现，“出版之后，你还得上架销售，不少书还是年底结款。一本书从策划到回款其实得要一年多时间，挺慢的”（访谈实录）。从上图中可以看出知识通过出版渠道到用户手中至少要比知识付费多出三个环节。而且出版模式单向的传播方式与用户的互动性较差，用户的反馈往往只能通过重印和再版方式解决。知识付费以需求为核心将内容与用户联系起来，它们具有双向性，用户的需求促进内容的生产，内容强势推送调动用户的知识需求。这种互动性在网络环境中传播带来了价值，笔者称之为“围观经济”，如同街头卖艺，只要能聚集一群人围观，就有了收钱的基础，为了赚取更多，艺人则更加卖力表演；日常一次简单的问答也许双方都不会在意，但问答面临几万观众时，双方必然会精心准备自己的问题和答案。

2. 知识碎片化、长尾化

出版书籍中的知识是系统化、结构化的知识，而知识付费平台中的知识则更倾向于经验、技巧、资讯类等碎片化的知识[①]，比如职场经验、投资技巧、烹饪方法等。这里我们按分布率把知识分为“头部知识”和“尾部知识”，头部知识是多数人都会接触的知识，具有广泛性，例如学校教育中的数学、语文，通常需要系统学习掌握。而尾部知识是人们在不

① 喻国明：《线上知识付费：主要类型、形态架构与发展模式》，《编辑学刊》2017年第5期。

同生活工作场景中分散的知识，场景依赖性较强。例如每个人都会学习拼音，但只有少部分人学习法语、日语、韩语等。我们把这种分散的知识称之为长尾知识（如图），每个人的知识结构正是由头部知识和尾部知识构成，而个人特点往往是由众多的尾部知识决定。在传统的出版业中编辑会考虑书籍的覆盖面、受众范围，往往更重视的是头部知识，这样被忽视的长尾知识，就自然流向知识付费平台“变废为宝”了。

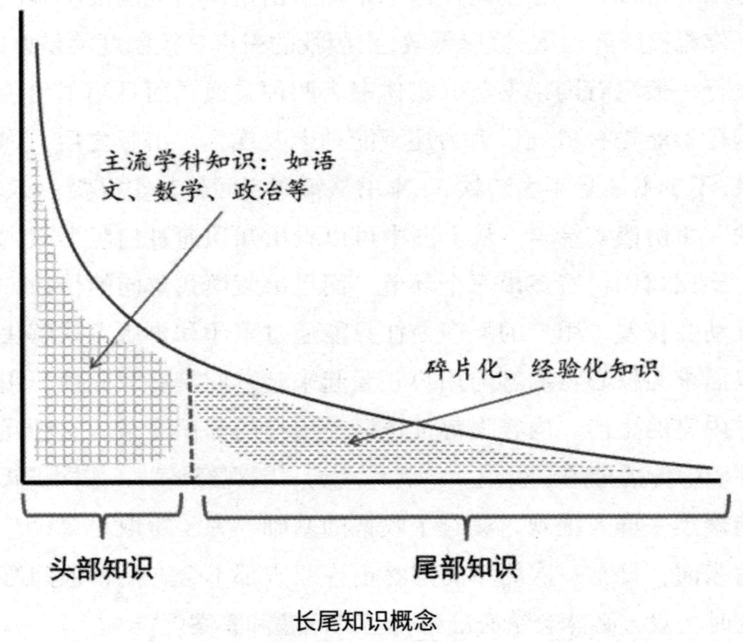

长尾知识概念

3. 多元化营销模式

多元化产品形式和盈利模式是知识付费平台的另一显著特点，为了更好地垂直服务于用户，平台会根据内容传播效果选择适合的媒体载体[①]：

a 图文：最切合读者和作者习惯的方式，制作成本较低，传播效率高；

b 音频：便利性最强，简单明了，多用于上下班路上等碎片时间场景使用；

① 吴钊：《从共赢到共生：数字出版产业集群发展的范式转型》，《出版广角》2017年第19期。

c视频：表现力强，制作成本较高，适合内容丰富的课程，如技能教学、培训等知识；

d 直播：互动性好，用户黏性高，同时随机性和不确定性也更强；

e 专栏订阅：内容系统性、结构性更强，可以将以上内容进行整合；

丰富的支付方式为知识付费提供了高效的支付保证，知识付费平台将支付与服务有机结合，形成了立体化的收费模式。

a 阅读付费：通过会员充值、单次够买等方式直接获取阅读权限；在线课程付费通过视听形式，更直观形象的展现教学内容，内容提供者可录制标准化的课程，进行循环消费；

b 问答付费：针对垂直领域的点对点服务，问答付费能让用户高效精准的获取高质量答案，更多的人愿意为答案买单；

c 直播付费：是最近兴起的一种收费形式，能够最大程度的提升用户忠诚度与黏度；

d 电台付费：碎片化时间利用率极高，开车、吃饭、上下班都可以学上一课，对内容创造者也降低了化妆、布置现场等时间成本。

另外知识付费平台还通过学习套餐、红包礼物、广告引入、电商引流（为电商发布购买链接，获取销售佣金）等多种方式实现盈利，为作者带来更大收益，极大地提高了内容生产者的积极性。

三　出版业知识付费转型路径

早在 2015 年 3 月，国家新闻出版广电总局就启动“专业数字内容资源知识服务模式试点工作”，对入选的 28 家出版社进行专业领域知识体系建设、知识服务标准研制、知识资源加工、知识生产工具研发、知识服务平台建设、知识服务模式探索。2018 年 1 月 16 日，总局又发布了《第二批专业数字内容资源知识服务模式试点单位遴选结果公告》，入选出版社达 27 家[①]。一大批出版机构开始积极运营知识付费项目，本文归纳

① 许剑颖：《数字出版知识服务的内涵、模式及对策》，《科技与出版》2017 年第 11 期。

总结出版机构介入知识付费的模式主要有三种：

（一）面向线上的产品数字化

知识付费平台的成功运营离不开优质的内容供给，出版单位也需要知识付费高热度市场，将现有的纸质产品转化为数字产品，向平台输送内容，从线下销售转移到线上渠道的"蹭热度"是最简单直接参与方式。数字化转型形式上是产品形态的变化，本质是版权的分流，这需要与知识付费平台建立常态化的合作[①]。例如，北大教授薛兆丰，十年前出版的《经济学通识》年销量不过几百本，2017年，薛兆丰入驻"得道"平台，开设的经济学课程每人每年售价199元，一年售出20多万份，累计卖出超过4000万元，按平台五五分成的规则，薛兆丰收入超过2000万元，引发网络广大热议，这一事件成为高校教授进军知识付费领域的现象级案例。到2018年10月，《薛兆丰经济学讲义》同时现身经管类实体店畅销书榜、经管网络畅销书榜第二名[②]。同行业专家对薛兆丰的书籍认可度并不高，认为取得如此业绩全靠平台炒作，可想而知，如果将更多的优秀知识产品投放平台，用户会不会有不一样的选择？面对大量同质化的内容用户最后会发现：出版社提供的内容最专业、最体系化。

（二）面向需求的服务场景化

只有解决了用户刚需，才会产生用户黏性。契合用户需求、精研用户阅读场景，提供最佳的内容服务是出版社向知识付费转行的必由之路，这就要求出版业把精力从关注内容质量、受众面、知识规范性等方面向用户的需求转变，编辑也需要将内容处理、文本编辑、知识提炼等工作重心向用户引领、话题制造、流量吸引等网络营销手段转型。出版单位要做的不仅仅是将纸质产品数字化，还要根据用户的场景化需求对已有内容进行碎片化重组、精准提炼和深度挖掘，最后包装成合适的产品推送给用户。例如，广西师范大学出版社打造的媒体融合试点平台——"知更社区"，它介于出版社和知识付费平台之间，针对知识付费平台的用

---

① 陈晨：《知识付费视域下出版产业转型发展研究》，《编辑之友》2018年第5期。

② 艾瑞咨询：《中国在线知识付费市场研究报告》，http://www.iresearch.com.cn/Detail/report?id=3191&isfree=0,2018-03-30。

户需求，重组出版社资源，定期对知识产品进行策划，知更社区策划的选题主要有两类：第一类是从传统图书中迁移而来的，找准大众热点的话题进行策划。第二类是根据大数据统计，通过研究大量知识付费平台的课程特点，找到课程背后隐含的用户需求，去满足市场需求。知更社区实际上是一个促进出版社与付费平台深度合作的职能部门。

（三）独立的网络化平台运作

几百年来出版社作为知识传播高地，在产业链上游有很大的优势，近乎所有作家资源都是由出版社掌握，近年来互联网的崛起，虽然导致了部分资源的分流，但整个大环境还是以出版社为主，再者传统出版行业被政策、市场定价保护，内容提供者还是会以出版社作为发布产品的主要阵地，长期一段时间不会动摇。目前有大量出版社开始利用优势资源利用数字化技术，打造知识服务平台，依托线下产品优势大力营销线上产品，部分头部知识内容开始变现。其中打造平台最直接的方式就是自主开发 APP，打造网络知识社区，例如，去年中国出版传媒股份有限公司上市，其募集到的资金到位后，至少启动 6 个涉及 APP 或以 APP 作为主的项目[①]。APP 是出版机构进军新媒体的“两微一端”中的“客户端”，具有很大的独立自主性，俗话说“菜长在别人地里总是不放心”，在别人的平台上做事总会有诸多限制，例如无法访问底层数据，在获取用户需求数据、了解用户消费习惯、保持用户黏度等方面成本极高，所以一些资金雄厚的出版单位都会选择 APP 向知识服务迈开第一步。

四　总结与反思

知识付费是传统出版模式的迭代，出版机构立足于知识付费领域必须做好两手准备：

一是团队建设，知识付费的繁荣局面依托于互联网技术应用，那么出版机构就要培养一支能适应互联网环境的团队，通过认清—转型—融

① 《互联网付费时代，知识付费形式有哪些？这些盈利模式你都知道吗？》，搜狐网，http://www.sohu.com/a/245258118_688680

合的发展路线，转变自己理念和基本技能，改变在新业界形态下的角色定位。

二是制度改革，出版机构传统制度是目前制约转型的主要因素，在绝大多数出版社里，对编辑的考核是通过码洋（纸质书的定价乘以册数）来完成的，这样的体制并不适合于网络渠道，线上运营的课程订阅、打赏、会员开通等收益无法在作者和编辑中体现，更说不上广告收益、电商分流了，如何重新量化和平衡作者、平台、编辑的收益成为制度改革的关键。

关系化与媒体化：基于微商信任危机的思考

杨 燕*

2011 年 1 月 21 日腾讯公司推出了一个为智能终端提供即时通信服务的免费应用程序，取名微信。从最开始的 QQ 号导入联系人信息，到后来使用手机联系人建立联系人网络，微信朋友圈迅速成为火热的社交平台，超越 QQ 的陌生人交际模式，成为朋友间私人化的互动空间。在 2013 年前后，借助微信这个微系统，一种叫“微商”的电子商务模式应运而生，一部分从业人员从淘宝等电子平台移民而来，另一部分从业人员则是就此寻找到新的创业机遇，他们借助微信朋友圈这个社交平台直接或间接销售产品。2014 年 9 月，腾讯公司对微信服务号申请微信支付功能不再收取 2 万元保证金，使开店门槛降低，给更多的用户搭建了微信支付电商平台，借助微信朋友圈展开的 C2C 电子商务模式一度达到空前的规模，几乎每个人的朋友圈中都会有一个或多个微商朋友的存在。仅一年多的时间，据《经济日报》2015 年第一季度的统计，微商行业从业人数就已经达到 1007 万人，市场规模达到 960 亿元。但是经历了 2014 年的辉煌之后，2015 年关于微商的各种负面话题也迅速涌现出来，

---

* 重庆市教育委员会人文社会科学研究项目：重庆市互联网传播治理体系的创新研究（项目编号：16SKGH046）。

杨燕，女，重庆大渡口人，重庆师范大学新闻与传媒学院（新媒体学院）副教授，主要研究领域：广播与电视艺术学。

有评论称：约50%微商已经死去、90%微商遭遇业绩下滑。

到底是什么导致了微商的大起大落呢？本文将通过分析微商的关系化与媒体化，从中寻找答案。

一 微商基于关系基础的形象塑造

微商经济被俗称为“杀熟经济”，是基于建立了信任感的朋友基础上的销售行为。因此，建立于社会互动基础上的关系网络成为微商最重要的资本，也是其区别于传统商业形式乃至其他互联网商业的最根本特征。正如Mark Granovetter在《弱关系的力量》一文中指出，人们生活中所拥有的强关系或弱关系，均有能力连接成更广阔的社会网络①，那么，它也带来了微商采取商业行动的基础。

一个商业企业要形成良好的企业形象和促销产品的健康渠道，需要将企业的经营理念和精神文化传达给企业内部和大众，使其对企业产生一致的认同感或者价值观，朋友圈微商的形象塑造从某种程度上正好与这个识别系统有极大的相似之处。

（一）微商的理念识别

在商业行为之前，微商依托朋友圈发布通过自采或收集整理的信息，这些信息经过特殊的分类、有效的整合、选择发布时机等精心处理后，在朋友圈中树立自己的形象，传达个人的理念、信条、价值观。比如化妆品微商早期会频繁地散布心灵鸡汤、讲述爱心故事、展示白富美生活，这时的信息作为一种经验商品，在分享和交易过程中产生了自己的价值。类似于电视品牌的媒体形象塑造，微商也在信息传播过程中悄无声息地为自己成功编写了理念识别代码。在这个理念识别系统建立过程中，微商成功进行了情感的孵化，有效地传达了产品宣传意图，为进一步的商业行为奠定了很好的基础。

---

① Mark Granovetter, “The strength of weak ties” *The American Journal of Sociology*, Vol. 78, No.6. May1973, pp.1360–1380.

（二）微商的视觉识别

微商的媒介形象塑造除了内容上的贴近性，还在视觉形象上花大力气。比如头像的选择、封面图片设计等，往往都时刻贴近理念识别系统传达的信息，营造出理想生活的美好境界，达到完美的统一。

（三）微商的行为识别

微商的媒介形象塑造还体现在通过一系列线上线下的活动策划来营造氛围，比如：摄影产品微商的摄友活动的召集与展示、孕婴产品微商的妈妈经验分享活动等线下行为扩大影响力。而很多微商在商业活动开展之前已经通过微信平台发布自制搞笑视频或者分享技术帖等手段成功转型网红，吸纳了大量的关注。微商早期线上线下的活动为他们储备了足够多的粉丝，而微商的粉丝效应很大程度上决定了商业行为的成绩。

二　借助形象塑造展开的微商营销

当微商的形象成功塑造完成后，微商开始借助其已经构建的粉丝群（社会网络）来进行营销活动。如果我们把之前的形象塑造视为“媒体内容”提供和品牌识别，那么营销活动则把广告、整合营销与市场推广结合起来，微商在这一过程中实现了“媒体化”的过程。

（一）朋友圈广告推送

基于朋友圈的微商行为，多以个人信息、周边资讯搭售商业广告，达到宣传的目的。在直接进行广告推送的同时，微商还成功借用了电视媒介中植入广告的手段，采用多种形式进行广告推送。

1. 生活体验式广告：展示自己或者家人体验产品的心得，以此达到广告宣传效果。如某内衣微商，穿着产品拍摄一组写真集在朋友圈推送，一方面展示自己，另一方面展示产品，达到了很自然的宣传效果。

2. 热点事件嫁接广告：采用这种广告形式的微商通常具有对社会热点敏锐的感知力，当社会热点事件发生的时候，会第一时间将自家产品与热点事件进行嫁接达到宣传效果。比如某面膜微商，在电视剧《琅琊榜》成为议论焦点的时期，通过截图配字幕的方式宣传自家产品，成功吸引了眼球。

3. 代理商、消费者互动广告：微商之间的互动活动、微商与消费者之间的互动活动都是广告推送的时机。现在很多微商都会要求消费者以回图的方式换取产品优惠，展示这些消费者的回图就是最好的广告时机。

（二）情感营销

在传统媒体的经营过程中，以电视为例，因为固定播出时段、固定时长、稳定的节目定位培养了相对固定的受众群体，电视媒体还通过一系列的活动培养受众与节目的忠诚度。微商的销售平台是朋友圈，销售对象是朋友圈中的好友，基于前期媒介形象的成功塑造，微商也在朋友圈中培养了足够的信任度和认同感，在这个基础上，微商依靠情感促销商品。

（三）粉丝营销

最近几年，电影在营销手段上利用明星的知名度吸引观众，利用粉丝相互传导的方式，达到营销目的，粉丝电影应运而生。这种营销模式在朋友圈微商中也广泛流行，微商通过自身特长展示、独家资讯挖掘以及个性化见解发布等手段聚集粉丝，利用粉丝的聚集实现微商营销的目的，这也是最近几年网红从事微商的越来越多的原因。

从以上营销方式中可以看到，微商的最核心模式就是在关系建构的基础上，使自己成为一个独立的、微型的、自营的小“媒体”。一方面提供生活化的内容来吸引粉丝、建构社会关系，另一方面通过广告与营销手段来展开商业行为，这也是微商最独特的模式所在。

三　微商经济的信任危机

经历了传统媒体时代、新媒体时代走向自媒体时代，受众对于媒介本身已经寄予了越来越高的期望，逃离传统媒体的自说自话，开启新媒体时代的互动共享，实现自媒体时代的个性表达，每个个体对于身边的媒介行为保持着复杂的暧昧关系。

实际上，朋友圈的每个个体都在以自媒体行为进行着自我营销，但这种营销带有强烈的私人化特征。微商在自我营销的同时附带了商业行为，这很容易引起朋友的反感。虽然朋友有时候也会被商品本身的魅力所吸引，但这个吸引不足以支持长期的信任。微商的社交属性和自媒体属性为营销带来了便利，同时也为自己埋下了信任危机的种子。

（一）朋友圈的关系危机

1973年、1974年，Mark Granovetter关于“弱关系的力量”和“找工作”研究开启了一个新的研究领域，即社会关系网络研究。Granovetter认为联系不频繁的人形成的弱关系在信息扩散过程中发挥着不可忽略的作用，弱关系数量越多领域越广，意味着社会网络范围越广而信息传递的广度越大，从而增加了个人获得机遇的几率，但弱关系群体的感情交流较为淡薄，更多仅仅发生信息交换。而联系紧密、互动频繁的强关系虽然交往面相对狭窄，但交往对象却更加稳定，感情较为强烈，容忍度也更高。邱泽奇、乔天宇在他们的研究中发现，影响强弱关系的还有关系人的特征同质性，在中国，特征同质性是关系强度发挥影响的前置和关键条件。在求助者与被求助者之间特征同质性程度不同的条件下，关系强度发挥的影响也不尽相同，在二者的特征同质性程度不最高、也不最低的条件下，关系强度对工作匹配发挥了最大的影响[①]。

纵观微商朋友圈的好友关系，最早成为好友的应该均为亲人、朋友、同学这样的强关系，大家点赞鼓励、互动频繁，关系非常稳定。但强关系因为特征同质性程度较高，对于信息的传播并不发挥最主要的作用，对于微商业务拓展的作用没有弱关系来得那么明显。为了业务拓展，微商大量添加弱关系好友，以扩大信息传播范围。因为商业目的添加的弱关系好友，虽然交往的互动性不强，但因为特征同质性程度属于不高也不低的状态，反而信息多元化程度更高，转发传播的几率增加，从而成了微商业务拓展最有力的弱关系。根据牟宇鹏和吉峰的研究成果，微商与微信用户关系越强时，微信用户对微商信息推送行为的强迫性感知和操纵意图感知将会越弱；而微信用户对微商推送信息行为的强迫性感知

① 邱泽奇、乔天宇：《强弱关系，还是关系人的特征同质性？》，《社会学评论》2018年第1期。

和操纵意图感知越大，对微商的接受意愿越低[①]。由此可见由强关系和弱关系群体共同搭建的微商朋友圈中，强关系群体的信任度相对高，对微商的接受意愿相对较大，而弱关系群体的信任度相对低，对微商的接受意愿较低。但和弱关系相比，强关系的数量相对较少，所以微商经济的发展更多还是依赖于弱关系群体。因为弱关系对微商的接受意愿较低，虽然微商在不断刷屏广告的同时努力塑造个人形象，但弱关系一旦发生细小的问题，则信任体系瞬间崩塌，微商被弱关系朋友屏蔽的现象频发。而强关系朋友更多是根据情感纽带建立的联系，微商在朋友圈刷屏发布产品信息必然会干扰信息搜索，也容易产生反感和心理抗拒。

某网络媒体曾采访过一个曾获得知名微商品牌一级代理授权的微商，她最近停止更新在朋友圈维持近半年的“白富美”生活，因为在她看来在朋友圈卖面膜的微商模式已经不可持续，不少朋友已经把她屏蔽，甚至私聊都担心她会推销面膜。朋友圈微商的野蛮销售行为引发了强烈的信任危机，前期的媒介形象塑造与之后的商业行为背道而驰，急功近利的销售导致了市场的萎靡。

除了朋友圈线上的危机，还有来自线下的关系危机。

2014 年微商一夜暴富的传说在朋友圈中迅速发酵，因为门槛低，省却了实体店的昂贵加盟费用，众多微商利用朋友圈发展代理，不断扩大下线。如果说微商始于朋友圈，同时也在朋友圈扩大销售的过程中出现各种乱象。随着越来越多人加入微商团队，总代理、各级代理，利润被不断分化。这种依靠微信朋友圈平台进行的销售，并没有把产品销售给真正的消费者，而是通过层层加价，把货抛售给下线。同时产品同质化日益严重，造成产品销售的更大困难。另外，微商广告不需要成本，同时广告内容也无政策监管，为了吸引注意力，夸大产品功能的宣传频出，导致产品的销路进一步受阻。来自微商团队的信任危机越来越多地爆发，很多小代理纷纷退出，导致上一级代理的危机。如同一根链条一样，任何一环出现危机都会是毁灭性的打击。

---

① 牟宇鹏、吉峰：《微商推送信息行为对消费者接受意愿的影响》，《经济与管理》2017年第6期，第62—69页。

和依靠巨额广告的砸入和大规模团队经营的B2C电视商务行为相比，微商的线下活动因小众而式微。为了扩大影响力，微商活动的功利性慢慢体现，比如线下活动的门票销售、活动现场的广告色彩等，线上活动的缺乏新意也导致粉丝流失。品牌营造或许需要很长时间，但破坏一个品牌却只需要一夜的工夫，改变微商活动的功利性目的，或许能为他们赢得更多的受众。

（二）微商的媒介形象危机

宣宝剑在《媒介形象内涵》一文中指出传播者形象认知的三个层次，分别是：物质形象、价值形象和审美形象①，物质形象体现了媒介知名度，价值形象由可信度来体现，审美形象则由美誉度来体现。借用这个观点来审视以媒体化的运作来进行形象塑造的微商，作为传播者形象认知的三个层次，虽然他们善于利用热点进行自我炒作提高知名度，用熟人关系增加可信度，利用粉丝增加美誉度，但微商的操作都存在很多问题。

媒介形象的包装设计能够提升社会影响力，带来经济效益，媒介的视觉形象设计也能给受众带来美感和视觉的冲击，而品牌创新和文化设计更是获得媒介品牌自信的途径。微商的营销平台和营销模式决定了他们已经完成了媒体化的过渡，虽然微商在个人包装和视觉形象设计上大费周章，不过大多缺乏个性化的管理②，追逐热点滥用情感反而难以促成微商人格魅力的形成，天下微商成了一个模样，一方面容易产生消费者的审美疲劳，同时影响了消费者的信任度。微商销售的产品来源渠道不明朗，同时缺乏相关部门的监管，虽然微商对于产品进行各种包装，但难以形成与消费者的稳固的信任关系，同时体验式推销的手法也容易让人产生怀疑，进一步影响了微商的媒介形象。微商以媒体化的模式进行商业运营，但大部分微商并没有运营社会化媒介的专业知识和相关技能，对产品的宣传推广往往缺乏准确性，对于产品推送缺乏技巧，久而久之给用户造成负面影响。

---

① 宣宝剑：《媒介形象内涵》，《中国广播电视学刊》2008年第3期。

② 林明辉：《微商“碎片化”商业模式探究》，《企业管理》2016年第9期，第109—110页。

四　微商摆脱信任危机的路径

在这个媒体碎片化的时代，作为自媒体存在的微商，本身就处于随时被淹没的可能中，如果没有基于正确内容定位、风格定位、活动定位基础上的目标受众群培养，那么微商的行为本身就存在极大的风险。一个成熟的微商应该首先具备细分消费对象和朋友的能力，基于消费需求的前提培养忠诚于自家产品的消费者团队，为消费团队打造资讯、制造事件、产生互动，在这样的基础上，微商的商业行为本身才会产生长久的效益。

（一）基于微商个性魅力的形象塑造

20世纪90年代，迈克尔·戈德海伯提出了“注意力经济”的概念，他认为，在这个信息极度丰富的社会，因为互联网的存在，信息资源严重过剩，唯有一种资源稀缺，那就是人们的注意力。最大限度吸引消费者的注意力，是注意力经济最重要的手段。基于朋友圈社交关系生存的微商如何吸引人们的注意力，这里可以借用微博意见领袖的培养模式进行微商自我魅力的塑造和挖掘。美国学者拉扎斯菲尔德在20世纪40年代提出了意见领袖的概念，他认为意见领袖“是指在人际传播网络中经常为他人提供信息、意见、评论，对他人施加影响的‘活跃分子’”[①]。微博信息传播往往是经由意见领袖对信息进行选择后再进一步传播给普通受众，微商也可以把自己打造成自己朋友圈的意见领袖，结合自身特长逐渐掌握某一方面信息的话语权，然后将自身特点与产品特质进行有效嫁接，结合个人信息发布同时搭载产品信息推送。比如健康产品的微商，可以首先将自己打造成营养学方面的意见领袖，发布个性化的小建议、小评论，展示自己的健康生活，分享个性化的健康膳食小窍门，而非大量复制标题党的无营养推文。在自我形象塑造完成后再进行产品的附带推送，将大大提高产品的可信度。

---

① ［美］拉扎斯菲尔德：《人民的选择》，中国人民大学出版社2012年版，第23页。

（二）基于榜样消费者的消费劝导

和其他电商相比，基于微信平台的微商的客户基数相对较小，但因此也获得了更多的互动空间，从而更容易培养固定的消费群体，形成稳定的消费习惯，将弱关系培养成强关系，并以此为基础吸引更多弱关系群体的加入。根据牟宇鹏和吉峰关于微商推送信息行为对消费者接受意愿的影响的研究结果，参照群体效应的影响越大，强迫性感知和操纵意图感知就越弱[①]。在朋友圈发布真实消费者的效果反馈，形成对其他微信客户的规范性影响，可以使消费者更容易接受产品，提升产品的影响力。微商可以将互动重心放在经过挑选的消费者那里，组织线上线下的回馈活动，扩大他们的规范性影响，带动其他消费者的参与。一位从事服装私人定制的微商，经常组织老顾客穿着定制服装参加茶会，利用老顾客们的个人特长举办知识分享会，贴合服装风格的线下活动成了产品最好的线上宣传资源。由老顾客形成的参照群体产生良好的影响力，团结和影响了新的消费者参与和加入，真正形成良性的消费习惯。数字化时代的受众消费心理已经发生了极大的变化，他们看重的不仅仅是商品的使用价值， 还包括商品中所包含或能引发的兴趣爱好、愉悦满足等多重价值[②]，合理定位消费者，提供个性化服务，关注产品在使用功能之外带给他们的多种价值，将是微商提升信任度的有效途径。

（三）基于口碑的有效推广

对于注意力的形成，口碑显得尤其重要。麦肯锡公司曾经做过统计，美国业务的三分之二是靠口碑驱动的， 口碑可信度高、针对性强， 口碑传播已逐渐成为市场决定性的力量[③]。有学者进行了微商品牌忠诚度研究，微商服务质量各维度中只有商品保证性和服务补救性对品牌忠诚有显著的正向影响，其中商品保证性对品牌忠诚的影响要大于服务补救

① 牟宇鹏、吉峰：《微商推送信息行为对消费者接受意愿的影响》，《经济与管理》2017年第6期，第62—69页。

② 袁慧侠：《数字化时代新型广告受众研究》，《新闻爱好者》2017年第10期，第68—71页。

③ 参见陈明亮《在线口碑传播原理》，浙江大学出版社2009年版，第1页。

性[①]，也就是说产品质量本身是微商品牌塑造的关键，选择品牌产品是微商打造口碑最基础的一步。尽管微商在自我形象塑造和消费者互动上费尽心思，但如果商品质量无法保证，销售假冒伪劣的行为不仅损害消费者利益，同时也断送微商自己的前途。另外，良好的售后服务也是口碑宣传的有效途径。

五　结语

约翰·R. 苏勒尔（John k.suler）在其新书《赛博人：数字时代我们如何思考、行动和社交》中提出了关于网络心理学结构体系的八个维度。这八个维度分别是：聚分维度、社交维度、互动维度、文本维度、感官维度、时间维度、现实维度和物理维度，[②]并共同形成了我们网络环境的心理体验。按照这一思路，朋友圈的社交是建立在兴趣背景相似或者个性相投的身份确认基础上进行的有意识的选择，朋友圈的互动也是以选择为基础进行的。在PC电商时代，营销的口号是“渠道为王”，只要打开渠道，就不愁商品卖不出去。微商的经济行为是将朋友圈的社交功能进行商业化的利用，朋友圈的相处模式和营销模式之间其实并无法建立良好的对接。消费者更加理智，销售更加透明，一个优秀的微商应该在建立良好的朋友圈的信任关系后，将产品作为超于渠道的核心竞争力，微商经济才有发展的空间。

① 杨文：《顾客感知视角下的微商品牌忠诚研究》，《天津商业大学学报》2017年第5期，第51—56页。

② ［美］约翰·R. 苏勒尔：《赛博人：数字时代我们如何思考、行动和社交》，中信出版集团股份有限公司2018年版，第34页。

整合营销传播视域下农业品牌自媒体传播研究

王欢妮　李凝晖[*]

近年来，农产品销售出现借自媒体平台造“滞销”营销现象。商家纷纷制造“滞销”卖点，打“悲情牌”销售苹果、大蒜、芦笋、柠檬等农产品的行为引起舆论关注。这种现象出现，一方面说明了农产品销售商家萌生了利用新媒体传播产品信息的意识，另一方面，也反映了商家缺乏科学的品牌建构和品牌传播能力的现实。

自媒体的出现，引发了一场社会关系重组，这种重组带来的社会资源的重新分配。对于品牌传播来说，既是机遇又是挑战。如何应对这种全新的媒介技术变革，如何顺利地与目标受众进行情感沟通，整合品牌关系资源是品牌营销面临的难题。本研究致力于深入了解自媒体，分析自媒体环境下农业品牌传播的困境，同时试图发掘自媒体形成的关系资源，并寻求利用这些关系资源的策略，为品牌营销建立新型社会连接，以实现有效的品牌传播。

---

* 本文系四川农业品牌开发与传播研究中心项目“农业品牌在自媒体平台上的传播研究”（CAB1407）阶段性研究成果。

王欢妮，女，广西南宁人，博士，重庆师范大学新闻与传媒学院（新媒体学院）副教授，硕士研究生导师，主要研究领域：新媒体传播。

李凝晖，女，江苏无锡人，重庆师范大学新闻与传媒学院（新媒体学院）网络与新媒体专业本科生，主要研究领域：新媒体传播。

一　媒体时代农业品牌传播问题

2018 年“临猗苹果滞销”引起网友关注。此前，广东徐闻的菠萝、安徽一带的蜜橘等农产品也都曾经采用这种方式进行营销，产生了博人眼球，获得同情的情感效应，在一定程度上带动了农产品销售。但是，滞销苹果打开销路的背后，实际上是一场策划营销的闹剧。有新闻媒体曝光：临猗苹果储存量和去年相比基本持平，价格相对去年虽然有所下降，但并不存在滞销问题；老人愁苦的表情也是教唆摆拍的。以愁苦换来的爱心，最终损害了山西好不容易树立起来的果品品牌。具体分析，当前农业品牌传播存在以下问题：

1. 营销套路悲情化

2018 年 4 月 11 日，一则带有“悲情大爷”形象的山西临猗苹果滞销消息传遍各大网站，引起网友们的广泛关注。据媒体报道，山西临猗的苹果并没有滞销，苹果的价格却因为恶意营销产生波动。这则悲情营销不仅打着同情牌，凭借着老大爷悲情纯朴的形象引导着受众进行传播和消费，更是将在售苹果描述成丑苹果，自卖自贬，对山西临猗苹果和老大爷的形象都造成了不可逆转的损害。

2. 渠道单一化

悲情营销的传播渠道相对单一，注重短期的传播影响力而忽视农业品牌的长远发展。例如电商平台“五亩田”策划的山西临猗苹果滞销事件的传播渠道为微信公众号、微信朋友圈、“五亩田”电商平台，这些传播渠道虽然能使事件迅速发酵，但缺少传播者与受众之间的互动，缺少对于媒体资源的整合，山西临猗苹果滞销事件只能引起人们短暂的同情与关注，并不能吸引受众成为品牌的长期消费者。

悲情营销所体现出的单一化品牌传播方式可以获取一时的利益，却不利于品牌的长期发展，不利于培养品牌的固定消费群体。整合营销传播理论提出企业应该从消费者出发，运用多种手段进行传播，农业品牌传播者需要注重于构建品牌与媒体、用户之间的关系，实现多种传播手段，媒体资源的融合。

3. 内容涉嫌侵权

“山西临猗苹果滞销”悲情营销事件中，传播者随意使用照片人物肖像，法律规定，未经本人同意不得以营利为目的使用公民的肖像，因此这起事件存在侵犯肖像权的情况。悲情老大爷在网上快速走红后，大量的商家开始模仿山西临猗苹果滞销事件的营销模式在各大电商平台和自媒体平台上大肆宣传，在未经与老大爷本人商谈的情况下擅自使用老大爷的肖像，“悲情老大爷”形式的套路化营销越来越泛滥。有央视记者找到滞销消息中的“悲情大爷”本人进行采访，大爷表示微信视频里都是有人教会他说的台词，而老大爷对于自身肖像所含有的商业价值和在互联网对其肖像大量转发所产生的影响一概不知，缺少维权意识，当农业品牌传播者进行信息传播时，需要有法律意识，要用正规合法的手段、途径，避免侵权事件给品牌传播效果带来影响。

4. 品牌形象负面化

悲情营销是一种非常规营销手段，会给品牌形象带来负面的影响。以“山西临猗苹果滞销”悲情营销事件为例，长期以“滞销”为亮点的品牌传播给“临猗苹果”贴上“销路不好”的标签，在事件被曝光造假之前，也有越来越多的网友开始质疑苹果的质量与消息的真实性。品牌传播者以“滞销”为亮点的营销方式能够在短时间内获得大量关注，但给品牌带来的负面影响却难以在短期内消除。

“山西临猗苹果滞销”悲情营销事件中还存在着宣传和实际不符的问题，给农业品牌带来不可逆转的负面形象。这起悲情营销事件被曝光造假后，大批网友在社交媒体平台上发表了自己的不满与对品牌、产品质量的质疑，甚至出现了对于品牌的刻意抹黑，“山西临猗苹果”的形象也因为虚假的悲情营销遭到了损害。

二　自媒体传播与整合营销传播的切合性分析

新媒体快速发展的时代，自媒体凸显的商业特征与整合营销传播需求存在切合性，品牌传播者为提升营销效果可探寻二者的切合点。

1. 自媒体传播与整合营销传播的切合点

美国新闻学会媒体中心于 2003 年 7 月发布了由谢因·鲍曼（Shayne Bowman）和克里斯·威利斯（Chris Willis）联合提出的“We Media”研究报告，报告序言对“We Media”的描述为：理解普通大众正如何通过在全球范围实现知识连接的数字科技而获得赋权，从而能够以其自身的真相，提供并分享自己的新闻。在美国研究者的视野中，“We Media”是新闻业探索转型以更好地服务于公共生活的新渠道。

国内业界抑或学界对自媒体概念的界定多由“We Media”这一英文词组引申。国内学术界对“自媒体”的关注热度，自 2003 年开始持续升温，2013 年起急剧上升。国内自媒体发展急速，有和国外相似的背景，即互联网技术进步改造了信息传播模式。在中国，自媒体的发展轨迹可从博客空间找到起点，后在微博平台形成趋势，最终在微信平台实现商业化运营。可见，“We Media”与新闻信息传播不同的地方是，自媒体的发展逐渐显现商业特征。

1992 年全球第一部整合营销传播（Integrated Marketing Communications 简称 IMC）专著在美国问世，标志着整合营销传播理论体系的形成。整合营销传播的核心内容是：以消费者为中心，整合企业的信息资源，协调采用多种传播方式，以 360° 全媒体传播的策略系统地将企业的信息传递给消费者，建立品牌与消费者之间密切持久的关系，达到树立企业和品牌形象，有效实现营销目标的目的。[①] 整合营销传播是一个品牌与消费者、客户、潜在客户、其他目标客户以及相关的外部和内部受众来共同完成的一个过程，这个过程可用来计划、发展，执行和评估那些可协调的、可测量的、可劝服的品牌传播[②]。具体而言，整合营销传播是一种对各种营销工具和手段的系统化结合，根据环境进行即时性的动态修正，以使交换双方在交互中实现价值增值的营销理念与方法。由此看来，整合营销传播在品牌和消费者之间的关系链接，是品牌形象传播的需要，带有明显的商业目的。这方面

① 张绣月：《对新媒体语境下整合营销传播的思考》，《新闻传播》2013年第9期。

② 黄鹂、何西军：《整合营销传播原理与实务》，复旦大学出版社2012年版，第7页。

和自媒体的商业特性有切合之处，利用自媒体进行品牌的整合营销传播就具有了理论的合理性。

2. 自媒体整合营销传播的实践路径

整合营销传播是一个营销传播计划概念，它要求充分认识用来制定综合计划时所使用的各种带来附加价值的传播手段——如普通广告、直接反应广告、销售促进和公共关系——并将之结合，提供具有良好清晰度、连贯性的信息，使传播影响最大化。[①] 整合营销传播理论提出之时，传播与营销整合的观念已经萌生。

在媒体快速发展的时代，品牌需要传播才能有认知度，才能立足于市场，利用传播形成品牌的观念逐渐深入人心。自媒体传播相较于传统媒体传播范围更广，传播成本更低廉且传播门槛低，因此成为许多品牌在建立初期的最佳选择。例如“三只松鼠”创业初期收入来源主要为实体店售卖的坚果。实体店销售依赖于消费者的口口相传，效果并不理想。然而当“三只松鼠”转型为电商品牌，致力于在每一个社交网站的宣传推广，通过购入网络广告进行传播后，“三只松鼠”坚果品牌似乎一夜爆红，迅速成为热门的食品类品牌。由此可见，随着自媒体传播被人们所认可、接受，自媒体传播成了品牌营销的首选传播途径，自媒体传播逐渐与营销合二为一，“传播及营销”的想法即将成为现实。

三　农业品牌自媒体传播的整合营销传播探索

在当今新媒体发展飞速的环境下，自媒体的传播呈现泛滥化，同质化的状态，受众们对于自媒体渠道传播出的信息越来越麻木，这种状态使得仍处于初步发展阶段的农业品牌陷入了传播的僵局。要使农业品牌自媒体能够有效传播，传播者们需要结合整合营销传播理论的思路，了解并融合多种传播渠道，并统一各种传播渠道中表现出的农业品牌的内容与形象，塑造有自身特色、辨识度的农业品牌自媒体风格，进而吸引

① 乔治·贝尔奇、迈克尔·贝尔奇：《广告与促销——整合营销传播视角》，中国人民大学出版社2006年版，第10页。

特定的受众群体。

整合营销传播学的奠基人唐·E. 舒尔茨提出，传统营销概念中以企业为中心的“4P”模式应该向以消费者为中心的“4Cs”模式过渡与转变。4Cs 模式，即从消费者为中心的角度出发进行企业营销战略的制定和实施。自媒体传播时代，品牌传播者需要利用网络、媒介等手段积极寻找用户，吸引用户，从而扩大品牌的影响力，因此传播内容不仅要突出品牌自身特点，更要将传播重心放在用户群体上，因此 4Cs 整合营销传播模式十分适用于新媒体环境下的农业品牌传播。4Cs 模式包含 4 个要素，即顾客需求（Consumer）、成本（Cost）、沟通（Communication）和便利性（Convenience）[①]。以此为出发点思考自媒体传播的方式，传播者需要：以用户为中心，满足用户需求；合理控制成本；做好沟通运营；关联平台资源。如此，才能实现传播效果最大化。

1. 用户即顾客

新媒体时代的网络用户既有信息需求也有产品消费需求。有效的自媒体传播不仅是为了提高影响力，更是提升潜在消费者的数量。农业品牌传播者想要提高自媒体传播效果需要分析新媒体用户需求：互动性、真实性、碎片化。

品牌传播者在自媒体平台发布的内容需要让用户有参与感（即互动性），例如开设相应版块接收受众反馈，按时开展福利活动等，目的是加强传播者与用户之间的沟通。在自媒体上发布的信息必须真实可靠，而不能依靠造假博取用户关注，消费用户对于传播者的信任。在自媒体快速发展的时代，自媒体用户对于消息的需求迅速增长，传播者需要让每一位用户都能够在短时间内快速获取有价值的消息，并且要确保内容的趣味性，避免冗长。农业品牌传播者也应该将用户需求与自身特色相结合，在满足用户，吸引用户群体的同时，不丢失自身内容生产的特点，被媒体环境同质化。

品牌传播初始阶段，传播者需要主动地寻找用户。一方面可以利用

---

① 郭云麒：《整合营销传播理论视域下的自媒体商业化运作策略探析》，硕士学位论文，湖北大学，2017年，第21页。

已有人脉资源进行初期阶段的传播（例如朋友圈发布消息，微信群发消息），首先在可控的用户群体中建立品牌口碑，再通过熟人“口口相传”的传播方式逐渐将品牌信息扩散，从而获得传播初期的用户。但利用熟人资源的方法不能获取大量用户，品牌信息传播的影响范围也十分有限。另一方面利用福利活动吸引用户（例如关注农业品牌微信公众号赠送有机蔬菜），可以在品牌传播目标群体出现较多的场所或自媒体平台进行福利相关活动的宣传，提升宣传效果。利用福利活动吸引用户群体是自媒体平台各个账号使用最多的方式，能够吸引可观数量的用户，但长期利用福利活动吸引用户会提高成本。还可以花费一定成本借用网络营销号的资源寻找用户，农业品牌传播者可以与自媒体平台上的知名营销号合作，利用营销号的影响力进行品牌信息的推广，从而获得用户群体。

2. 合理成本控制

农业品牌传播，需要合理控制成本，但无限压缩成本会产生反作用。“山西临猗苹果滞销”事件中，传播者为了无限压缩成本，打“悲情牌”销售苹果，短时间内成功获取大量关注达到了传播目的，但真相曝光后，却失去了消费者的信任，给“山西临猗苹果”带来了负面品牌影响。

传播者利用自媒体进行品牌传播成本支出主要在内容推广、营销活动、程序开发三个方面。品牌传播初期传播者应该用合理的预算进行产品内容推广，向受众传达正面、有特色的品牌形象。这部分属于合理成本支持。另外，为扩大品牌影响力，品牌方需定时策划营销活动吸引用户。营销活动需要降低产品利润，品牌方可根据发展状况合理控制。最后，开发营销小程序的成本也要考虑在内。

3. 有效沟通运营

自媒体是品牌与用户之间沟通最便利的媒介。信息推送与线下交流可增强品牌与用户之间的双向沟通。定时与用户之间展开双向沟通，是为了提供用户信息反馈的机会，增强用户的参与感、平等感，同时为用户了解农业品牌的相关信息提供更多机会。

例如传播者可以利用转发抽奖，征稿送礼等福利性质的活动增强与用户之间的联系，吸引更多用户，培养更多潜在用户群体。品牌传播者也可以建立用户沟通群，及时了解用户需求，通过用户反馈的信息及时改掉缺点提升优点。虽然双向沟通需要耗费成本，但是有效的双向沟通不仅能够增强自媒体号用户的黏性，同时也使得自媒体号的内容生产定位、用户群体定位更加准确，为自媒体逐步成功进行精准化营销奠定良好的基础，是利用自媒体传播农业品牌信息的过程中必不可少的一个步骤。

4. 关联平台资源

农业品牌进行自媒体传播的同时需要整合平台资源实现传播效果最大化，同时整合资源也能够提升便利性，优化用户体验。农业品牌传播者需要发现各网络平台的共通点，增强平台与平台之间的关联度，在节约内容创造成本的基础上扩大传播效果。例如微信公众号与微店结合，新浪微博与淘宝店铺结合的传播模式，不仅能够在两个不同平台进行品牌传播，也能够方便受众接收产品信息后直接点击购买，扩大传播范围，节约受众时间成本，增强传播效果。

农业品牌传播的目的在于让更多用户购买农产品，自媒体平台与电商平台相互关联可以增加消费者的数量，同时电商平台也是传播农业品牌产品的优质媒介。不同的电商平台需要关联不同的自媒体平台，提高平台之间的信息关联度。例如农业品牌微信公众号可以关联微店，新浪账号可以关联天猫淘宝京东等电商平台，电商平台产品广告可以插入自媒体平台推送的软文广告中，方便感兴趣的用户直接进入购买页面购买，省去打开电商软件搜索产品的时间成本。例如著名电商品牌三只松鼠在微信公众号中开通支付购买功能，三只松鼠的微信公众号用户可以直接打开微信了解产品信息，购买产品，与售后交流。

农业品牌自媒体可以与同类自媒体合作，整合双方的用户资源与传播渠道，共同策划内容，活动，结合双方的优势与特点，进行共同创收。例如，农业品牌可以与美食视频自媒体进行合作，美食视频自媒体可以以农业品牌产品为素材进行内容创造，农业品牌则可以通过美食视频自媒体的视频进行品牌传播，吸引用户与消费者，自媒体双方也能够互相转发推送相关内容进行二次宣传，充分利用媒体资源进行信息传播。

新生代导演电影中的中国形象及其国际电影节传播

汤雪灏*

晚近十年，中国电影迎来了一个全新的发展时代。在这个新的创作时代中，一批出生于20世纪80年代前后的青年导演，迅速地成长为电影导演群体中明显有别于“第六代”的一股新生力量。他们的作品频频入围国内外青年电影节与传统电影的“新生代单元”，并引起了相应的反响。有别于第五代导演展现的“民俗中国”和第六代导演关注的“底层中国”，作为在90年代成长起来的中国青年，新生代导演们更多地将他们的创作目光聚集于“当代中国”“变革中国”，并不约而同地将摄像机聚焦在中国发展进程中遭遇的诸种问题之上。

一　地貌与风俗：新导演电影中的多样中国

生活在一个在气候分区上拥有着温带大陆性气候、温带季风气候、高原山地气候、亚热带季风气候甚至热带季风气候的国度，中国导演自然无法像欧洲导演、中亚导演、日韩导演那样在影片中所呈现的地貌气候上趋于近同。在新生代导演的创作中，华北地区的周子阳（《老兽》，2017）、蔡成杰（《北方一片苍茫》，2017）；西北地区的李睿珺（《路

* 汤雪灏，男，安徽颍上人，上海大学上海电影学院2019级戏剧与影视学专业博士研究生，主要研究领域：影视文化研究。

过未来》，2018）；东北地区的耿军（《轻松＋愉快》，2017）；青藏高原的拉华加（《旺扎的雨靴》，2018）；西南地区的毕赣（《路边野餐》，2016）等等，他们的足迹几乎贯穿了整个中国，自然不可避免的对自身创作的"在地性"于影片中进行一次次地确认。

这些新生代导演他们往往习惯于在自己成长的地方拍摄电影作品，并且在自己的电影中展现自己家乡的风土地貌或者推介自己家乡的乡土人文。他们的创作极其深刻的依赖着养育着他们的一方水土，并且都十分贴合自身家乡的"地理"特征。索雅认为地理学应该有三个维度：第一个是历史性（historicity），第二个是空间性（spatiality），第三个是社会性（sociality）。[①]他们的创作也切实地体现出了这一点，在展现历史与空间的地理之余，社会性的地理同样也是新生代导演乐于着墨的地方。

（一）作为景观的地貌

在空间性的范畴上，《路边野餐》中毕赣直接露骨地将家乡凯里的导游词融于影片之中，影片中饰演导游的洋洋直接对着屏幕外的观众背出凯里的导游词。"凯里东接台江雷山两县……地理位置在东经107°10′ 58″—108°12′ 9″……境内气候温和、四季分明、雨量充沛，年平均降雨量为1240.1毫米，适宜于农林牧业发展。"在这段导游词中，我们得以窥见凯里的地理地貌特征。洋洋在两岸青山夹着的小船之上娓娓道来这段地理地貌的介绍，画中之人置身于凯里坐着摇桨小船，画外人看着如画般风景、听着如诗般介绍，为电影增添了几分韵味。无独有偶，《路过未来》中李睿珺利用火车广播也直接介绍了北方甘肃的地貌风土。杨超在《长江图》中，向世人展示了一个作为母亲河的长江，吴淞入海口到青藏高原的源起之地，都被浓缩于不到两小时的影片之中，这部影片将流经半个中国，养育了半个中国的长江拟人化，并尖锐地指出了由于近几十年来的过度开发，导致其伤痕累累。周子阳在《老兽》之中展现了上演"空城计"的城市，一栋栋拔地而起的高楼造就了一个个无人

① 王志宏：《流动、空间与社会》，田园城市文化有限公司1998年版，第17页。

的“鬼城”，而在城市繁华的“中心”依旧藏污纳垢，暗藏着男盗女娼。

（二）作为人文的风俗

而在社会性的层面，中国作为一个多民族、多信仰的国家，在新生代导演的电影中自然也有着相应的表述。

毕赣作为苗族导演，在其电影作品中也体现出了强烈的民族自觉性，《路边野餐》中陈升到“荡麦”的目的就是为了寻找一位吹芦笙的老人，而当其到了“荡麦”之后才发现“吹芦笙的苗子”已经没有了，取而代之的是他们的徒弟，一群沉迷于流行乐的青年。芦笙作为一种苗族传统乐器，在此所指涉的自然是苗族，而芦笙的消亡，则寓意着在现代化的进程中，弱势民族的群体的传统与文化，无法抵御时代的冲击。有趣的是，“荡麦”这个地方也与苗族有着千丝万缕的联系，根据毕赣的说法，他朋友告诉他“荡麦”在苗语中的意思是“隐秘之地”。[①] 但毕赣并没有将自己的创作禁锢与苗族文化之中，在其短片作品《金刚经》（2012）中，同样将佛教文化作为自己的思想工具应用于影片之中。

《北方一片苍茫》与《心迷宫》（2015），则构建了两种截然不同的华北底层中国。《北方一片苍茫》中乡民愚钝，将一个“命中克夫”的小寡妇一步步的捧为神仙，而在《心迷宫》中的国人，则全然一幅不惧鬼神的样貌，以至“棺换人家”。无论是敬奉鬼神的《北》，还是不惧鬼神的《心》，都与中国传统的“敬鬼神而远之”的乡民习俗相差甚远。

耿军斩获金马最佳短片的电影作品《锤子镰刀都休息》（2013），则在影片中塑造了一位信奉天主教的小二，并且这种设定在其新作《轻松＋愉快》中得到延续，信奉天主教的小二在吃饭之前要向西方人一样向主祷告，而其在吃饭之时念叨的却是“教会对我很好”，将饭前对主的祷告抛之脑后。当代农村天主教会主要是以信徒的人际关系形成的“熟人社会”为目标受众，包括同村的熟人、亲戚朋友、邻居等等。[②] 这些人不见得真正信仰天主教，而是单纯地将信教作为一种精神与生活上的寄

---

① 毕赣等：《在落差中发现电影的美感》，《当代电影》2012年第12期。

② 陈雅莉：《文化嫁接视角下的农村天主教传播研究》，硕士学位论文，江西师范大学，2012年，第37页。

托。影片中的小二，作为乡村教会中杂务人员，受到教会施舍，身体残疾的他在生活与精神上都极度依赖教会，但其对天主教的态度依旧是“教会对我很好”，而不是像是真正的信仰天主教的教徒一样，寻求升入天堂。

新生代导演在影片地貌与风俗差异化的塑造，导致了不同影片基调的差异。《老兽》《北方一片苍茫》等影片所展现的凛冽寒风像是影片中残酷的故事一样，令人不寒而栗。《老兽》中无情的父亲将妻子的救命钱偷走、将儿子告上法庭，都在凌厉的寒风中展现得淋漓尽致。而《路边野餐》《长江图》等取景于湿润的南方的影片，在影片之中将诗歌与画面结合起来，使得整个影片蕴涵着一种温润的诗意。划分为南北两地的导演们，通过对自己惯于影像书写的地域的地貌风俗的呈现，共同拼凑出一个多样态的影像中国图景。

二　重回 90 年代：对“当代中国”的回溯性建构

90 年代在当下似乎还并未成为历史，原因是它离现在太近了，以至于都没想到要把它历史化、想象化，甚至可以说它未成为历史，就是当下。而当下的新生代导演大多都出生 20 世纪 80 年代前后，90 年代正是其重要的成长时刻。在他们所创作的影片之中，满满的包含了对 90 年代的回望。通过对 90 年代的“严打”“下海热”“出国热”“国企改制”等时代事件的表述，影像化地重塑了当下中国与当下国人，考察新生代导演在影片中塑造的这一时期中国的影像形象，对于海内外观众重新认识中国，确立“当下中国”由何处走来，有着极其重要的意义。

（一）严打：稳定社会秩序的非常规手段

新中国成立以来，我国一共进行了四次大规模的“严打”，分别开始于 1983 年、1900 年、1996 年与 2001 年。[①] 从每次严打的背景来看，除去最后一次“严打”是因为我国在加入世界贸易组织（WTO）应对一系列新变化与跨国犯罪所发起的，其他三次“严打”的背景皆是由于政

---

① 何挺：《“严打”刑事政策研究》，博士学位论文，中国政法大学，2008年，第9页。

府为了应对改革开放所带来的社会不安定因素而发起的。

在新生代导演的电影作品中，“严打”似乎是对于影片中躁动的时代、躁动的青年所进行的一种压制。成长于90年代的青年中，有一批人将自己标榜为“新新人类”，他们行为作风受到时代语境的感召，同时也与其与所处的生活环境格格不入，在邻里朋友的眼中，是一种另类的存在，也即是精神分析中的术语“溢出物”——无法被符号化的存在。而“严打”这一行为则是将这种“溢出”收编或暴力压制，缝合象征界裂缝的过程。

在影片《八月》（2016）与《黑处有什么》（2015）中，“严打”作为一种训诫将小雷与曲靖规制于学校与家庭之内。“严打”这个行为本身并没有将其的暴力性应用于小雷与曲靖的身上，可是却将暴力行为加于小雷与曲靖所崇拜与羡慕的对象身上。《八月》中的三哥与《黑处有什么》中的赵飞都在“严打”的背景下身陷囹圄。一定程度上来说，他们是在特殊时期遭到非公正待遇的“受害者”，《黑处有什么》中张雪的失踪并不能说其与赵飞有什么必然的联系。而三哥因为拦路向小学生“打劫”，以流氓罪被判处拘役。

作为一种特殊时期稳定社会秩序的特殊手段，如今看来“严打”与当下提倡的刑罚要“宽严相称”有些出入，但同时也要肯定“严打”对犯罪分子所带去的震慑作用，不能一味地对其进行诘难，应该在具体的时代语境中，去看待“严打”这一非常规手段。

（二）国企改革：刺痛与隐伤

在20世纪90年代进行国企改革中，最重要的两个问题就是企业改制与职工下岗。这两个问题所产生的痛苦，时至今日都在一代人心中挥之不去。而国企又是新生代导演电影中故事发生的重要场地，因此在他们所导演的电影作品中去反观这一历史事件被如何的影像化表达与传播，则就显得十分有意义。

在一些西方学者的口中，由于社会生产力的进步，无产阶级正在一点点的消失，取而代之的是衣食无忧的“中产阶级”。在马克思的论断中，无产阶级一个基本的特征就是不占有生产资料。而“中产阶级”的生活条件提升，得益于其辛勤劳动所带来的社会生产的进步，并没有改变其不占有生产资料的事实。

诚如马尔库塞在《单向度的人》中所谈及的“如果你看到工人所看的电视节目和所游览的娱乐场所与老板是一样的，打字员穿得像雇主的女儿一样时髦，黑人也可以开着一辆卡德、拉牌汽车，那么这种同化并不表明阶级的消失，而是表明那些用来维护现存制度的需求和满足在何种程度上被人民所分享”[①]。在影片《八月》中马克思与马尔库塞的论述被影像化地进行了还原，改制之后的电影厂家属区影院不能再像之前一样想进就进，小雷与父亲在由于未买票而被拒之门外的时候，由厂长变身为经理的韩胖子，却能带着儿子自由进出。这个片段表现了国企改制后给张大磊带来了变革之后的创伤，同时也将马尔库塞的论述表现得淋漓尽致，在所谓的平等享受的表象下，未占有生产资料的无产阶级者其实是无权享受的。

而在《暴雪将至》（2017）中，1997 年的那场暴雪之前，国企保卫科干事余国伟在市场化之前的社会其实并没有认清自己的真正价值。由于破了企业内的几个小案子，就想当然的真把自己当作神探来看待，这是一种在时代的杂音下对自己的自我催眠。而当进入“功利”的市场化时代之后，余国伟并不能证明自己的价值，从而迅速地被列入下岗名单。经历下岗事件之后的余国伟由于遭受的巨大的刺痛，从而开始“变态”，他不惜将自己的情人作为诱饵试图去抓到凶手，而在事情败露之后又恼羞成怒失手打死无辜的“嫌疑人”从而锒铛入狱，经历了从胸戴大红花到身穿囚衣的巨大落差。

当然，无论是刺痛还是隐伤，这都是改革过程中破除陈旧势力、革除弊端的过程中所必然经历的阵痛。

（三）出国热：拥抱美丽的新世界？

自改革开放以降，封闭了多年的国门再次打开，普通民众也可以申请出国游玩或者出国留学，这在改革开放之前几乎是一件不敢想象的事。在新生代导演的电影作品中，涉及出国的篇章并不多见，在为数不多的

① 马尔库塞：《单向度的人》，上海译文出版社2008年版，第8页。

文本中，依然可以窥见一隅。在计划经济与集体主义的语境之下，进入工厂或者体制是证明自身能力与价值的最佳途径。而在20世纪末以来的社会改革历程中，这些被习以为常的追求与归属却在社会主义市场经济的浪潮冲击之下发生了转变。

在《那一场呼啸而过的青春》（2017）中，杨北冰在得知“你们这一届毕业后不包分配”的时代训令以后，与姐妹同学们痛哭流涕。但是她们痛苦的原因是“不能一起上下班，一起退休了”。仿佛她们对于“铁饭碗”并不感兴趣，而杨北冰作为一个家境优越的青年，可以选择在90年代出国热的潮流下出国镀金，并且多年以后能在远隔东北数千里的国际金融中心香港寻觅到一份体面的白领工作，而当初那些在技校操场上一起抱头痛哭的同学，则早已在时代的浪潮中被卷得无影无踪。影片《致我们终将逝去的青春》（2013）中的陈孝正，同样也是得益于出国镀金后完成自己建筑师人生梦想的一类人，在中国对外开放、对外交流的进程中，这些留学生向海外带去了直观的中国印象。而在新生代导演对90年代回溯性建构之中，这些因出国而受益的时代弄潮儿似乎对自己被改变的人生并不满意。无独有偶，在《六人晚餐》（2017）中离开工厂生活的林晓蓝亦是如此。在某种程度上，这些不满意当下的情绪都来源于对过去的回望，而他们所回望的正是他们曾经不屑一顾甚至拼命逃离的“体制”。

“严打”“国企改制”“出国热”等时代事件都不同程度地对这一批新生代导演的生活、思想产生了影响，甚至可以说这些事件作为他们成长中所经历的重要一环，改变了他们的人生轨迹。因此这些打上“当代中国”烙印的标志性事件便被书写进了新导演们的影像文本，并不可避免地作为中国的独特记号映入了国内外大众的视野，指代着现代中国之形象。

三　暧昧的意味：离散华人的“中国想象”

数百年来，由于历次战争与社会变革所造成的“背井离乡”，使得海外有着极其庞大数量的华人群体，在这些华人群体的当代后裔之中，也成长起了一群具有影响力的新生代导演，翁子光（中国香港，《踏雪寻梅》2015）、赵德胤（缅甸，《冰毒》2014；《再见瓦城》2016）、钮承泽（中国台湾，《军中乐园》2014）、黄信尧（中国台湾，《大佛普拉斯》2017）、刘韵文（中国香港，《过界男女》2014）等离散于中国大陆之外的华语导演在其创作中存在着大量对“中国”（大陆、内地）的想象性建构。而这些海外华语新生代导演对于中国大陆的构建多是持着一种“迷恋”的态度，《冰毒》中儿子与他人的对话中一次次地提及“中国那边”的好东西，《踏雪寻梅》中王佳梅对于湖南乡村的回望，《军中乐园》中老张一封封无法寄出的信，都是对故土的眷念和认同的表达。

（一）何处为乡：无法确认的自我身份

自清政府签订《南京条约》以降，再由《北京条约》与《展拓香港界址专条》的确认与拓展，香港作为英国的殖民地，与内地分离近百年之久。而自“九七”以来，香港与内地的交往日益密切，而这种交往之中，港岛老居民对内地同胞的看法往往是暧昧的。他们一方面希望内陆同胞帮助香港建设、做一些“本港人”不愿意从事的低端工作，另一方面又对勤劳朴实的内地人抱有敌对之心。

在《过界男女》中，刘韵文导演不落俗套地将近年来“香港产子”这一尖锐的现实问题用影像化的手法表述出来，在影片之中，香港本地人对于内地孕妇的态度实属推诿，在陈坤饰演的香港人阿辉在医院预约床位之时护士满怀热情，但当护士知道其妻子是内地人之后态度立刻变得含糊了起来。当阿辉离开护士站之后一对香港本土夫妻，则接受了完全不同的待遇。而在后面的剧情中，阿辉忌惮妻子在香港抛头露面，认为内地孕妇“香港产子”是一件很不光彩的事情，生怕邻居知道了有举报之举。

而在《踏血寻梅》中，年纪轻轻就跟随母亲流浪东莞、香港的王佳梅，依旧将远在湖南老家保持着乡土生活的父亲作为依恋与怀念的对象。无论是东莞还是香港，都是代表着现代化的生活，代表着一个以西方浪潮所冲击的乡土中国，虽然在影片之中远隔千里的父亲在湖南老家也能使用现代化的通信工具与女儿联系。可从另外一个角度来看，正是这种现代化所带来“联系方便”的假象，粉饰了人与人之间依靠电波交流的疏离感。影片想表达的仍然是游子们对“家”这个概念的模糊难觅。

（二）回望故乡：回不去的家

在国民党溃逃台湾之前，他们大肆地“抓壮丁”，这些壮丁中的绝大多数人都被挟持到了台湾，并且一辈子都没能再回到隔海相望的大陆。这些外乡人有的在台湾娶妻生子，谋得一份不错的工作；有些退伍之后在“眷村”里生活。在《军中乐园》中，老张就是一个被国民党军队挟持到台湾的山东人，虽然其在部队里“立有军功”，但是其仍然期盼着有一天能够回到大陆老家侍奉老母。而该片的导演钮承泽，也正是“外省人第二代”，其对大陆的情感自然是不言而喻的。

（三）远眺故国：赵德胤的“中国想象”

想看懂赵德胤的电影，得先认识赵德胤及其背后庞大的缅甸华人群体。赵德胤是缅甸华人，他的高祖父在1930年时，因为战争自南京迁徙到云南，他的爷爷则被派去建滇缅公路，直到国共战争才迁徙到中缅交界的村落，后来又再度迁徙至缅甸，赵德胤因此在缅甸的小城腊戍出生。

缅甸的华人，在法律上被认可为缅甸人，而在缅甸军政府与缅甸土族中却不这么认为，他们在缅甸的社会阶层中几乎处于最低的位置。他们在与人交往中甚至害怕泄露自己的华人身份从而带来生活上的不便。在《冰毒》中，三妹与王兴洪饰演的摩托车车夫初次见面就是一次典型的“互相试探”，双人都因为自己的华人身份感到不安，而当双方都知晓对方是华人之后立刻放松了警惕，并且合作贩毒。两个人对于“中国”和“中国货”都是其实羡慕与向往的态度，在这种羡慕的背后，是对故国的深切的怀念。而在《再见瓦城》中，阿国与莲青经由缅甸偷渡到泰国打工，在泰国过得并不开心的他们，梦想就是能够获得合法的身份之后前往真正的华人社会中国台湾。中国台湾在这里正是中华文化和华人社会的代表。

四　国际电影节：作为新导演走入国际视野的策略

国际电影节是华语电影进入国际传播的重要途径，作为新生代导演走入大众视野的平台，利用国际电影节亮相世界银幕是传播中国形象的一次重要契机。但是在这种国际传播中，一些新生代导演则有着“讨好西方”的嫌疑，《家在水草丰茂的地方》（第27届东京国际电影节）、《告诉他们，我乘白鹤去了》（第69、70届威尼斯电影节）、《长江图》（第66届柏林国际电影节）中都将国人与政府、国人与自然立于一种相互对立的位置。当然，国际电影节中也有诸如《路边野餐》（第68届洛迦诺国际电影节）、《小城二月》（第70届戛纳电影节）等表现国人人性之美的朴实作品。因此，如何塑造好富有时代气息和人文内涵的银幕形象，展现具有中国精神与中国气派的中国形象，同样是本文致力于探索的。

影片资料 影片名称	导演	参加电影节	上映时间	剧情主线	中国形象
《家在水草丰茂的地方》	李睿珺	第27届东京国际电影节	2015年	寻找牧场	负面
《告诉他们，我乘白鹤去了》	李睿珺	第69届威尼斯电影节奖、第70届戛纳电影节	2012年	拒绝火化	负面
《路边野餐》	毕赣	第68届洛迦诺国际电影节	2016年	寻找侄儿	中性
《地球最后的夜晚》	毕赣	第71届戛纳电影节	2018年	寻找恋人	中性
《暴雪将至》	董越	第30届东京国际电影节	2017年	追凶	负面 / 中性
《白日焰火》	刁亦男	第64届柏林国际电影节	2014年	追凶	负面 / 中性
《长江图》	杨超	第66届柏林国际电影节	2016年	寻找恋人	负面 / 中性
《大世界》	刘健	第67届柏林国际电影节	2017年	寻找凶手	负面
《小城二月》	邱阳	第70届戛纳电影节	2017年	寻找女儿	负面 / 中性
《嘉年华》	文晏	第74届威尼斯国际电影节	2017年	少女性侵	负面
《槟榔血》	胡笳	第67届柏林电影节	2017年	青年生活	负面 / 中性

通过对晚近参加国际电影节的新生代导演影片的考察与梳理，笔者发现，这些作品大多通过影像呈现出一种中性或负面的中国形象。而当

今世界正处于大发展和大变革时期，世界政治经济权力由西向东转移，全球传播秩序也面临重建。在跨文化交流中，海外观众依靠电影这一重要媒介所呈现的中国形象得以了解中国，并逐步建构起关于中国的知识、经验与印象，生成构建中国形象的基本元素。因此，在这个意义上这些对外传播的电影作品就不光建构着作品本身的艺术性，更肩负着确立与传播正面中国形象之使命。而晚近的国际电影节参展电影，往往更多地关注在中国发展的进程中所形成的人性的滞后与扭曲，它们往往在国内票房惨淡，却可以屡屡斩获国际电影节各类奖项。而这恰恰对新导演形成了这样的误导：只能通过展现中国社会的诸种滞后性才能确认电影本身的艺术性。因而这些反应社会矛盾的作品一味“迎合”西方社会，在达到了西方社会乐于窥见中国社会之问题的企图之后，又加剧了国际对中国的文化偏见与误读。因此这书写了当下中国导演得以进入国际视野的悖论。这需要引起中国电影人的思考，尤其在当下“一带一路”的倡议背景之下，破除中国形象的国际刻板印象，促进我国影视作品对外确立传播中国形象走向成熟，显得尤为迫切。

“目前世界上的电影节总数大约有千余个，且电影节的数量仍然呈现着不断增长的趋势，电影节在世界格局之内对于增进各国电影产业的互助交流合作、对于拓展世界各国电影文化乃至政治经济文化层面的互相交流与理解宽容、促进越来越广泛范围的全人类精神文化共同体的建构与认同等都开始发挥着愈来愈重要的、愈来愈活跃的作用。”① 因此对于中国新生导演力量而言，电影节不仅是肯定其个人艺术成果的平台，更是展现“影像中国”，提升我国文化软实力的重要契机。我们需要对新生代导演进行引导，思考如何在利用国际电影节走入公众视野、获得世界肯定的同时，呈现出展示中国新面貌、中国新精神的中国形象。作为依托艺术与商业双轮驱动的电影节，新生代导演需要着力在艺术上求得创新，敢于突破尝试，如毕赣《路边野餐》中长达 42 分钟的段落镜头调度与其入围第 71 届戛纳国际电影节“一种关注”单元的新作《地球最

---

① 刘汉文、陆佳佳：《电影节：意义、现状与创新对策》，《当代电影》2016年第5期。

后的夜晚》中长达60分钟的3D段落镜头。在艺术水平达到世界先进水平高度的基础上，选择更贴近中国风貌的内容题材，更避免出现政治、民族、暴力等敏感话题。在宣发方面，这些艺术电影应当结合自身特性，精耕细作，借鉴商业电影的一些手段方法，提升大众的认可程度。总之，只有通过建构良好的“影像中国”国际形象，树立强国形象，从边缘叙事转向符合主流价值观，新生代导演才不会为某些国际电影节“特定的美学趣味”所左右，从而获得根本上的宽容的电影氛围，而这更有赖新导演们自己的迈出。

乡土治理转轨与县域媒介融通：县级融媒体中心建设的公共服务生态

龚 力 潘佳璇*

习近平同志在全国宣传思想工作会议上提出了重要要求：“要扎实抓好县级融媒体中心建设，更好引导群众、服务群众。”而抓好县级融媒体中心的建设包括两个方面的意义：其一，媒体素来是党和政府的喉舌，作为“传播力建设的最后一公里”县级融媒体中心对于上情下达、下情上传的信息双向接轨起着重要的巩固作用，是进行思想宣传、凝聚社会共识的迫切要求；其二，在基层落地生根的县级融媒体中心在公共服务方面有着天然的优势，伴随着信息技术的高速发展，以手机为代表的新媒介在人们社会交往、政务服务、消费娱乐等方方面面扮演着不可或缺的角色，县级融媒体中心恰好应和了这一趋势为人们的社会活动提供了新的公共平台。县级融媒体中心不同于“中央厨房”，它作为直接作用于县级以下基层群众的媒介平台，一方面与群众更具有亲缘性，一方面在地缘空间上则相对独立。而本文旨在探讨县级融媒体中心的公共服务功能及其对（地缘空间相对封闭的）基层社会的治理秩序的影响。

* 龚力，女，重庆渝北人，重庆师范大学新闻与传媒学院广播电视专业2016级硕士研究生。主要研究领域：影视理论与影视创作。

潘佳璇，女，河南洛阳人，洛阳师范学院新闻传播学院广播电视编导专业助教，主要研究领域：媒介文化。

一　功能融合与基层治理：县级融媒体中心的生存之道

县级融媒体中心实现了信息传播与公共服务功能的有机融合，“县级融媒体中心建设的路径是通过为公众提供公共服务来吸引受众，重获关注，将县域受众的目光重新聚集在基层媒体上来，以此加强基层媒体的传播力与舆论引导力”[①]。因此，对县级融媒体中心公共服务板块的建设实际上紧密关系着党的创新理论与主流思想的传播，县级融媒体中心肩负着舆论阵地的重要职责。在媒介纵横向的复杂竞争环境中，县级融媒体中心既是媒介传播链条的最低层级，又是最亲近百姓的层级。因此，它一方面遭遇了自身的生存危机，一方面又满载县域受众的期待。在这一意义之上，县级融媒体中心的“融”既是介质层面的融合——形成报、网、端、微等的融媒体矩阵；又是基层人心的融合——受众粘黏度的加强。事实上，在资金、人才、技术等各方面都明显弱势于上级媒体中心的县级融媒体中心，只有紧紧抓牢“人心”这把关键钥匙，才能走出一条充分发挥自身特色与优势的生存道路，加强自身传播能力，引导舆论。即先要“服务群众”，才能“引导群众”。利用县级融媒体中心官方主办的权威性与公信力对群众政务办理流程进行再造重构，是县级融媒体站稳脚跟的重要一环，也是其在上级媒体、商业媒体间的主要竞争力。

融媒体矩阵的建立最大限度地将受众的媒介使用行为“笼络”在了一起，在这一基础之上构建服务型政府，重建政务办理秩序，推进基层社会治理，才不是纸上谈兵。县级融媒体中心对受众媒介工具的“笼络”，实际上是对这一能指背后的所指——信息的“笼络”。最终指向的是受众需求。在党“服务群众”的号召之下，铺设一条信息化管理的道路，是党和人民的美好设想与实践方向。而面临对政务运行秩序的具体改造甚至颠覆的时候，我们却不得不深入考虑一些县域及以下社会的实际问

① 栾轶玫：《信息传播与公共服务：县级融媒体中心建设的“双融合”》，《视听界》2018年第9期。

题与思想文化问题。也唯有对公共服务板块建设可能会遭遇到的各方面的问题进行思考，围绕基层受众开展，真正做到“从群众中来，到群众中去”，县级融媒体中心的建设与发展才经得起检验。因此，笔者将首先就中国基层社会的人情生态与文化根源展开讨论。

二　人情磁场与县域法制：县级融媒体中心的转轨悖论

相比较于世界发达国家，中国的老龄化进程较晚。随着改革开放加快了城镇化的进程，农村年轻劳动力开始大规模向镇、县、市转移，而随着大中型城市可吸纳人口规模的增加和对身体素质较好、接受能力较强的青年人口的需求扩大，劳动力又日渐涌向集中至大中型城市。而这直接导致了县域人口结构的老龄化、儿童化，则在中国老龄化程度较高的水平下，县域人口结构的老龄化更为明显。而县域人口老龄化对县级融媒体中心的建设则直接带来了两个方面的挑战。首先，老年人口往往对新生事物的接受程度较慢，学习新知识的能力减退，因此在对新媒体接收方面存在技术上的困难。同时，大部分老年人使用的手机多为“老年机”，更加无法与融媒体中心接轨。第二，一般情况下，老年人口在政务办理上已经习惯了固有的方式，思维已形成定势，因此，在思想上难于接受流程的改变与再造。进一步思考，则涉及一些文化传统方面的问题。

中国人在日常的行为中，往往受到一种被称之为“文化潜意识”的“深层结构”所影响支配，学者孙隆基将之称为中国文化的“深层结构”。而这一结构建构了中国人的“良知系统”，并成为中国人行为处事的范式、标准。在“良知系统”下运行的中国人认为，个人总是在人与人之间的相互关系中体现自我的。因此，中国人在日常生活中，总是把自己纳入“渠道化的‘二人’关系”[①]中去。也正呼应了费孝通先生在《乡土

① 孙隆基：《中国文化的深层结构》，中信出版集团2018年版，第19页。

中国》中将儒家“人伦”的“伦”解释为由自己推演至和自己发生社会关系的群体中的差序。而“个人”在中国文化中则被设计成一个“身”，因此个人并非完整性的精神主体，而倾向于被当作一个“必须受社群关系约束的‘不道德主体’”[①]。而这种“道德”通常是指由群众压力维持的“社会道德”，因此中国社会实际上属于人情社会。而人们就生活在一个由彼之“心”及此之“身”的人情磁力场之中。所谓“身”与“心”的关系，即是由自己的“心”去照顾他人的“身”，以此定义自我。因此，我们可以常常可以在中国社会看见：当一个人找办事员办事，如果办事员严格按照流程规章操作，则被认为不近人情；反之，如果办事员在某些地方给予“通融”，则被夸赞为“有人情味”。但是这种人情的磁力场的磁性却又是在一定范围内才发挥作用的，即中国文化中的“内外有别”。孙隆基指出“中国人个体之‘身’也必须由他人的‘心’去组织，否则它就会变成‘无主孤魂’，因此一旦脱离了熟稔的人情的磁力场，在毋须有‘心’对人时，亦即是在无须‘做人’的陌生人面前，往往就会变得很突兀，很不自然，很没有信赖感，有时甚至很粗暴。”[②]也因此，人们又往往感到大城市的政务办事员“态度不好”。而之所以笔者认为，县级融媒体中心公共服务板块制度化建设会遭遇到挑战，原因就在于县域空间的地缘限制为县域社会空间提供了一个天然的人情磁力场的运行环境，此为其一。其二，县域老龄化的人口结构又为县域人情磁力场的运行添薪加火，一方面老龄人口更谙熟中国“人情世故”的文法规则，一方面老龄人口为文化传统的思维禁锢更为牢固。

县级融媒体中心对于县域法制治理的建设是自上而下的。因此对于思维相对已形成定势的县域人口来说，他们是被动接受办事流程再造的。笔者通过考察发现，在县、镇、村这样越是相对固定的人际交往圈中，人口结构越趋于稳定，人情磁力场的磁性就越强。“乡土社会是安土重迁的，生于斯、长于斯、死于斯的社会。不但是人口流动很小，而且人

① 孙隆基：《中国文化的深层结构》，中信出版集团2018年版，第26页。

② 同上书，第53页。

们所取给资源的土地也很少变动。”[①] 因此，县域人口结构的稳定性，就决定了县域治理是趋向于人治、礼治的。而这种人治通常具有一定的自发性，是自下而上凝聚的，是由“本能或天意所构成的秩序”[②]。因此，对于县域政务流程的钢化改造，必然会打破县域社会的人情磁力场，破坏县域人际关系的某种内在平衡，并在实施上遭到一定甚至相当程度的困难。

三　秩序再造与思维转向：县级融媒体中心的双轨发展

因此，县级融媒体中心的建设必须在遵循县域原有的磁力场运作规律下进行。“乡土社会秩序的维持，有很多方面和现代社会秩序的维持是不相同的。可是所不同的并不是说乡土社会是‘无法无天’，或者说‘无须规律’。”[③] 乡土社会是礼治的社会，而维系礼治的是传统。县级融媒体中心的建设策略只有在秉承传统的前提下，才能占领有利的磁极，做到“借力打力”，最终在县域土地落地生根。中国传统文化中，个体对于自身的确认来源于与他者的关系。我们首先应认识到县级融媒体中心的建设中的一组二元关系——媒介与受众。在这组关系中作为机器的媒介替代了传统“二人关系”关系中的“人”，而在基层百姓（尤其是老龄人口）的惯常思维中，机器总是冷冰冰的，是没有“人情味”的。在一个凡事讲求人情的县域地缘社会中，“人情味”是消除人机壁垒的关键性因素。而何谓“人情味”，正如上文讲到的，人情体现在“心”对“身”的照顾。在政务办理过程中，体现为办事员的“心”对办事群众的“身”的照顾。因此我们常常能够看见在村、镇、县的政府办事服务大厅，包括领导在内的工作人员与居民有说有笑的场景。在县域社会中，办事员们同样亦是在人情磁力场中运行的个体，因此这就构成了一个乡村、县

① 费孝通：《乡土中国》，北京大学出版社2016年版，第79页。

② 同上书，第87页。

③ 同上书，第82页。

域的关系网络。而素来作为新闻、思想传播的媒介要想“插入”进这样的一个关系网络中，首先就应在这组二元关系中来定义自身。那么，县级融媒体中心就不能再作为高高在上的“宣传员”，而是充满“人情味”的“办事员”。对百姓对媒介 / 机器固有印象的颠覆则来自于媒介对百姓的“身”的照顾。只要百姓感受到了媒介 / 机器的“心”，才会愿意把它们接纳入县域的关系网之中，而作为“回馈”，百姓们同样自然会对媒介 / 机器的“身”进行照顾，具体而言就是县级融媒体中心可以在当地立足，宣传思想，引导舆论。

而县级融媒体中心如何对百姓的“身”进行照顾，“服务群众”并非单纯的口号。其在建设中首先要惠及民“身”。在这里，笔者提出“双轨发展”这一思路：“礼治”为表，“法治”为里，礼法双轨一线。首先，县级融媒体中心在公共服务的板块建设方面，要进行秩序的再造，而再造的基本原则是照顾民“身”。具体措施包括，通过电子政务的形式，精简办事流程，优化办事空间，增加人情互动。我们发现在大中型城市实施电子政务的模式切切实实为群众带来了方便，其中一个重要原因就在于通过媒介的引导减少甚至消除了与办事人员接触的可能。因为城市中人情的磁力场的作用范围基本失效，与陌生人打交道反而会显得尴尬、生硬。而在县域、乡土社会却恰恰相反，通过田野调查，笔者发现，县域社会的百姓在办理政务的过程中，反而更喜欢与办事人员接触、寒暄，表达情况与诉求。因此在秩序再造的过程中，我们不能单纯认为只要精简了办事流程，提高了办事效率就可以获得群众的“心”，我们在建设过程中更应开一个“口”，倾听百姓的诉求、寒暄、唠叨甚至接受百姓对办事员的关怀。一方面做到办事方便，一方面做到畅通交往。办事方便、流程规范为法治的内核，而畅通交往、增加互动为礼治的精髓，最终达到百姓对媒介—受众这组二元关系的认可。而具体如何利用县级融媒体中心的媒介特性来做到并实施，笔者认为，人工智能技术的引入或许对于县级融媒体中心的公共服务板块建设提供了一个方向，而这有待进一步思考。

四　法制观念与法制规制：县级融媒体中心的调解融通

在受众与媒介的关系操演过程中，实际上无形地加强了受众的法制思维意识，而这对于县域法制建设具有重要的作用。县级融媒体中心对于县域法制建设是来源于两个方面的，其一县级融媒体中心利用广播、电视、新媒体进行直接的法制思想宣传；其二则是利用秩序再造与优化使得受众体会到秩序的法制化、规范化对其“身”的照顾，对其“心”的惠及。显然，后者是与受众联系更为紧密的。强制的、生硬的宣传与改革，在一定程度上会遭到当地百姓的反对、拒绝。因此，县级融媒体中心在其中起着重要的“调解员”作用。依法治国是党治理国家的根本方针路径，也是中国迈入现代化强国的必然选择。然而，全面建成法治社会并非一朝一夕的事情，根植于中国传统文化土壤的中国人情世故与乡土现实情况，却要求我们有“谋略”地推进县域法制。而县域法制的建设是极具中国特色的，是充满“人情味”的法制。因此，县级融媒体中心的任务将更为艰巨，它不仅仅是信息传播的媒介，公共服务的媒介，更是法与情的媒介。在县级融媒体中心的调解融通下，乡土社会的“情”溶于规范的管理，制度的施行渗透着“情”的气息，受众的思维才会由人情转化为法制，却又不失人情。一旦法制不再作为群众之规训，而是群众的主动思维，那么县域治理才不会有失公允，县域法制才能真正贯彻到基层。法治同样需要得人心。因此，对于县级融媒体中心的公共服务的建设则更加不容忽视，而其的建设更需要以一种“自下而上”的思维“自上而下”或“上下一体”地开展，这对于推进社会主义法制建设具有重要意义。

第四辑

传媒教育与高校实践

语境、形态与反思：九十年代以来中国电视新闻评论节目变迁

欧勤扬　颜春龙*

从1958年北京电视台开播至今，中国电视事业已经步入第六十个年头。中国电视事业的发展由“小溪”到“江海”，进步之大、发展之快为世界所瞩目，这其中，电视新闻节目扮演了至关重要的角色。在电视新闻节目中，电视新闻报道是基础，为人们传递国际国内最新的事实性信息，而电视新闻评论作为与新闻报道并驾齐驱的重要版块，主要为人们提供的是意见性信息。如果说电视新闻报道为人们打开了向外看的窗口，那么电视新闻评论则是指引人们“怎么看”的眼镜。毫不夸张地说，一个电视台新闻节目质量的高低，很大程度上取决于电视新闻评论节目质量的高低。

国内最早的电视新闻评论节目应当是中央电视台的《观察与思考》，这个栏目的策划、酝酿开始于1979年，1980年7月12日正式开播，节目将评论融于新闻报道之中，标志着我国电视文化史上第一个具有时新性、政治性的专题性评论栏目的诞生。该栏目成立之初就有着较为明晰的定位：通过对某个新闻事件的调查、分析，说明某个道理，引起受众

* 欧勤扬，男，重庆市奉节人，博士，重庆师范大学新闻与传媒学院（新媒体学院）讲师，主要研究领域：传播理论、新闻业务。

颜春龙，男，江西永新人，博士，三级教授，美国布法罗纽约州立大学传播系访问学者，重庆师范大学新闻与传媒学院院长。主要研究领域：广播电视文化、新媒体传播。

思考，以发挥舆论导向的作用。1988 年 7 月，《观察与思考》与《社会瞭望》合并，并更名为《观察思考》。这一档经过优势整合后的节目，在选题范围、评论角度都得到了较大的进步，特别是将关注的视角从为政策做注脚扩展到聚焦社会关注的热点和敏感点。虽然取得了一定的社会影响力，但如孙玉胜所说，这一时期“中国的电视新闻还只是处于报道阶段，分析与评论的时代还没有完全到来”。[①] 进入到 90 年代，中央电视台开始进行大刀阔斧的新闻改革，于 1993 年成立新闻评论部，并陆续推出了《一丹话题》（1993）、《东方时空·焦点时刻》（1993）、《焦点访谈》（1994）、《新闻调查》（1996）等电视新闻评论节目。特别是《焦点访谈》的开播，不论是在新闻评论理念转变，还是在节目形态改进，都使得“电视新闻评论”初具形态。涂光晋认为，“《焦点访谈》的开播，是电视评论栏目进入一个新的阶段的标志”[②]。随后，各地方电视台陆续跟进，新闻评论节目在全国各地遍地开花。可以说，中国电视新闻评论节目在 90 年代后开始进入快速发展的时期。

一　社会语境的变迁：中国电视新闻评论节目发展的现实逻辑

今天，当我们谈及 90 年代以来中国电视新闻评论的发展繁荣时，不能回避的就是对中国社会语境变迁的分析。应该说，社会语境的变迁与电视新闻评论节目的发展与演进存在着直接的关系。

首先，自 20 世纪 90 年代始，中国进入了以市场经济改革为先导的社会转型期。中国的社会转型，不仅可以看作是从工业社会向后工业社会的转变，也可看作是传统社会向现代社会甚至是后现代社会的转型，这其中的复杂性不言而喻。在市场机制的促动下，传统权威被打破，社

① 于松明：《电视新闻评论节目形态探析——以央视和凤凰卫视部分新闻评论节目为例》，《中国电视》2008年第11期。

② 涂光晋：《时代之“声”——新时期中国新闻评论研究》，中国人民大学出版社2011年版，第258页。

会阶层、社会身份流动性增大，人们的利益诉求日渐多元，思想观念日益“碎片化”[①]。政治、经济、社会、文化观念差异明显，乌尔里希·贝克所言的“风险社会”特征凸显。这一方面增大了舆论引导的难度，另一方面也显示出电视新闻评论整合社会观念、引导舆论的意义与其现实性。

其次，社会结构转型的复杂性，投射到新闻传媒领域，就是新闻业的冲突与融合。冲突体现在媒介之间的竞争，有时候甚至是恶性竞争，导致媒介生态恶化，进而对社会、文化、政治生态产生负面影响；融合则是各种媒介呈现出的多功能一体化的趋势，对社会具有整合性的作用，比如在信息采集、新闻表达、策略以及所有制和结构的融合。这一“反”一“正”的表征，促发传统的电视传播理论与实践、发展策略、监管体制都要做出大的变革。具体来说：在媒介多样化的生态中，媒体之间的职能逐步细化，产业与产业之间的功能融合逐步凸显。传统媒介与新媒体，实现了信息的流动与功能的互补，一方面，新媒体为传统媒体提供了大量的信息资源、广阔的渠道以及新技术表现形式；另一方面，传统媒体为新媒体提供了高质量的内容。与此同时，被动消极的受众观念完全被更为主动的、积极的受众观念所取代。受众能够在不同的媒介之中选择自己需要的信息，接受与自己已有价值相似的评论，他们已经改变了传播者为主导地位的格局，成为传播活动中的主体。这就要求电视新闻评论节目也应该做出相应的调整。

再次，在媒介融合背景下，就具体的电视业来看，也经历着巨变。以互联网为代表的新媒体分流电视受众，挤占电视新闻评论的空间。具体体现在：一是电视评论的舆论引导主体地位下降。电视新闻评论不再是绝对权威，而以互联网为代表的新媒体，其主流媒体特征逐渐明显。在绝对数量、年龄结构、学历构成等方面都更占优势的年轻受众更愿意选择新媒体进行新闻搜索、意见信息阅读与表达；二是互联网的开放性

① 社会学学者李培林认为，碎片化是指人们在经济、政治、文化、生活等各领域的行为策略和社会态度，不再是按照传统的阶级模式分野，而是根据具体的焦点问题产生不同的分野。参见李培林《社会冲突与阶级意识——当代中国社会矛盾研究》，《社会》2005年第1期。

与互动性使得互联网上的舆论主体呈现多元化特征，官方色彩淡化，使得舆论引导更体现民主性。舆论引导原有格局被打破，“官方话语”与“民意”开始变向对立，这使得电视评论节目的舆论引导易从主动引导陷入被动。尤其在公共事件中，相比于精英身份的电视新闻评论，网络传播直接反映和表达社会弱势群体的利益诉求；三是媒体融合趋势明显，电视日渐融入网络，除传统的地面无线、有线电缆、卫星电视外，新增加互联网、移动通信网等传输渠道，受众接收终端也多元化。传统电视业“点对面”的传播模式改变，电视受众接收方式、接收时间和地点不确定性增加。2014 年，党中央做出推动传统媒体和新兴媒体融合发展的重大战略部署，如何在多样化的传播媒介形态以及传媒变局中把握电视新闻评论节目的改革，促使学界业界不断思考与实践。

最后，中国舆论生态流变促进电视新闻评论节目进一步发展。这是中国最为民主化的时代，时代呼唤言论自由，活跃的言论有助于舆论环境健康发展。但中国依然处于社会主义初级阶段，讲究舆论一律与舆论不一律的统一。而如何做到舆论一律，这就为中国特色的电视新闻评论提出了较高的思想要求。从某种意义上说，中国电视新闻评论节目是中国国家意识的排头兵，它们的水平直接代表中国媒体的形象和水平。因此，节目如何在议题选择、呈现形态、话语方式以及思想水平上不断提升，是电视新闻评论节目演进过程中的实践逻辑。

二　因应与调整：九十年代以来电视新闻评论节目形态创新

因应着上述中国社会语境的变迁，电视新闻评论节目也不断地调整自身，根据不同的传播理念与节目定位，调整着节目形态、表现手法、话语方式与风格等。在 20 世纪 90 年代初，当时的电视新闻评论节目的传播理念和节目定位在现在看来，只是将电视新闻评论视为报纸评论、广播评论的延伸。随着对电视媒介特性的深入认识以及经验的积累，业界逐渐认识到电视媒体与平面媒体在制作新闻评论内容时的诸多差异，特别是运用镜头、画面表达思想与阐明观点的能力。

中国电视台作为国家级电视台，在电视新闻评论节目形态创新方面，一直独占鳌头。《焦点访谈》作为90年代标志性的电视新闻评论节目，一度成为主流模式。"《焦点访谈》常见的节目结构模式是：演播室主持人评论（1分钟左右）+新闻事实陈述及分析（10分钟左右）+演播室主持人评论（1分钟左右）。"[①]可以看出，《焦点访谈》新闻事实陈述部分所占比重很大，往往以调查和披露过程来呈现媒体的立场，纯粹评论性的部分时长很短。1996年，央视推出了《实话实说》栏目，该节目针对既定话题，主持人与现场嘉宾、现场观众互动，作为第一个电视谈话类新闻评论类节目取得了巨大成功。2003年，央视再次推出评论栏目《央视论坛》，标举"透过现象看本质"，直接邀请资深的专家、学者到现场进行讨论，主持人对讨论的主要观点进行归纳，使得电视新闻评论的形式更趋多样化。2010年以后，随着社交媒体、自媒体的普及，大数据、人工智能、VR、AR技术的应用，电视新闻评论的媒介环境再次发生较大变化。

涂光晋在21世纪初对电视新闻评论节目的形态做出过概括，认为有三种主要节目形态：谈话式评论、电视述评、主持人评论。这些年来，我国电视新闻评论节目在诸多标杆性节目的引领下，创新出多样化的节目形态，不同的节目形态对于议题选择、主持人的角色、评论话语特征、受众参与程度、新媒介技术运用等，有着不同的凸显。我们总结大致有如下六种形态：

（一）一对一的互动评说

这种形态较有代表性的节目主要有央视《央视论坛》《新闻1+1》等。这类节目一般来说关于国计民生的重大问题，多涉及政治、经济、法律、教育、文化产业等专业领域。主持人与新闻评论员电话连线，或者直接将新闻评论员请到演播间，双方一问一答，有些类似对专家的采访，以此展开对话，阐述观点。新闻评论员以受访专家或特邀嘉宾的身份出现。

---

① 张丁：《敬一丹电视新闻评论主持语言表达特点》，《语言文字应用》2012年第3期。

评论员对所谈领域有深入研究，能有效整合观点，分析现有新闻材料，有理有据进行论证。他们提出的意见有较强倾向性，建议具有可操作性。

（二）“舌战群儒”——群体式评说

这种形态以凤凰卫视《时事辩论会》为典型。在节目中，除了主持人程鹤麟或者黄海波之外，一般还会安排三个“到会”评论员，他们的身份一般是资深媒体人、大学教授和专业学者。既有媒体的视角，也有专家学者对新闻事件的视野开拓，同时在评论过程中，形成正反相对的观念冲突，使得节目形成了内部的张力，节奏紧凑而紧张。开场白轻松闲逸，“各位好，欢迎参加时事辩论会，我是会议主持人程鹤麟”，或者是“开会了”“欢迎参加时事辩论会”等，紧扣节目轻松休闲的功能定位，同时不忘评论之要务。这种节目不是为了形成某一个辩论结果，而是观点的碰撞，启发受众能从多元的层面理解新闻事件，洞悉事件的不同角度，从而对事件的本质会有一个更为透彻的理解。其实直到节目结束也未必能达成一个共识性的观点，评论的过程可谓是一场观点的交锋，目的无非是评论事件的真相随着话语的交锋而越辩越明。在这类节目中，评论场所给予了每个评论员，包括主持人平等而开放的评论环境。虽然观点甚至可能是相对立的激烈交锋，但辩论的形式还是“笑谈”和“尝试说服”，重视评论过程以及过程中的包容性。

（三）脱口秀评论

这种形态的节目以梁宏达主持的《老梁故事汇》为代表。这类节目以社会新闻为主，通过调侃时下社会热点，将观众带回到与这些热点相关的老故事或者民间轶闻、名人轶事之中，内容不拘一格，穿越古今中外，评论类同于评书、相声，让观众在轻松故事中得到放松。这类节目内容的真实性有待考证，因为它的节目定位和功能更多的是偏向于娱乐节目和休闲娱乐功能。之所以将其略显勉强地归入电视新闻评论节目，主要是主持人在节目过程中，嬉笑怒骂、将评论有时杂糅于叙述中，看似不经意，却能潜移默化地影响观众。这类新闻评论节目主要特点就是评论的幽默和灵活，有的甚至以娱乐化的方式包装闪烁着真知灼见的评价和意见。但是说从新闻评论的角度审视以《老梁故事汇》为代表的脱口秀评论节目，可以发现，这类节目最大的弱点主要有两点：第一，新闻事件的时效性薄弱，往往存在炒冷饭的现象；第二，观点的新颖度不足，娱乐性战胜了新闻性、思想性。

（四）正反方擂台——对抗式评说

这种形态的代表节目以凤凰卫视的《一虎一席谈》为典型。节目邀请对当期话题感兴趣的观众到场，并积极发表意见，表明态度。对到场的观众不限定社会地位的选择标准，每个人都得到平等的发言权利。主持人、到场嘉宾以及观众，各自秉持不同的个性化观点和理念，形成话题的激烈交锋，在正反方的辩论中达到对新闻事件的全方位认知。因为对评论主体身份、观点和话语方式的巨大宽容度，评论主体一般都表现出言语的犀利和观点的个性化，自由发挥的空间较充足。在以《一虎一席谈》为代表的辩论式评论节目中，完全颠覆了传统传播方式“传—受”的单线型模式，抛弃了预设宣讲内容的规定做法，尊重每个评论主体的评论权利，不刻意维护现场秩序，从而赋予现场观众可以随时插话，表达自己的个人意见，真正构建了一个公共话语空间，成为中国代表性的大型“辩论式思想性”的新闻评论节目。

（五）述评穿插“读新闻”

这种形态的代表节目主要有凤凰卫视《有报天天读》、江苏电视台城市频道《南京零距离》之前的《孟非读报》。这类节目其实是改进后的新闻报道节目，随着新闻由“传播时代”进入“解读时代”，受众对新闻信息的获取期待，已经由前些年的信息获知，逐渐转变为意见的沟通，观点的达成。这类评论类型的出现之初，应当首推电视读报节目。电视读报节目的形态并非在电视媒体原创，而是借鉴“报纸摘要”的结构方式。早在1950年，广播媒体上便出现我国最早的读报节目，即中央人民广播电台的《首都报纸摘要》。比较成熟的电视读报节目形态，源于凤凰卫视2003年推出的《有报天天读》。电视读报事半功倍的关键在于作为新闻评论员的主持人本身的洞察力和语言表达能力，要求主持人善于在转述观点、传递新闻信息的同时瞬时进行再次信息再加工，信息呈现和观点表达穿插进行。因为在限定的时间内既要播报新闻，又要提升新闻意义、挖掘问题，所以整个节目内容充实，信息丰富，节奏明快，点评言简意赅、能触及问题实质，观点犀利。

（六）融媒体电视新闻评论

这种形态的代表节目以《新闻深一度》《中国舆论场》《闪电舆论场》等为典型。随着新媒体技术深度介入到新闻传媒业，媒介传播进入融媒体时代。电视媒体不断加深与新媒体的互动融合。2010 年，浙江卫视《新闻深一度》首创网络与电视实时互动的新闻评论模式；2012 年南京电视台《亮见》开启与网络同步直播、深度合作的全媒体互动新闻评论形式。地方台在媒体融合过程中，反应迅速、激动灵活、不断创新的强劲势头，大有超越央视之势，这也倒逼央视不断做出改革。2013 年《焦点访谈》改版，节目形式和节目内容进行了较大幅度的改动，节目中增加诸多新技术元素，特别是在与观众互动方面，利用各种新媒体平台，搜集百姓声音。2016 年，央视推出全国首档融媒体新闻评论节目《中国舆论场》，凭借国家级电视台在硬件设备、技术和资源等方面的优势，该节目引入“3D 虚拟在线观众席”“大数据可视化”和“舆情监测网”，并结合“实时投票点赞”等互动措施，全面拓展与观众的线上线下互动，实现了新媒体与电视媒体在内容渠道等多个层面的深度融合。之后，山东卫视推出《闪电舆论场》，江苏公共频道推出《看头条》，节目形态与《中国舆论场》相似。

以上六种电视新闻评论节目形态仅就当下电视新闻评论节目现状而总结的，并不排除今后会产生更加新颖多样的电视新闻评论节目形态。但是，万流归宗，不论以哪种评论形态出现，中国电视新闻评论节目职责都不能偏离新闻评论的政治敏锐性和舆论的引导功能，注重疏导社会情绪，将评论话题分解转换成普通百姓易于接受，乐于接受的语言，服务于公共话题，服务于受众，并充分保障受众的话语权。

三　问题审视：电视新闻评论节目发展的三重博弈

目前，中国电视新闻评论节目形成了以央视为领军、地方台为主体的节目集群，节目形态多样化，形成“多点开花”的态势。电视新闻评论节目在传递党和政府主流声音、整合社会观念、社会舆论引导以及理性表达方面发挥着重要作用。但就目前的运作来看，我们认为，还存在着一些急需厘清或解决的困境：

（一）主持人或评论员的“全”与“专”的博弈

2009 年，央视正式建立自己的电视新闻评论员队伍。其中包括特约评论员、本台评论员和身份自由的专家型评论员。央视特约评论员首次亮相，是在 2009 年 7 月 27 日播出的《朝闻天下》节目当中。特约评论员杨禹与主持人连线，这天直播新闻评论创下了当年《朝闻天下》的收视率最高点。本台评论员很多时候是主持人兼任，比如《焦点访谈》《新闻 1+1》的劳春燕、白岩松、董倩等，既是主持人，又是本台评论员。身份自由的专家型评论员与电视台关系松弛，为国内某个领域专家。比如《中国舆论场》目前共邀请了包括军事专家杜文龙在内的 17 位相关领域的专家学者来分析实事，解答受众问题。对于评论员表现与风格的社会评价，特别是对评论员的“全”与“专”，受众表现出了两极化的评价。

一种评价认为，主持人或评论员对国际、国内、政治、经济、文化等所有社会领域议题“全面”的评价，不仅能形成节目较为一致的风格，各领域之间相互关照审视，还能开阔评论的视野，使得评论立意高远，思路清晰。特别是央视建立评论员队伍的早期，杨禹作为特约评论员，在《朝闻天下》《新闻直播间》《东方时空》《环球视线》《共同关注》《焦点访谈》等多个新闻节目担任新闻评论员。很多受众称赞他善于用电视语言解析复杂经济现象和重大时事新闻，对新闻事件的评论犀利幽默、一针见血。还有《新闻 1+1》的主持人兼评论员白岩松，对多个社会领域议题也都能发表具有针对性的意见与评价。

另一种评价则相反，认为评论员表现出的无所不知和无所不晓的“全面”式评论风格，令受众难以接受，应该具体地专业领域由专家型的评论员来评论，要讲求“术业有专攻”。有些观众批评杨禹在央视新闻评论节目中，国际、国内、政治、医疗、经济、农业等任何相关问题都加以评说，反而显得泛泛而谈，缺少富有新意的观点和鲜明、锐利的态度，观点四平八稳，甚至有官方代言人的倾向，广大受众无疑期待更为专业精深的新闻评论。然而，专家型评论员的“专”在电视新闻评论方面也可能存在“转化”方面的问题。虽然专家们思维缜密，理论充足，却容易出现长篇大论的情况，这对于对时效性要求很强的电视媒体来说并不是优势。专家全面系统的评论能够更好地解读问题，但也容易造成阻碍节目进程，打乱节目节奏的后果，也有可能因为时间较长降低受众的注意力，使其产生疲惫感。此外，专家的语言有时候过于专业、生僻，许多文化教育水平没有达到一定程度的受众难以理解，可能会影响观众对评论内容的理解。而这都应该在以后的实践中极力厘清与平衡。

（二）“硬化”与“软化”的博弈

从这25年的发展状况来看，电视新闻评论节目很容易滑向两个极点：第一个极点在20世纪90年代乃至21世纪初较为常见，就是话语方式过于官方。主持人或评论员时常扮演着发言人的角色，将任何评论题材都引向同一时期的官方主导舆论，缺乏个性，“硬化”处理印记明显，从而使得评论话语乏味、观点难出新意；第二个极点在近年来较为常见，就是过于迎合民众的低俗化口味，过于通俗化。这是在中国媒体走向市场化最为突出的一个负面表征。有些新闻评论节目在进行新闻评点时，利用电视节目声像语言的感性特征，围绕新闻事件进行放大式、夸大式或散射式的“故事”编织，对新闻事件进行“软化”处理，以达到哗众取宠效果。这类经过软化处理的过于通俗化的“故事型”新闻评论，故事情节多于意见表达，虽然在一定程度上提高了新闻的易接受程度，满足了受众对故事情节的好奇心理和对涉事新闻人物的“窥私”欲，但是一味地以满足受众、取悦受众为评论新闻事件的单一视角和方法，不仅降低了节目品格，对电视文化的健康发展起到了消极作用，还对正确的社会价值观念塑造产生负面影响。一个广受批评的案例，就是2012年贵州卫视《新闻当事人》栏目中一期“我为狗狂”的节目，评论嘉宾郭某爆出惊人之语：“其实流浪狗有很好的去处，就是餐桌或者人的肚子，其实我们可以把它们吃掉。”作为有文化、有素养的学者，讲出这种观点已经失去了对生命的尊重。

其实，一档电视新闻评论节目水平高低或专业与否的判定，并不是来自新闻的“软化”或“硬化”处理的简单区别。“软化”或“硬化”的选择表现出电视新闻评论员根据新闻题材的不同所作出的不同处理方式，从而形成电视节目形态和风格的差异，“硬化”处理的新闻评论给予受众更多的意见性、观点性信息，满足了受众更高层次的理性诉求，而“软化”处理的新闻评论更多倾向于讲故事，讲述更多传奇故事，从而满足受众日常的休闲需要。从实质来看，就是如何处理好“讲道理”与“讲故事”的关系。

（三）形态与内容的博弈

电视节目是由形态和内容两大方面组成的，“形态是内容的形式载体和结构方式，是对内容的处理方式、表现方式”[①]，而内容是节目的制作导向。内容决定形式，形式服务内容。近年来，电视界出现了一种对形态创新的狂热，特别是对新媒介技术的大量使用，忽略了对内容的深度挖掘和议题的全面呈现。以当前广受好评的《中国舆论场》为例，该节目大量运用和整合多媒体与互联网技术、虚拟现实技术等，在交流互动方式上，实现“大屏连小屏”的跨屏传播，为的是增加节目与受众的互动性，带给受众一种真实感。但这种互动性仅流于表面形式，在一个小时的节目流程过程中，各种互动环节的叠加让时间安排非常紧凑，这就使得观众与嘉宾的讨论达不到多维层次，不能达到节目与受众在思辨中的深度交流；而虚拟现实技术虽然在一定程度还原了新闻场景，但过多使用，对于新闻节目的严肃性也会造成影响。同时，虽然《中国舆论场》基于大数据的议题选择，也逐渐出现了单一化的倾向，军事议题占比逐渐升高，这就造成了评论选题的盲区。我们认为，大数据仅仅呈现了结果，并不能替代新闻评论节目及其主持人、评论员的分析、阐释与点评，过于重视数据，严谨有加但人文性不足。此外，电视传播属于典型的线性传播，传者的传播和受众的接受行为同时发生，其特点是稍纵即逝，传

① 谭天：《论电视节目形态构成——一种利用节目研发的理论模型》，《现代传播》2009年第4期。

播与接收同时进行。电视节目的声画语言等构成元素更多的是感性材料，受众达成理性认知则还需要一定的时间成本。电视的这种传播特点决定了电视新闻评论的内容要避免过于抽象化、概念化、数据堆砌以及空洞的分析和推理，具体来说，最重要的措施在于对选题的准确选择与平衡把握。

四　中国电视新闻评论节目的成长空间

第一，要做到理论高度与观点平衡度的要求。在当下多元而丰富的媒体环境中，一件新闻事件的发生往往会引发众多受众来自不同视角的认知，以及不同话语方式的表达，在这些众多观点中，甚至可能互相对立，产生观点和话语的激烈交锋。而承担着举旗定向使命的电视新闻评论节目，应当如同舆论风暴中的“定海神针”，站在更为宏观的视角和高屋建瓴的高度，对充满冲突的不同意见进行沟通，从而达到舆论和意见的平衡。不仅要引导广大受众进入新闻事件表象下的本质认识，更为冷静地分析看待问题，更要营造出理性、客观的“舆论场”“意见场”，在新时代的中国发出最强音。

第二，加强新闻评论员素养培养。电视新闻评论的深度来自于知识和素质的力量。在当前观点纷杂、“人人皆可为记者”，人人皆可发表评论的媒介现实环境中，电视新闻评论员需要重新建立自我的“评论素养”。这种素养更集中于评论员自身自觉的知识积累和思维锻炼，同时，面对电视镜头的语言即时组织表达能力，以及对新闻事件评论角度的准确切入，多元化思维方式的立体分析能力都是当下社会文化语境中电视新闻评论员的评论素养。

第三，新媒体语境之下对娱乐化思潮的警觉。在消费社会和新媒体语境的双作用力，很多电视节目也难免受到外界的干扰。格雷马斯指出，在炒作的年代里，“真实与确信、知与信之间的区别尤为明显”。权威的电视新闻评论节目易于得到受众的信任，从而愿意确信观点的准确与真实，再次验证了“信誉匮乏的社会里反而涌现出众多盲目轻信的潮流，世人皆受骗于一些政治的、说教的、广告的话语”，在“认知判断高于事实判断”的忠告指引下，“最终审核真言的确信却是一个渐进的和相对的概念，信仰则是一个脆弱的东西”[①]。电视新闻评论节目尤其是标杆性节目，应当格外珍惜受众赋予的优势话语权力以及广大受众对节目、对其评论员及其言论的信任，尽量降低娱乐化思潮对新闻评论的冲击力。

第四，在保证内容生产质量基础上，尽量满足受众群体的互动需求，提高观众的参与程度，保障受众的话语权。福柯的话语权力观认为，“知识拥有权力，权力生产话语，这种权力能够让一部分话语成为强势话语，而让另一部分话语收到压制”。[②]对于大多数电视新闻评论节目来说，介入的新闻评论员基本上都是行业专家或领域内的权威人士，虽然这能有效发挥舆论引导和意见传播的效果，但受众话语的“能见度”是非常低。《中国舆论场》是近年来给予受众话语权最充分的节目，但基本的模式还是“一问一答”，嘉宾（评论员）针对观众的问题发表意见，专家的权威话语更占优势。将来的节目创新，可以在新闻评论员队伍构成上求新，大胆引入民间评论人士，甚至普通老百姓，从公众性的角度完善电视新闻评论的合理与公正。

结　语

2018 年 8 月，习近平总书记在全国宣传思想工作会议上指出，“中国特色社会主义进入新时代，必须把统一思想、凝聚力量作为宣传思想工作的中心环节”。电视新闻评论节目聚焦社会生活中发生的大事要事、普通民众关心的社会热点和难点，剖析现象、认清本质、解释矛盾、承载思想、表达价值、传播观点，以思想的分量赢得话语的重量，是新时

① ［法］A. J. 格雷马斯：《论意义：符号学论文集》，吴泓缈，冯学俊译，百花文艺出版社2011年版，第115—116页。

② 转引自李东晓《福柯的话语权力观与“沉默的螺旋”》，《中国传媒报告》2010年第1期。

代做好新闻舆论工作的重要组成部分。回顾中国电视新闻评论节目自 20 世纪 90 年代以来的发展与创新，我们相信，未来中国电视新闻评论不仅会继续为中国新闻事业的繁荣做出贡献，也会推动新时代中国特色社会主义事业的进程。

如何培养“有尖、有棱、有底”的金刚石型人才
——新闻传播应用型人才“331 素质”培养策略探索

夏维波*

面对媒体变革和全球传播竞争加剧的形势，国家提出推进媒体融合发展，提高中国媒体传播力、竞争力的战略要求。从人才培养的供给侧视角，借鉴当前新闻传播专业教育的经验得失，笔者认为应建立一种以新闻传播应用型人才“结构性素质”培养为目标的课程、教学与评价体系（以下表述为“331 素质”培养策略）。

一　建立“331 素质”培养策略的三个前提性思考

1. 新闻传播应用人才是技能本位、能力本位，还是素质本位？

应用型人才培养，国外的职业教育早有实践。一种主张是强调技能本位（MES），注重岗位性的职业能力培养，但这样的人才后劲不足，而且缺乏对业态变化的适应性；另一种主张强调能力本位（CBE），注重职业通用能力的培养，但在用户时代，产品竞争力不仅需要人才的专业能力，专业价值观、文化驾驭力、生活的体验与认知等也是人才素质极其重要的部分。

在探索应用型发展之前，国内高校更多地强调素质本位的教育。如

* 夏维波，男，吉林师范大学新闻与传播学院院长。

浙江大学的KAQ模式（1995），即知识（Knowledge）、能力（Ability）、素质（Quality）并重模式；同济大学的KAP模式（2000），即知识（Knowledge）、能力（Ability）、人格（Personality）三位一体的全面素质教育和复合型人才培养方式。素质本位教育模式强调“宽口径、厚基础”，能保证人才发展后劲，适应业态的变化，这是应用型教育应当借鉴之处；但其对素质设定宽泛，没有解决专业性核心素质及其结构关系，没有突出实践能力，且知识、能力、素质之间涵盖关系也没有厘清。

应用型、素质型或复合型等的人才培养目标在操作中容易出现简约化倾向，要么片面强调操作能力；要么缺少对具体结构性素质的设计。就新闻传播应用型人才培养而言，单纯的技术本位和能力本位思想，不能符合“技术为王”和“内容为王”的业态需要，也不尽合马克思主义新闻传播观对人才培养的需要；我们应考量技能、能力、素质三种教育理念的优长，建立一种具有新闻传播应用型特点的结构性素质理念。

2. 当下新闻传播人才主要存在什么问题？

参照媒介变革和提升媒体传播力、竞争力的需求，目前新闻传播人才存在的主要问题是：其一，人才能力结构单一，还徘徊于传统业态，还不能有力地支撑媒介融合发展创新；其二，缺少文化生产所需要的文化驾驭力。人才的知识视域只囿于专家学者建构出来的专业知识体系，不是有精神血脉的基于专业实践的活知识；同时，更缺少新闻传播产品内容生产所需要的文化底蕴；其三，缺少新闻传播产品竞争所需要的创新能力。新闻传播产品的传播力来源于产品核心竞争力，产品核心竞争力的关键是产品生产人才的创新力。

3. 当下新闻传播人才课程与教学存在什么问题？

在课程设计层面存在“三个缺少”。

一是缺少课程意识。教师只研究本专业领域的知识和学术，普遍缺少对基本课程知识和国外课程改革经验得了解，将课程简单理解为课程设置、课表运行，将课程混同于教材，将课程意识混同于教学意识，没有将教学大纲升级为课程标准。教学管理层面没有将人才培养方案升级为课程方案， 人才培养缺少科学的科学化课程的支撑，课程对人才培养的目标性、结构性、整体性功能没有充分也发挥出来。

二是缺少课程设计能力。对课程目标、课程类型、课程结构、课程评价的综合设计能力不足。课程目标缺少科学性，模糊不清；课程类型简单，就是简单的理论课程和实践课程，缺少国外的核心课程等类型；课程结构粗放，是国家课程、学校课程、学院课程的大拼盘，是必修课程和选修课程的简单嵌套；课程评价单一，缺少科学模型和理论支持。

三是缺少课程效能意识。效能是目标的达成程度，效率是单位时间内完成的任务量、效果关注的是学生对知识的习得结果。我们更多关注的是课程的效率、效果，而没有关注课程对人才素质目标达成的程度，特别是缺少行为性、生成性、表现型等课程目标的落实。

在教学层面上存在“五浅”。

一是教学对周围生活和传播实践的融入浅。知识与技能的学习没有建立在一个真实传播实践情境中，把专业教学与实习实践截然分开，用后来的实习实践代替平时专业学习中传播实践环境，新闻传播教学停留在一种由案例构成的虚拟语境中。案例不是来自周围的生活，来自周围传播实践，而是来自远方。教学不能介入周围的生活，便使教学只能停留在模拟层面，学生最终难以形成解决问题的能力。

二是学生对学习活动的参与程度浅。课堂教师占据主导地位，不以学生的学习为中心。知识性教学具有浮浅性，传媒知识内容的时尚性和传媒教师天然的表演性谬相缔合，使灌输式教学得到完美包装，教师精彩讲常识，课堂缺少学理，缺少深度，浅尝辄止，百家讲坛式的教学普遍；不注重利用丰富的数字资源，培养学生自主学习的能力。实践性教学停留在片面操作主义上，把实践能力培养简单化为单纯的操作教学，仿佛实践能力可以在简单的操作训练中形成，知行分裂，忽略高阶思维培养，忽视知识教学和人文素养积累，学生后劲不足，创造力不强，缺少迁移能力。

三是缺少深度思维。这一方面是教学内容浅，新闻传播专业的许多知识体系处于正在一个建构中状态，“概论”、“学”类的知识很多，这些内容多是浅表知识的堆砌，相当于百度百科知识的状态，对学生能力形成和思维建构意义不大。另外，以讲授为主导教学方式也导致学习过程中学生的思维状态只停留在记忆和理解层面，缺少对分析、评价、创造等认知过程的建构。

四是对学习工具和学习资源的利用程度浅。PPT 成为学生学习的唯一资源，教学没有引导学生去阅读教材和专业书籍，没有充分地利用网络资源、工作室、图书馆等，进行自主学习。

五是教学结果的要求浅。即教学目标没有设定在创造新知识、运用新知识、解决新问题的能力上。在教学结果上，只是让学生提交一份作业、一个作品，教师给一个成绩，就算结业。教学评价随意，没有很好地服务于核心知识、核心技能、核心思维的水平考查，没有核心能力过关意识。

二 “331 素质”预期下的人才培养定位

基于以上思考，我们把当下新闻传播专业的培养定位描述为：“培养有效参与时代所需的传媒产品生产与传播的应用型人才”。具体应包括以下能力：

1. 时代所需传媒产品的生产与传播能力

时代所需的传媒产品包括三个层面含义。首先它是党、国家和社会当下需要传媒产品；其次它依存于一个现代性的生产传播环境，即基于“互联网 +”和媒介融合的环境；再次它依存于一个全球性的生产传播系统。新闻传播应用型人才应既能与其生产传播环境适应，又能与其生产传播系统的具体环节对接。

2. 对发展变化的传媒业态能够“有效参与”

所谓“有效参与”，不是低端参与、单一参与、短暂参与，而应具有三个方面的参与能力：一是深度参与，即能介入新闻传播产品生产传播的核心环节、高地空间和前沿领域；二是能动参与，即人才能力结构与业界多元需求具有能力接口；三是能持续参与，即能适应技术变革，有功底，有后劲。

3. 具备“内容为王”和“技术为王”的“内外双功”

传媒产品自身的传播力主要由内容和技术两个方面构成，因此新闻传播应用型人才既要具备传媒内容生产所需的基本“内功”，又要具备传媒生产与传播所需的基本“硬功”。两者既要有所侧重，又要总体兼容，能够积极应对“内容为王”和“技术为王”的双重挑战，即“脑手并强，思创合一”。

三　“331素质”的结构及其形态

1. 一个终极素质（尖）

即传媒产品生产传播的参与力。受众时代新闻传播需要建立产品化思维，新闻传播应用型人才培养的落脚点也应是传媒产品的生产与传播。这个终极素质需要以下六种素质支撑。

2. 三项专业核心素质（棱）

专业核心知识。主要包括专业的基本原理、史的视野和业态的必要知识。

专业核心技能。主要包括语言与写作技能、产品生产传播技能、专业数字工具应用技能、视觉化技能、沟通与问题解决能力。

专业核心思维。主要包括以习近平新时代中国特色社会主义思想、马克思主义为指导的理论思维（逻辑思维）、文化思维、审美思维、互联网语境下的传播思维。专业核心思维是专业核心知识和核心技能训练的灵魂和归依。

3. 三个支撑素质（底）

马克思主义新闻观与文化观和专业精神：能将马克思主义新闻观与文化观内化为素质，外化为能力。同时以“四向四做”为核心培育专业精神，培养学生守时守约、责任担当，精益求精、坚持不懈，善于学习、不断创新，执行力强、有用户思维、有专业操守（做事的底线、专业的底线、职业的底线）等精神品格。

文化驾驭能力。使学生掌握某一领域的知识体系，如文化、经济、社会等，形成阅读与写作能力，具有文化的判断力，以适应“内容为王”的挑战。主要通过核心课程实现。

生活经验与认知能力。主要包括对生活、时代、社会和世界的体验与认知的能力，具体为生活体验、时代认知、国际视野、在地思维等。

4. “331 素质”的结构形态

“331素质”在结构描述上是一个正三棱锥体，其中“一项终极素质”、“三项专业核心素质”、“三项支撑素质”分别为三棱锥中的“尖”、“棱”、“底”（见图1）。“331素质”结构与金刚石分子稳定的正三棱锥交替链接的空间结构相类，因此我们把具有功底扎实、视野开阔、思维敏捷、能够实战的新闻传播应用型人才描述为“有尖”、“有棱”、“有底”的“金刚石型人才”，所谓“磨砺金刚钻，揽得瓷器活”。“331素质”之间的关系是：无尖不锐，唯尖不韧；无棱不专，唯棱不坚；无底不厚，唯底不用。

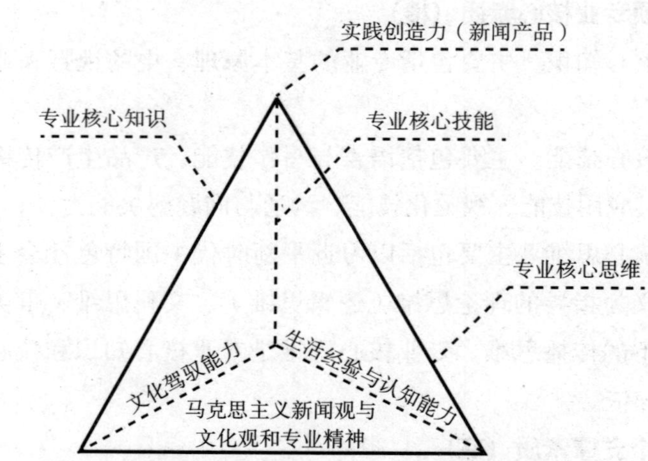

图1 “331素质”的结构形态

四 “331 素质”培养的课程路径

1. 建立服务于专业核心能力培养的“六条线”课程体系

根据新闻传播人才所需要的专业核心能力，可以建立六条课程螺旋线，具体为专业核心知识线、专业核心技能线、语言与写作线、专门知识领域线、审美线、传播实践线。六条课程线也是六条能力发展线，贯穿于具体课程模块与模组，螺旋上升，最终达成传媒产品生产与传播的参与力。六条线在课程内容上分为：公共课程、专业课程、专修课程、核心课程。公共课程主要包括国家课程和学院平台课程，专业课程主要包括专业基础课程和专业方向课程，专修课程主要包括在“全媒型”的基础上，服务于“专家型”人才培养的某一知识领域课程，核心课程包括外国文化、历史研究、文学研究、科学伦理思辩、社会分析。核心课程不是以专业为背景，而是以问题为中心，注重培养学生综合认知、社会与文化问题思考、研究方法等能力的综合课程。

课程线采用螺旋式结构，是借鉴布鲁纳的螺旋式课程结构的思想，以强化对一些专业核心知识与技能的建构，并考量到基础水平、丰富水平、高级水平等能力层级。

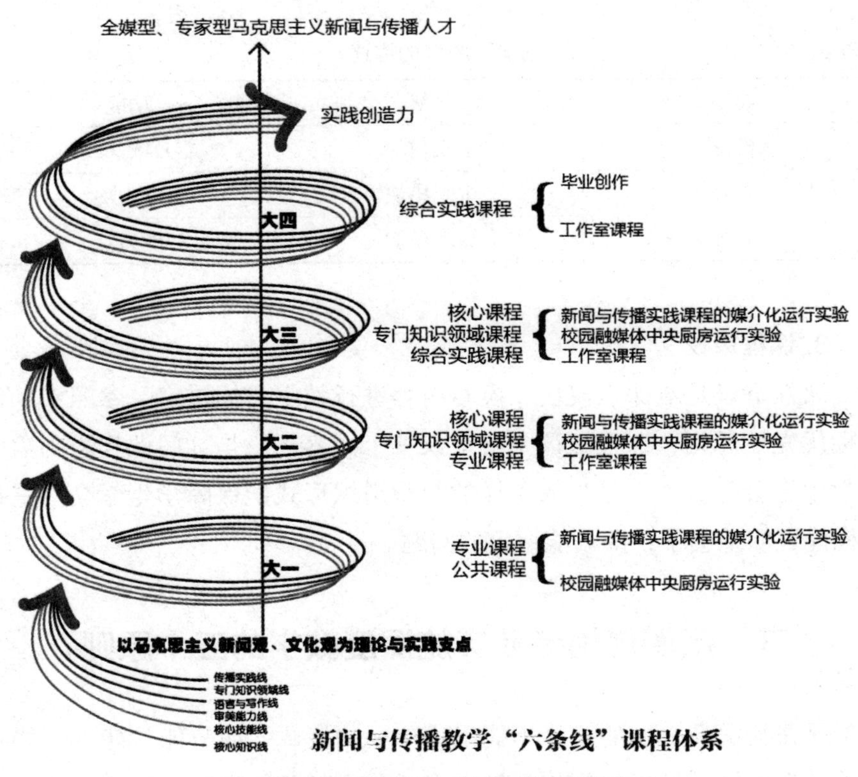

图2　新闻与传播教学“六条线”课程体系

新闻传播人才“331 素质”中，专业核心思维、专业价值观等内容，需要在课程教学、项目实践等过程中去培养，生活经验与认知能力需要在实习实践、校园生活等环节去建构。

2. 课程线的“三模”结构

所谓“三模”是指模块、模组和模芯。模块（Modul）描述的是某项专业领域的知识、技能与思维相统一的中观能力单元，是围绕特定主题或内容的教学活动的组合。一个模块在内容和时间上自成一体，有具体的模块目标、模块学分和模块检测。模块在形态上可以是学术课程、实践课程、综合课程，也可以是以问题为中心的核心课程，或以项目为载体的工作室课程。

相同功能的模块组成课程线，即模组，以区分不同的能力领域；模块包含若干具体的能力点（知识、技能学习的小单元），即模芯（见表 1）。

表 1　“三模”内容的描述

类型	层级	功能
模组	宏观模块	能力域（线）
模块	中观模块	能力项
模芯	微观模块	能力点

3. 课程审议

课程审议是对课程模块、模芯内容进行教学目标锚定。参照泰勒的目标优先性原则，课程审议主要审议三个内容：一是这门课程教师需要让学生学会什么，二是采取怎样的教学组织形式能保障学生学会，三是怎样能证明他会了，即效能评价的问题。

五　新闻传播专业实施深度教学的五个原则

提高教学高效能的路径不能采用单一的模式，而只能是建立一些新的关键性原则。针对新闻传播教学上述的“五浅”现状，借鉴以上教学效能研究理论成果，新闻传播专业的高效能教学可以把以下“五深”作为建构要素。

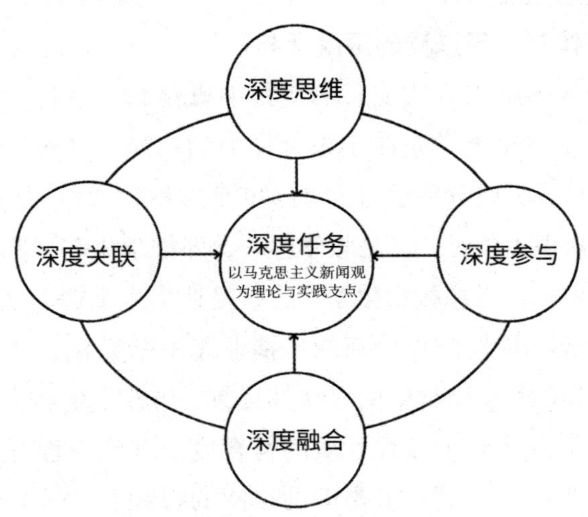

图 3　新闻传播教学的深度学习模式

1. 教学内容与现实生活和传播实践的深度关联

新闻传播专业的知识是经验性的，因此教学要建构对于生活和实践的参与性。新闻传播的课程与教学既要有全球视野，还要有在地思维，力图使教学关注远方的同时，还要积极介入地方，经验总在身边的生活中形成。因此，教学要研究周围区域内新闻传播发展遇到的问题，教学中问题的设置要基于身边问题的解决，教学过程要与身边的生活和新闻传播实践相结合。哪怕身边的生活与实践具有滞后性，这也为创造性经验的形成提供机遇和语境。国外的一些媒介融合发展案例标明，地方的媒体转型时代策略是“地方、地方、再地方”，新闻传播教育也要在对地方性参与中找到突破口（这里的地方性强调的是在地，不仅是地方高校可以这样做）。

生活和传播实践的经验环境可以在生活中搭建。笔者所在学院，确立“基于传播实践，进入传播实践，用传播实践来检验”的实践教学理念，尝试“传媒课程媒介化运行”试验，借助学院的APP课媒空间和校园媒体，把所有新闻与传播实践课程都整合起来，让课堂按照通讯社、编辑部方式运行，把学习结果做成新闻与传播产品在线播出，让学习过程实战化，学习结果可视化，效果很好。

2. 师生主体对学习过程的深度参与

首先在教学的组织方式上，应实行小班化和小组化。使学习小组与任务的对应，发挥每个学生在小组合作中的功能。其次，突出学生对于学习的主体地位，实现自主学习。陶行知把“教学”划分为三种情况，“一是教书”，即知识本位；“二是教学生”，即把学生需要都拿来给他们，是假的学生本位；“三是教学生学”，就是让学生掌握方法，发现问题、解决问题，形成经验性知识。新闻传播业态不断变化，知识与技术不断更新，因此教学必须建构学生的元认知思维，培养学生自主学习的能力。再次，强化教学方法对于课程性质的符合度。理论课程可以借助网络资源尝试“翻转课堂”（不一定要借助自制的视频），转变学生被动学习的现状，科学增加学生的学习负荷，让学生课下忙起来；实践性课程可以采用“任务驱动式学习”，把知识和方法融入一个具体任务目中，通过“做中学”来完成课程目标，高年级学生可以把“任务驱动式教学”发展为“项目式教学”，当这个项目也要具有教学功能。

3. 认知过程的深度思维

创新能力和实践能力的培养必须以高阶思维的教学为前提，借鉴布鲁姆和安德森关于教育目标分类学的思想，新闻传播专业的教学改革的一个关键就是要使学生要超越记忆、理解和应用的低阶思维阶段，进入分析、评价和创造的高阶思维阶段。实践能力培养不是简单技术能力的训练，要高阶把思维建构贯彻始终，陶行知早言“真正的做只是在劳力中劳心，用心以治力”，“用心思去指挥力量”，先行者面对还只是上个世纪一般民众的生活职业，而面对内容为王和技术创新双重挑战的新闻传播专业而言，其人才培养更要注重高阶思维的建构。在这个意上义，新闻传播教育决不能忽略专业核心理论、核心知识课程教学，不能忽略人文知识素养的积淀，否则学生就不能在纷繁的传播现象中，能把握传播规律，不能生产出具有市场竞争力的新闻传播产品，不能具有适应新闻传播业态不断变化的移能力。新闻传播教育不能培养缺少思维力思想力的新闻传播“力工”，否则便不会提升我国的媒体传播力。

4. 教学手段与数字工具和数字资源的深度融合

社会已进入媒介化生存时代，数字工具和数字资源的使用重塑了学习形态，推进了学习变革。深度学习就是要实现学生的自主学习、深度参与和深度发展，必须建立在新的学习语境的基础上，因此，加拿大学者富兰把数字工具和数字资源的使用作为“新教育学”的三个关键性因素之一。

数字工具和数字资源的使用要以服务于学生自主学习为价值取向。目前，由于某些学科的本位主义局限和部分企业的利益驱动，翻转课堂被简单化为微视频学习的教育神话，其本质还是被动学习的数字化推送，新闻传播教育要形成专业自觉，率先匡正这个误区。翻转学习可以与“抛锚式学习”相结合，使理论课成为一种基于“问题”的翻转，避免当前翻转教学遇到师生精力盲目耗费和课堂中心作用不强的问题。

5. 教学目标的深度结果

深度结果的内涵是学会新知识、运用新知识、解决新问题，这也是富兰所谓“深度学习”的“深度任务”。在媒介激烈竞争背景下，新闻传播教育当把培养能有效参与时代需要的新闻传播产品生产的人才作为目标。新闻传播人才要用产品说话，新闻传播教育必须向教学要可以呈现“结果”。每个教学周期、每门课程、每个学生都要有个显现的结果。深度结果需要一个深度的表征来呈现，它不应是一份考卷和一份随意性的作业，而要是一个有价值的研究报告或是一些有质量的作品。教学结果的催生要从教学起点上设计，可以和媒体实践、项目参与、各种赛事相结合。教学评价要重视成果汇报和成果的检验，还可以借助第三方力量（特别是业界）对教学结果进行评价。

六　“331 素质”培养的课程评价策略

1. 过关性评价

应用型人才培养的课程与教学评价要建立一个过关性理念，即实施专业核心能力的模块过关。以此激发教与学的动机，唤起自主学习意识，倒逼教学的效能。过关性评价可尝试教考分离，并引进业界力量和标准。过关性评价要依托课程线和“三模”结构，对课程的核心模块和重要模芯进行考核，并兼顾不同能力领域。

2. 表征性评价

应用型能力需要以相应的表征来呈现。前面强调教学的高结果，高结果的表征不应是一份单纯的考卷和一份随意的作业，而要是一个有价值的研究报告或是一个有质量的作品。教学结果的催生要从教学起点上设计，可以和国内外各种赛事、周边的各种项目相结合。尝试 CPM 模式，以 Product（产品）为核心，实现 College（学院）与 Media（媒体或传媒公司）的深度合作。

3. 过程性评价

应用型人才培养的课程与教学，强调以“实践”为中心。这个特点决定了学生需要对课程与教学过程高度参与，因此，对学生学习的过程性评价就尤为重要。

总之，“331 素质”培养策略从人才素质的内部构成角度，规定了新闻传播应用型人才的规格。与国内外典型培养模式比较，其特点为：强调 “结构性素质”本位，注重专业素养与人文素养的融合；同时超越了以往职业教育单纯的“技能本位”、“能力本位”的局限，又弥补了“素质本位”宽泛性上的不足。在具体的实施上，它是培养目标、课程体系、教学体系和评价体系等多个要素的统一。

培养一流“一带一路”国际传播人才的思考

杨　帆*

2013 年金秋，习近平主席在哈萨克斯坦和印度尼西亚提出共建丝绸之路经济带和 21 世纪海上丝绸之路，即“一带一路”倡议。5 年来，“一带一路”建设逐渐从理念转化为行动，取得了丰硕成果，对外显著提升了中国国家形象和影响力。但随着中国在国际舞台上发挥越来越重要的作用，一举一动所受国际社会广泛关注，这也对未来做好国际传播工作提出更高要求。2018 年 10 月 8 日，教育部、中共中央宣传部联合出台关于提高高校新闻传播人才培养能力实施卓越新闻传播人才教育培养计划 2.0 的意见，明确提出要“主动服务国家对外开放战略和‘一带一路’倡议，启动国际新闻传播本科人才培养试点工作，建立完善‘全媒体 + 国际 + 外语’课程体系，加强‘国情教育 + 国际视野’的社会实践和国际交流”① 等具体要求。站在新时代新起点，加强国际传播人才队伍建设，培养大批国际传播“预备队”和“后备军”，从而为提升我国国际舆论话语权奠定坚实基础，已成为我国新闻院校国际传播人才培养中的必然要求。

---

* 杨帆，女，重庆璧山人，重庆师范大学新闻与传媒学院（新媒体学院）副教授，主要研究领域：国际传播，比较教育研究。

① 中华人民共和国教育部网站：《教育部、中共中央宣传部关于提高高校新闻传播人才培养能力实施卓越新闻传播人才教育培养计划2.0的意见》，2018年10月8日，http://www.moe.gov.cn/srcsite/A08/s7056/201810/t20181017_351893.html，2019年3月6日。

一 “一带一路”倡议对外传播现状

自习近平总书记提出“一带一路”倡议以来，按照习近平总书记关于“坚持讲好中国故事、传播好中国声音”的宣传工作重要思想，各单位各部门大力推进“一带一路”国际传播能力建设，向世界展现真实、立体、全面的中国。例如国务院新闻办至今连续举办 8 期“丝绸之路经济带相关国家媒体负责人研修班”，新华社推出《你好，一带一路》系列微视频，国家信息中心专门建设了中国一带一路网，各地先后举办“一带一路”国际合作高峰论坛、海上丝绸之路非物质文化遗产展、丝绸之路国际艺术节等各类大型国际展览会议上百场，各层面的对外传播有力推动了“一带一路”深入各国人心。到目前，已有全球 100 多个国家和国际组织明确表示积极支持和参与“一带一路”建设，为深化国际合作以及探索全球治理新模式提供了新路径。

但与此同时，也有部分西方世界和“一带一路”沿线国家对此战略反应不一，特别是一些政客和外媒利用文化差异和西方话语语境主导下的国际舆论优势，对“一带一路”进行误读和误导，“中国威胁论”“新殖民主义”“中国霸权论”“中国版马歇尔计划”等各种歪曲提法近 10 种。虽然我国对此进行了有力驳斥和澄清，明确指出“一带一路”是合作共赢之路，但仍未彻底消除误解。

随着中国连续的经济高速发展，国家综合实力和影响力不断提升，一些国家不可避免对我国有所猜疑，进而采用观望态度是可以理解的。特别是美国当前发出的贸易战威胁，世界各国对中美滑入“修昔底德陷阱”表现出广泛担忧[①]。在这种国际环境下，对外宣传中国，讲好中国故事，从而为我国和平崛起创造更有利的国际环境显得尤为重要。我们在驳斥西方媒体不实报道的同时，同样也要正视自身在国际传播工作中的不足，例如我们的对外传播能力还不够强，国际传播话语权与国家综合实力不

① 李荣：《“一带一路”传播的误区及相关对策建议》，《教育传媒研究》2016 年第 3 期。

相匹配；传播方法还不够好，少有让国外老百姓喜闻乐见的报道；传播方式还不够多，新旧媒体的综合运用有欠缺，在部分国家尚未建立鲜活的中国形象。而这些问题的根源，最终都是和国际传播人才队伍建设相关，与我们培养模式与当前实际需求不匹配有关。

二　“一带一路”国际传播人才需求分析

“一带一路”倡议是建立在多国别、多民族、多宗教信仰的地缘政治和多元文化基础之上的国际战略，是建立在“和而不同”的合作多赢的基础之上的互惠互利的文化经济交流之路。“一带一路”倡议立意深远、内涵丰富，因而“一带一路”对国际传播人才的要求也有别于一般，需要的是具备良好政治素养、文化素养、能力素养等全方位素养的国际传播人才。

一是有坚定的政治站位。树立坚定的马克思主义新闻观，能从国家意志和全球治理新模式的政治高度去认识和理解“一带一路”战略，始终以新时代中国特色社会主义思想和党的十九大精神为指导，增强“四个意识”、坚定“四个自信”，具有举旗帜、聚民心、育新人、兴文化、展形象的政治自觉，始终把握好国际传播正确政治方向。

二是有扎实的人文功底。“一带一路”战略覆盖大半个世界版图，涉及近60个国家和地区，40亿人口，近40种官方语言，覆盖全球约64%的人口，历史、社会、经济、文化、经济与贸易等关系错综复杂。要求国际传播人才除要具备新闻素养外，还应对不同国家的风土人情、人文历史等有充分的了解，以应对来自内外环境、中西文明等方面的挑战[①]。

三是有复合的语言能力。不仅要精通基础母语和英语，还要具备对“一带一路”沿线各地语言复合能力。例如2016年12月31日成立的中国国际电视台（中国环球电视网）CGTN，作为我国“一带一路”对外传播战略中的重要平台，旗下包括英语、西班牙语、法语、阿拉伯语、俄语

① 金勇、崔玉娇、李正荣：《“四轮驱动”打造一流国际传播人才》，《传媒》2016年第24期。

以及英文纪录频道六个电视频道。而在其招聘信息中，要求精通至少两门外语、熟悉国情与外国文化、有外国留学及工作经历等。

四是具有全方位的专业技能。“一带一路”沿线各国经济社会发展水平层次不一，需要培养出善用“十八般兵器”的全媒化复合型新闻传播人才，具有交叉学科专业背景，具备新旧媒体运作能力，具备创新的逻辑思维能力、活动策划能力，以及具备适应各种环境的“全天候”作战能力等。

正是由于“一带一路”对外传播媒体人才需求强、要求高，而当前我国国际传播人才培养模式尚未对“一带一路”建设需求做系统研究，一定程度上造成“供需错配”的情况，也影响到“一带一路”对外传播效果。

三 “一带一路”国际传播人才培养现状

我国国际传播人才培养随综合国力提升而逐步发展。早于1982年，中国一些高校开设国际新闻专业本科教育[①]，并逐渐发展完善。以中国传媒大学本科广播电视专业（国际新闻传播方向）为例，其修业年限为四年，要求学生修满166学分，包括：基础教育课程54学分、专业教育课程50学分、部（校）级选修课程20学分，公共选修课12学分，实践教学环节30学分。其中核心课程为：新闻理论、传播学概论、电视采访报道、电视节目策划、高级英语、英语翻译、英语新闻采写、国际新闻编译、媒介伦理与法规等。本科阶段国际新闻专业培养方案有四方面特征：

一是强调学生的政治素质培养，例如在基础教育课程中开设了思想道德修养和法律基础、马克思主义基本原理概论、毛泽东思想和中国特色社会主义理论体系概论等课程，让学生了解新闻传播有关方针、政策、法规和伦理知识。二是强调学生掌握新闻学、传播学等基本理论和基础知识，了解国际政治、国际关系等。例如在基础教学课程中开设有形势与政策，在专业教育课程中开设有新闻理论、电视采访报道等课程。三

① 张恒军：《全媒体时代国际新闻传播人才培养的创新路径》，《传媒》2017年第6期。

是强调学生掌握新闻基本业务技能，要具有使用传播新技术的能力。例如在专业教育课程中开设有报刊编辑、电视画面编辑等。并且在实践环节特别强调了基本业务技能的应用，包括开设电视作品创作指导实践、多媒体作品创作指导等。四是强调学生要具备一定的英语听说读写译能力，具有国际视野。在专业教育中设置较大比重的中英语课程，包括高级英语、英语翻译、英语新闻编写等。五是强调学生要具备计算机应用和网络应用能力，具有一定的获取信息知识能力和新闻传播研究能力。例如在基础教育课程中开设了大学计算机、网页设计与制作、美学概论等课程。

2009 年，中国人民大学、中国传媒大学、清华大学、北京外国语大学和复旦大学五所高校开始创设国际新闻传播硕士专业，当年即招收首批 150 名学生（北京外国语大学及复旦大学后停止招生）。而五所高校课程设置直接吸收了《人民日报》、新华社、中央电视台等六家主流媒体建议，一般将硕士基本学习年限定为 2 年，采取“国情教育 + 融合新闻业务 + 外语 + 媒体实习”的培养模式[①]，培养的重点放在四个方面：一是掌握马克思主义新闻传播理论，遵循学术规范，遵守职业道德，二是掌握新闻传播学科的专业理论和操作知识；三是了解国际政治、经济、法律基本知识；四是具备较强的英文与中文新闻采编应用能力，熟练运用一门外国语言，熟练运用新媒体。而其培养目标也是让硕士生毕业后可承担媒体、政府、国际组织、跨国公司或教学研究机构的相关研究或者实务工作[②]。

通过对比各院校开设的国际新闻传播方向培养方案，其基本框架类似，大都采取理论教学 + 实践教学、基础课程 + 专业课程、考试 + 论文相结合的方式，但在内容的深度及要求上有差异。此种模式也是经过多年探索形成的新闻人才培养模式，具有一定的普适性。但总体而言，目前尚未有具体针对“一带一路”背景下的国际传播人才培养方案，这也

① 相德宝：《新媒体时代国际传播人才创新培养的目标和路径》，《对外传播》2015年第11期。

② 程曼丽：《关于国际传播人才培养的思考》，《对外传播》2014年第11期。

是造成“一带一路”国际传播存在不足和问题的原因之一。胡正荣教授就曾指出现有新闻教育存在“千校一面、千院一面、千系一面”的窘境[①]。

四 “一带一路”国际传播人才培养路径的几点思考

以国际传播人才培养问题和目标双导向，结合已有研究中对于国际新闻记者所需技能和素养的重要性调查数据[②]，主要包括 11 项技能（图 1），实际可归并为 6 个方面：政治意识、文化素养、语言能力、多学科背景、全媒体技能、媒体实战能力。

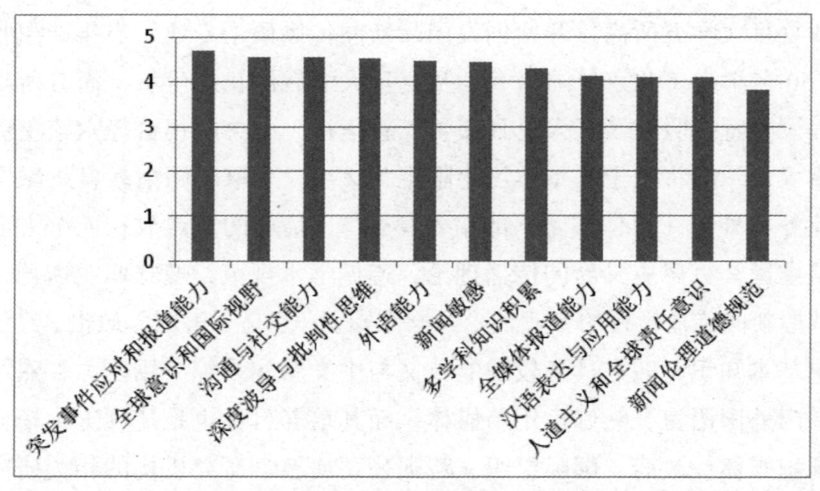

（1= 不重要　2= 不太重要　3= 一般重要　4= 重要　5= 非常重要）

图 1　国际新闻传播记者所需技能和素养

故可针对这 6 个方面的需求与不足加以完善：

一是进一步巩固和提升马克思主义新闻观教育水平。这是做好国际传播的首要前提和思想保障。一方面可新开设习近平新时代中国特色社

① 胡正荣：《全媒体时代的复合教育》，《新闻大学》2014年第2期。

② 刘昶、孟伟：《中国驻外记者的现状问题与培养研究》，《新闻学与传播学》2018年第8期。

会主义思想理论课程等，将已有习近平总书记最新关于新闻舆论工作的重要论述作为马克思主义新闻观教育的首要任务，并融入国际新闻传播的学习中，带动学生树立正确新闻观，为新时代新闻传播人才打牢思想基础。另一方加强国情政情的教育，提升坚守国家立场的能力，具备良好的全局观，并能从全局谋划一域，以一域服务全局。

二是加强学生跨文化素养的培养。既要知己又要知彼。一方面要培养坚实的中国文化根基，首先自身有中国文化素养才能具备传播好中国文化的能力。另一方面要培养学生对于“一带一路”国家的了解，培养和锻炼学生短时间内了解和熟悉他国文化的技能，使得国际传播工作更接当地“地气”。例如可在培养方案中增设欧洲文化史、阿拉伯文化史等选修课程；开展“一带一路”国家院校间国际交流访问、联合办学；充分利用好留学生社团，开展各项跨文化交流活动，开展各国文化周活动的等。通过多种方式创造机会让学生多了解“一带一路”国家文化背景。

三是提高英语＋小语种的能力。“一带一路”沿线有大量非英语国家，坚持“英语＋小语种”复合培养很有必要。具体可采取“英语＋小语种”的基础培养，并开设“英语＋小语种一＋小语种二”选修培养模式。例如可借鉴同济大学的本科“4+1”培养模式，即所有本科生可自由选择增加一年学制以学习德国，通过一年强化学习通过“TestDaF4 级”，从而为本科毕业后留学德国或者从事德语相关工作奠定基础。而上海外国语大学采取直接在29个语言专业中开设多语种国际新闻班的方式同样是有益尝试。

四是加强学生对“一带一路”背景专业素养的培养。“一带一路”内涵十分丰富，5 年来我国已在科学、教育、文化、卫生、民间交往等各领域与“一带一路”沿线国家开展了广泛合作。对此国际传播专业学生也应培养复合学科背景，加强跨专业领域学习，从新闻＋外语并重型国际传播人才培养向新闻＋外语＋跨学科的复合型国际传播人才培养转变。重点课针对“一带一路”合作相关领域，诸如基础设施建设、文化交往、科技创新等进行通识学习，提升专业报道能力，打破学科知识不足的瓶颈。

五是加强学生媒介技能的综合培养。在全媒体时代，学生应熟悉并掌握各类媒体技术，体现一专多能。应根据新闻题材的不同，采用创新的表现方式制作新闻。如重大活动现场直播，除了掌握电视直播、网络直播的基本技能之外，还应熟悉 VR 直播的基本操作。此外，利用教学实践环节，充分锻炼学生媒体矩阵运营能力，利用好校内、外各种公众号运营平台、微博平台等，锻炼学生写作和运营的能力，通过实战提升技能等。

六是重点强化学生对“一带一路”传播的实践运用。在校期间，应有意识培养学生对“一带一路”背景事件的叙事能力、采编能力、处理问题的能力等。例如在实践环节，具体针对某个“一带一路”事件进行模拟报道，并对比学习当地主流媒体对于该事件的报道，从而能用他国人民接受的方式讲好中国故事，也提高学生讲好中国故事的能力与视野，内知国情与外达世界相融合。

五　结语

“一带一路”是我国新时期全方位开放战略，是推行新型全球化和新型全球治理的合作倡议，还是融通中国梦与世界梦、实践人类命运共同体的伟大事业。做好“一带一路”对外传播，培养一流“一带一路”国际传播人才，是我们实施推进好“一带一路”倡议的重要保障。本文通过梳理“一带一路”国际传播人才现实需求，对比当前“一带一路”国际传播人才培养现实问题，从政治站位、文化素养、语言综合能力、复合专业能力、媒介技能、实践运用能力等六个方面“多管齐下”提出提升举措，着力破解“一带一路”国际传播中人才保障问题。而近年来，国内各新闻院校也日益重视国际新闻传播人才培养，例如 2015 年北京外国语大学新组建了国际新闻与传播学院，北京第二外国语学院在国内首创中国“一带一路”战略研究院等等，这些可喜的进步也必将推动我国国际传播能力再上新台阶。相信在共同努力下，持续推进的“一带一路”建设同时也会促进中外文化交流继续向深层次、全方位发展，也必将为推动世界文明繁荣发展、构建人类命运共同体发挥更为重要的作用。

“双创”背景下民办高校广播电视学专业的人才培养模式探究

刘　勇*

2014年9月10日，李克强总理在第八届夏季达沃斯论坛上的致辞中提出，借改革创新的“东风”，在中国960万平方公里土地上掀起一个“大众创业”“草根创业”的新浪潮，形成“万众创新”“人人创新”的新态势。此后，他在首届世界互联网大会、国务院常务会议和2015年《政府工作报告》中又多次进行阐释，由此，大众创业万众创新的新浪潮引发了社会各界的关注。

2018年9月18日，国务院发布的《国务院关于推动创新创业高质量发展打造“双创”升级版的意见》指出，强化大学生创新创业教育培训，把创新创业教育和实践课程纳入高校必修课体系。在“双创”趋势的背景下，政府要求高校加强就业指导和创业教育，这对高校人才培养模式的探索与改革提出了严峻的考验。

广播电视学专业虽然是实践性较强的专业，但传统的专业教育、知识传授，已经不足以适应媒介技术及媒体环境的迅速变迁，特别是在创新驱动的国家战略下，传统的广播电视学人才培养模式需要及时调整，否则将难以顺应“双创”时代的冲击。民办高校的广播电视学专业更是

---

* 刘勇，男，黑龙江哈尔滨人，吉林大学新闻与传播学院文学传播与媒介文化专业博士，辽宁理工学院广播电视学教研室主任，讲师，主要研究领域：伪满时期新闻传播史、传播学理论、新媒体。

要在教学实践中大胆尝试，敢于创新，摸索出一套科学合理、具有时代特色的人才培养模式。

本文所说的人才培养模式，是指“培养主体为了实现特定的人才培养目标，在一定的教学理念指导和一定的培养制度保障下设计的，由若干要素构成的具有系统性、目的性、中介性、开放性、多样性和可仿效性等特征的有关人才培养过程的理论模型和操作样式。主要包括人才培养理念、专业设置模式、课程设置方式、教学制度体系、教学组织形式、教学管理模式、隐形课程形式及教学评价方式等要素”①。

笔者曾在辽宁理工学院文法系工作多年，担任广播电视学专业教研室主任及专任教师，组织并参与了多次专业培养方案的修订工作，从调研、论证、教学实践到最终修订成稿，前后历经三年之久。因此，本研究结合广播电视学专业的培养方案修订及教学实践经验，从明确广播电视学专业的培养目标、完善课程体系、提高青年教师的实践能力、进行教学改革、创新考核方式、重视教学实践环节等方面来探究“双创”背景下民办高校广播电视学专业的人才培养模式。

一　民办高校广播电视学专业面临的现实困境

（一）培养目标定位不准

2012 年 9 月，教育部将广播电视新闻学专业更名为广播电视学专业，“学科专业方向更广，也突破了新闻传播学的传统框架”②，但其专业培养目标为培养具有广播电视学基本理论和宽广的文化科学知识，能在广播电视新闻宣传部门，从事编辑、采访、节目主持与管理等工作的新闻传播学高级专门人才。在“双创”高校人才培养机制下，这一目标定位不准，未体现出“双创”型人才定位要求。此外，广播、电视媒体目前

---

① 董泽芳：《高校人才培养模式的概念界定与要素解析》，《大学教育科学》2012年第3期。

② 王青、常维佳：《新媒体时代创新型新闻传播人才培养实践探索——以广播电视学专业教学改革为例》，《煤炭高等教育》2017年第3期。

已经逐渐转型，对于新媒体人才的需求较多，因此，对立足于培养应用型人才的民办高校而言，广播电视学专业的人才培养目标应该更加精准，与市场需求相匹配。

（二）课程体系不科学

广播电视学专业开设的理论课程较多，其中包括：中外广播电视史、广播电视概论、新闻学概论、传播学概论、新媒体概论、影视艺术概论、视听语言、媒介经营与管理等。这些课程虽然可以为实践课程提供理论基础，但所占学分较多，学时较多，理论知识更新速度慢，有的教材甚至多年未进行版本的修订与更迭，因此很难培养出学生的创新思维。此外，广播电视采访、广播电视写作、电视画面编辑、电视摄像、非线性编辑、电视节目策划、广播电视节目制作等实践性课程的教学中，教师依然以理论讲授为主，实践为辅，实践学时不足，因此难以提高学生的实际操作能力。

（三）师资队伍不专业

与公立院校相比，民办高校师资队伍存在诸多问题，如“民办高校教师年龄分布呈年轻化特点，80% 以上的教职工年龄在 40 岁以下，绝大多数为从高校毕业的硕士研究生”①，教师毕业后直接进课堂授课，缺乏实践工作经验。他们“专业知识储备不足、教学技能不够娴熟、教学经验欠丰富”②。另外，“师资配备不合理，教师的岗位变动频繁，多重原因共同造成教师缺乏教育创新性、积极性”③。同时，民办高校采用岗位聘任制，“从而导致民办高校留不住优秀人才，师资队伍不稳定，教师流失率高，直接导致民办高校难以建立高水平的师资队伍”④。教师在人才培养方面发挥着重要作用，在“双创”背景下，民办高校要提高青年

---

① 胡翠霞：《民办高校教师的压力源与对策分析》，《劳动保障世界》2018年第32期。

② 郭婧：《民办高校青年教师期望与现实的冲突及其化解》，《现代教育科学》2018年第11期。

③ 赵江：《民办高校教师进修培训权的保障问题研究》，硕士学位论文，华中师范大学，2017年，第1页。

④ 邱莹：《民办高校师资队伍建设存在的问题与对策分析》，硕士学位论文，华中师范大学，2018年，第24页。

教师的实践能力，为指导学生参与创业创新活动奠定基础。

（四）教学方法不合适

青年教师因为欠缺教学经验，往往采用讲授法进行教学，特别是理论性较强的课程，单一的讲授法难以激发学生的兴趣，加之民办高校的学生“很多是问题学生或者学困生，他们在综合素质上要比公办高校学生的差一些”[①]，学生在课堂上的参与程度较低，授课达不到预期的教学效果。“教师在教学过程中，尽管也会改革教学方法，在一定程度上的确能够提高学生的主动性和积极性，但对于学生实践能力的提高也只是杯水车薪”[②]，因此，教师要根据学生的实际情况及“双创”的要求，改革教学方法，将创新性教学方法融入课堂。

（五）考核方式不灵活

高校的期末考核方式多为平时成绩加期末成绩，这样单一的考核方式无法真实、科学、有效地衡量学生的实际学习水平，特别是理论课的期末试题，考查的多为学生死记硬背的能力，很难科学合理地在卷面上测试出学生的创新思维。民办高校培养的是应用型人才，仅凭期末试卷或期末论文给定成绩的考核方式是落后的、毫无创新的，特别是对于广播电视新闻学专业来说，需要开发出符合专业特点并能切实提高学生创新能力的考核方式。

上述问题均存在于笔者工作的辽宁理工学院广播电视学专业，该校前身为渤海大学文理学院，2014 年 5 月由独立学院转设成为民办普通高等学校，广播电视学专业为该校的“老牌”专业。自 2006 年开办以来，专业教师已先后根据教育部文件精神、市场需求、媒介环境变革等因素多次调整培养方案，但在“双创”的冲击下，培养模式依然存在较多问题。

该校转型后，虽定位于应用型高校，但其广播电视学专业的人才培养模式与公办院校的人才培养模式差别不大，特别是创新创业教育理念

---

① 孙玉、郭福：《民办高校教师职业倦怠归因分析及对策》，《中国成人教育》2018年第18期。

② 王筱：《“双创”背景下民办本科院校工商管理专业人才培养模式创新研究》，《知识经济》2018年第3期。

滞后、教师开展创新创业教育的意识和能力欠缺、创新创业教育体系亟待健全等问题广泛存在。因此，笔者与同事经过多年的教学实践探索，试图探究出符合专业特色，体现“双创”精神的人才培养模式。

二　民办高校广播电视学专业人才培养策略

（一）明确人才培养目标

人才培养目标回答的是“培养什么样的人”的问题，民办高校的广播电视学专业应明确人才培养目标，与公办院校的人才培养目标和就业行业、地域上形成差异，可在充分调研的基础上，对当地人才需求进行细分，根据社会发展和人才需求变化，在人才培养的定位上突出明显差异，为区域经济发展服务。为地方培养出具有一定的理论基础、知识面较广、动手能力强、综合素质高、富有创新精神、具备创业能力的应用型广播电视人才。

笔者与教研室教师进行了充分调研并听取了专家、学者、学生的意见，结合用人单位的人才需求及教学实践经验，经过反复修改，认真总结，最终将广播电视学专业的人才培养目标确定为：主要面向广播电台、电视台、新媒体等媒体行业培养具有人文社会科学素养、掌握新闻传播规律、知识面广、富有创新精神和创业实践能力的应用型人才。本专业毕业生可以从事广播电视节目策划、采访、写作、编辑、摄制、管理等方面的工作，也可在政府部门、企事业单位从事广播电视新闻宣传和策划工作，有创业能力的毕业生还可以进行与专业相关的自主创业。

（二）优化课程体系

目前，民办高校的课程体系一般为“将课程按照模块进行划分，如划分成公共课模块、专业基础课模块、专业课模块、专业选修课模块或独立实践模块”[①]。辽宁理工学院的指导性教学计划共分为通识教育必修

① 王筱：《“双创”背景下民办本科院校工商管理专业人才培养模式创新研究》，《知识经济》2018年第3期。

课、通识教育选修课、学科基础课、专业主干课、专业选修课、实践环节等六个部分。通识教育必修课为学校统一组织安排的公共课。通识教育选修课程中开设了创新与创业类相关课程。

在调整专业课程时，依据人才培养目标，合理分配理论与实践学时的配比。在专业基础课中，我们缩减了部分理论课程的学时，如新闻学理论、传播学理论、媒介经营与管理等课程由原来的每周 4 学时变为 3 学时，中外广播电视史由原来的每周 4 学时变为 2 学时，同时增加了计算机辅助设计及网络与新媒体概论的学时，由原来的每周 2 学时，增加到每周 3 学时。在专业主干课的调整中，将广播电视采访、广播电视写作、电视摄像、非线性编辑、广播电视节目策划、广播电视节目制作等课程的实践学时统一增加至 16 学时，重视提升学生的实践创新能力。实践学时要求教师指导学生进行创新性的实践活动，如广播电视节目制作课程的实践学时，由教师指导学生参与大广赛、学院奖等比赛，学生组成创新团队，创作、拍摄、制作影视广告、微电影、广播广告等作品，依据作品质量给定成绩，计入期末考核总成绩。

专业选修课分为必选课与任选课，共 16 门课程，其中，必选课分为影视艺术向及播音主持方向，每个方向 4 门课程，要求学生在第 5、6 学期，根据个人兴趣从两个方向中任选其一。第 7 学期则在其余 8 门课程中任选 4 门。专业选修课均与培养目标相对应，着重锻炼学生们的综合实践与创新能力。

为实践性较强的专业课程配备的实践环节，在每学期结课前一周，统一安排在实践基地或有合作关系的地方媒体进行，如创新创业实践、广播电视新闻采访实践、摄影艺术实践、微视频创作实践、电视节目策划实践、广播电视节目制作实践、播音主持艺术创作实践等，实践环节均以相应的理论课程为先导，为学生分配指导教师，全程参与学生的创新实践活动。与地方媒体合作的实践环节还邀请媒体的一线编辑、记者、主持人担任指导教师。

（三）提高青年教师的创新实践能力

青年教师是民办高校的中坚力量，在民办高校的教育教学环节中发挥着重要作用，“教师的素质是决定民办高校办学水准的关键要素”[①]，特别是在“双创”背景的指引下，教师的创新创业教育与指导能力显得尤为重要。因此广播电视学专业的青年教师要自觉提升教学能力，利用业余时间参与创新创业指导教师培训，通过指导学生参与“双创”比赛、参与学生的创业项目积累经验。

加强与地方媒体的合作，学校与媒体共建实践基地，邀请媒体从业人员走进课堂承担教学任务，教师走进媒体挂职锻炼，参与媒体采编工作，学校与媒体联动，着力提升“双师”素质。笔者所在的广播电视学教研室教师均在地方媒体中进行在职培训并参与媒体日常工作，提高业务能力的同时也为课堂教学积累了经验。我们还邀请多位电视台的一线记者为学生讲授广播电视采访、广播电视写作等课程，获得了较好的效果。

（四）改革教学方法

前文指出，民办高校学生的学习积极性较差，在课堂上运用讲授法进行教学无法吸引学生的注意力，学生与教师在课堂中容易形成对立，课堂缺乏活跃的氛围，这与广播电视学专业的人才培养目标相背离，因此要改革教师的教学方法，可以将翻转课堂模式引入课堂。翻转课堂指的是“为能使学生按照自己的学习进度在课前进行自主学习，然后在网络和课堂上师生共同进行问题解决，并深度拓展学习的教学模式”[②]。

翻转课堂模式中，教师的主要任务是在课前完成对翻转课堂的教学设计工作，将创新思维融入课程设计中，主要包括：选择与制作导学内容、规划自主学习内容、课内教学设计等。同时要引导学生改变学习方法，为学生分组并分配任务，课前观看教师提供的微课视频导学内容，并进行自主学习、团队协作学习。课上以学生为主体，以课堂讨论为主，学生以团队形式汇报学习成果，教师做点评及补充，激发学生的学习兴趣，

---

① 娄自强、王建伟、娄立志：《民办高校中青年教师教学能力提升策略》，《高等财经教育研究》2018年第4期。

② 于文浩：《“翻转课堂”的学习满意度——高校课程教学行动研究》，《开放教育研究》2015年第3期。

培养了学生们的科研创新能力及团队协作意识，有助于学生们的全面发展。

笔者曾在2016年的广播电视史课程中首次尝试翻转课堂，因该门课程内容较枯燥，学生又是刚进入大学的新生，且有近一半学生为理科生。为激发学生们的学习热情，笔者将他们分成小组，通过任务分配、角色分配充分调动学生们自主学习的积极性，要求学生用一周时间完成任务，彼此合作共同承担责任，在课堂上汇报学习成果。这种教学模式可培养学生沟通能力、协调能力及合作能力。最终，专业学生全部参与课堂讨论，期末考试仅有一名同学未通过考试，获得了较好的学习效果。后来，在2017级的广播电视史课程中，教研室的另外一名教师，正式使用了翻转课堂的教学方法，同样取得了满意的效果。

（五）创新考核方式

期末考试可以考查学生的学习能力，但难以考查学生的创新能力及创新思维，因此如何考核学生们的真实水平是“双创”型人才培养的难题。为此，笔者曾在多门课程中尝试创新的考核方式，将新技术手段运用于课堂考勤及期中、期末检测，例如学生用扫描二维码的方式签到，用微信参与期中测试等，激发学习热情的同时还节省了纸张，提高了工作效率。另外，创新期末结课考核方式，在2014级的播音主持艺术及影视表演等课程中，以汇报演出的方式结课，专业学生全部参演，教师根据学生的现实表现及作品质量给定期末成绩，锻炼了他们的节目策划、主持、表演、摄像、后期制作等专业实践能力，教学效果显著。

（六）注重实践教学环节

实践是培养应用型人才的重要途径。广播电视学专业应把实践教学作为培养学生实践能力和创新能力的重要组成部分。采取多种措施，逐步探索多种形式的实践教学模式，将一些实践课程安排在校内外的实践基地，将课堂实践教学活动延伸至课外活动。

校内加强校电视台、校广播电台、校报、校刊等校园媒体的建设，为学生提供课内外实践学习的平台，提高学生的专业技能。校外要加强学校与地方报业集团、广播电视总台的联合。除毕业实习外，还要注重课余时间的实习，利用实习的机会，尝试用自己掌握的广播电视领域的新理论、新技术帮助实习单位解决发展中存在的问题，帮助地方媒体在竞争中获得更好的发展。

学生可组成“双创”团队，参与专业实践教学活动特别是校内外“双创”比赛，以赛促学，通过参赛总结经验。如“挑战杯”全国大学生系列科技学术竞赛、全国大学生广告艺术大赛、中国大学生广告艺术节学院奖等。笔者组织学生连续多年参与这些比赛，获得了200多项大奖。同时，与教研室教师一同指导学生们自主创业，开办了摄影工作室、新媒体工作室，锻炼了学生的创新创业能力，为学生在就业方面增加优势，提高竞争力。

“双创”战略为民办高校的广播电视学人才的培养模式带来了巨大的挑战，人才培养模式的改革，是在反复探索和不断实践中逐渐总结出来的，这是一个长期的过程，要在明确精准的培养目标指导下，设置科学合理的课程体系，提高青年教师的创新实践能力，大胆进行教学改革，创新考核方式并重视实践教学环节。同时，民办高校的广播电视学专业除了要向学生传授专业知识及技能外，还应格外重视培养学生的创新精神与创业意识，帮助他们掌握丰富的实践经验，为创新创业打下坚实的基础，这样才可以培养出“双创”应用型人才。

影像创作教学中浸入式实践教学模式的代入与融合

——以《初心·使命》微动漫创作教学为例

王莉　刘博雅　思扬*

当代，受快速崛起的新科技与强势介入的后现代人文影响，艺术创作和艺术形态发生了深刻的变化。进入全媒体时代以来，以电子媒体、数字技术为特征的新媒体艺术极度活跃和丰盛，以声音、文字、图像复合传播的新媒体视听创作、作品被广泛运用到社会生活的各个空间和领域。如此开放新生的媒介创作生态，一方面促动了影视艺术教育实践更加主动、丰富地去尝试、获取媒介语言的习得经验；另一方面，也促成了“综合”视域出现在艺术教育中，并把其推向了跨学科融合发展的前列。

审视我们当下的艺术教育实践，它有其自身的规律和传统。围观我们的周边，无论是像“近邻”四川美术学院提出的“创作带动教学”、“以创作带基础”“带着问题进入学习的过程”，还是像“远亲”北京电影学院提出的“按照艺术人才的培养规律，建立以实践教学为核心的影视

---

* **基金项目**：本文为2017年度重庆市教委高等教育教学改革研究项目“‘双创’背景下高校广播电视编导专业产学联动培养模式创新与实践”（项目编号：173060）阶段性研究成果。

王莉，女，山西阳泉人，电影学硕士，重庆师范大学新闻与传媒学院（新媒体学院）讲师，主要研究领域：电影理论与电视栏目文化研究、纪录片创作。

刘博雅，女，四川富顺人，硕士，重庆师范大学新闻与传媒学院（新媒体学院）讲师，主要研究领域：新媒体艺术，媒介融合教学。

思扬，女，陕西杨凌人，硕士，重庆师范大学新闻与传媒学院（新媒体学院）讲师，主要研究领域：历史文化传播。

创作教学体系，在基础教学、专业教学、实践教学中贯穿电影创作的实践”，[①] 专业的艺术院校凭借浓厚的创作氛围、深厚的实践传统、精良的课程体系、优秀的师资力量和良好的生源质量，已经把艺术实践的育人观念和教育行为较好地融合在了一起。

然而对以重师大新闻与传媒学院影视系、新媒体系为案例代表的大多数综合性高校中的影视艺术专业来说，遵循艺术创作培养规律的实践教学仍然要面对诸多的尴尬和挑战。从影视艺术教育的特点、浸入式教学纳入教学研究后的实验研究结果和经验效果来看，浸入式教学模式有进入艺术实践教学研究视域的基础和条件，那么，它是否具备有转化为应用并解决问题的可能？宏观上，是否可以通过产学研的相互转化构建稳定真实的任务驱动，使师生共同进入实践创作的“场域”？在具体创作中，是否可以通过对艺术影像叙事特性的把握来建构影像表达的创作语境，从而在实践创作的过程中使学生潜意识里培养巩固剧作思维和画面声音的思考创造能力，完成视听语言系统的建立？在最终的应用效果中，是否能以“对新媒介语言的习得为教学核心的探索和实践”来实现影视实践教学质的飞跃？

由此，我们基于过去几年的影像创作教学经验和实践课程改革基础，在学院 2018 年策划、创作的《初心 · 使命》十集微动漫系列片项目中，尝试代入了浸入式实践教学模式的理念和方法，取得了不错的效果和反馈。以下就是对这次创作教学行为的梳理、思考和探讨。

一　影像创作教学的观念和特质

作为艺术教育的分支，高等影视教育承袭了艺术学科本身的特点，主张对人的创造性施教，更加注重人才培养过程中学生的个性发挥、创新意识的培育和实践技能的培养。这就使得影像创作观念的树立和影视技艺的磨炼与习得成为我们整个影视教学的核心。

① 籍之伟：《北京电影学院培养影视艺术人才的做法和思考》，《北京电影学院学报》2009年第4期。

教育研究认为，艺术人才的培养和教学过程有其特殊性，“不是一种单纯的理性化、程式化的教学过程，它需要有一种语境、境遇，遭遇各种各样的问题，需要各种条件和艺术实践，需要有对现实生活的真实感受和社会理解，需要有良好的悟性和社会机遇”，[①]才能实现对于艺术创造能力和技艺的培养与提升。

现有高校的影视艺术专业实践教学体系中，多以文本写作、摄像基础、电视编辑等技能性课程构筑学科基础课程，以影视制作实务、画面创作、影视剪辑、导演基础等课程构建专业核心课程，以影视照明、录音、包装、动画等构建专业方向课程，这些实践课程的目标是单项技能的习得和经验技巧的掌握，然而由于单项技能习得的孤立性以及对创作环节的切割，使习得过程难以投映到完整的影视创作体验中去，在语境、情境和问题的设定上，就显零散和单薄，难以获得和不断验证掌握影像技能习得的深度经验和技巧，更难以构建起系统、清晰的影像思维和表达。

从几年前开始，我们的实践课程教师开始寻求联合，以期通过对实践课程的设计和规划来解决问题。比如课程的联合，画面创作课程可以和影视照明技术课程形成联动，在共同搭建的影像创作情境下完成各自部分的教学实践和体验，丰富实践内容，提升实践效率和水平，实现互补与融合。再比如联合的课程，我们的广编专业尝试把摄像、录音、后期剪辑等技能性学习统一归入一门综合性的视频制作基础课程，在课程内部进行教师教学资源的匹配和协作，实现各项技能实践环节的衔接式教学。

从这两年联合实践教学开展的情况来看，一方面，学生专业技能习得的汇通和延展性获得引导，专业理解能力得到提升，呈现出良好的培养效果；另一方面，它更多依赖实践课程教师自发性的发动和参与，尚缺少目标明确的、有真实情境的任务驱动，仍需更多联合、更加完整的创作过程，以及教学、科研、创作间尚不能有效的转化和依存。这使得在实践教学的创作延续、创作语境的进入和沉浸、教学成果的产出和呈

① 李都金：《关于高等美术教育教学特点与规律的认识》，《美苑》2010年第4期。

现以及实践教学质量的把控和评价等方面都困难重重，形成了阻碍教学质量提升和专业人才培养的瓶颈。这些瓶颈，需要我们用更多的摸索和实践来打破。

二　浸入式实践教学的理念和代入

20世纪60年代，浸入式（Immersion）教学创始于加拿大，最初是语言学中用学习者非母语的语言作为直接教学用语（School Language）的教学模式，它强调学生通过学科内容而不是通过正规的语言教学来学习语言，即第二语言不仅是学习的内容，而且是学习的桥梁和工具。

浸入式教学获得了语言学、认知心理学和教育学的支持。20世纪80年代，美国著名语言教育学家史蒂芬·克拉申在他的第二语言习得研究中提出了关于语言习得的五大假说。他认为语言的获得是一种自然的、无意识的学习过程。在输入假说（The Input Hypothesis）中，他提出语言习得是通过理解信息，即通过接收“理解性输入”而产生的，学生要先“获得意义”，再从中习得语言结构。“输入假设要求输入必须含有i+1才有利于语言获得。其中i表示学习者现有的水平，1表示稍高出学习者现有水平的语言知识。如果学习者在习得过程中大量接触i+1的语言材料，学习者便会在理解信息的同时，自然而然、不知不觉地习得新的语言知识”[①]。并且，在语言输入的过程中，输入的语言信息必须是真实的，只有在真实的语境中才能实现语言的习得和交流，“才能排除母语的干扰，达到音、形、意的一致”[②]。从而避免母语和第二语言间的对比和互译，降低语言习得的难度。浸入式教学在加拿大本土的实践和应用获得了非常积极的效果和评价，被世界各国广泛地关注和引入，成为近几十年来最有成效、最有意义的第二语言教学模式。而我国自20世纪

① 李莉：《克拉申第二语言习得理论述评》，《郑州大学学报（哲学社会科学版）》1997年第4期。

② 罗立胜、李子男、葛岚：《克拉申语言输入说与外语教学》，《清华大学学报（哲学社会科学版）》2001年第4期。

90 年代末正式把浸入式教学纳入教学研究后的研究结果表明："语境的设置、问题的提出、师生互动、生生合作等能提高学生的学习兴趣，达到良好的教学效果。"①

影像创作教学中的浸入式教学模式代入，力求建立的是以视听语言为直接教学用语的教学模式。在过程中，我们主要强调以下几个原则：一是沉浸原则。师生共同进入真实任务的实践创作"场域"，构建有一定周期性的稳定的创作环境。二是互动原则。创作学习需要一个特定的环境，学生在这个环境中成为其中的一员。在创作学习过程中，老师跳出项目组织和指导评判者的身份，亲身参与实践创作，以此调动学生的积极性。同时，转变传统的教学思维，创造以学习者为中心的自主学习环境。三是学习中对认知结构和视听语言应用的迁移与建立。在具体的创作教学中，弱化语言、文字的线性思维表达，强调以图像、声音的叙事和表达来建构影像表达的创作语境，培养巩固学生的剧作思维和画面声音的思考、创造、应用能力，从而完成视听语言系统的建立。在最终应用效果上，以对新媒介语言的习得为核心的探索和实践，实现影像实践教学质量的提升。

三　浸入式实践教学的实施与挑战

《初心·使命》十集微动漫系列片是我院受学校组织部委托，于2018 年度策划、创作并完成的项目。基于过去几年影像创作教学的经验和实践课程改革的基础，该项目在创作过程中组建了小红星工作室，启动了教师协作团队和学生创作团队，以项目指导联合课程教学的方式完成。因为是党员教育课件制作，涉及题材、内容的指导把关和史料的配合搜集与整理，教师协作团队以影视系、新媒体系的 5 名技术骨干教师和 2 名党务工作专职教师组成。创作以《新时代高校党员教育路径探索与创作育人实践》等 5 个校级重点党建课题为依托，整合了《数字图像

① 马威艳：《国内第二语言浸入式研究近十年回顾》，《辽宁教育行政学院学报》2009年第5期。

设计》《Flash 交互设计》《语言表达技巧》等多个课程资源，吸纳和集合了数字媒体技术专业和广播电视编导专业数十名同学参与实践创作。2019 年 1 月，该系列片获得重庆市委组织部“2018 年全市党员教育课件评选一等奖”。

（一）核心内容与教学思路

影像创作教学中浸入式实践教学模式的代入，本质上是“非理性化”教学过程中，语境、境遇、问题的设定和遭遇。更核心的问题，是认知结构和视听语言应用的迁移与建立。在《初心·使命》微动漫系列片的创作项目中，我们设计的是师生共同进入动漫系列片创作的“场域”，共同参与实践创作。项目集合的是影视系、新媒体系的技术骨干教师，和以上两个系科相关专业的本科二、三年级在读同学，创作教学建立在《数字图像设计》《Flash 交互设计》《语言表达技巧》等多门课程资源授课开设的基础上。对于教学思路的梳理，主要有以下几点：

1. 在创作教学过程中，教师大量减少前期理论经验性的陈述和步骤式的技术操作讲解，结合项目中影像创作的内容和流程，充分运用视听语言进行教学和引导。学生成为创作教学的主体，广编专业学生通过参与主题构思、文本写作、脚本配音，数字媒体艺术专业学生通过参与人物场景形象设定、平面美术设计、分镜设计、动画合成等一系列环节的创作实践，建立他们的影像思维意识，习得各自专业所需的创作经验和技能技巧。视听语言学习与内容创作融合成为教学的主要形态。

2. 学生作为创作教学主体，教师成为共同创作、教学、引导、把关的角色既能够让生生、师生之间在创作境遇、问题中加深互动和关照，也能从学生的个体出发，引发他们对于影像的探究趣味，激发他们的创作思考，追求创作的差异化、个性化和多元化，从而实现艺术教育差异化的教学诉求。比如系列片中《张思德：全心全意为人民服务》一集，不同的两组同学完成的两稿人物场景设定、平面美术设计和分镜设计的风格和思路就大不相同，一稿事无巨细地交代了细节图景，力求许多画面场景还原故事；另一稿则倾向于简洁凝练、色调浓郁的视觉传达，在较为流畅的画面节奏中完成时空转换。这固然需要教师在项目实施过程中整体把握和协调，但另一方面，对于形成生生、师生共同创作研究的氛围和情境是很好的实践和探索。

3. 在项目制教学与实践课程教学，课程边界和专业属性上，进行了交叉与融合。这次项目执行中，我们没有完全依托单独的项目制教学或者单独的实践课程教学来进行创作。而是根据创作教学的实际情况进行调整和资源整合，我们根据影片制作流程和环节来确认带队指导老师和各自分工，在不同阶段逐级启动团队人员，依据每个制作环节的不同需求和特点来确定适合的实践创作指导方式和组织形式，首次把实践课程、科研项目和艺术创作三方资源进行整合和转化，把高校思政教育和影视、新媒体系相关专业教学实践进行跨领域跨学科融合，对广播电视编导专业和数字媒体艺术专业的本科实践教学进行了符合创作规律的跨专业跨方向整合，使创作和教学行为能够合理、顺畅地执行和开展下去。

（二）方案设计与教学组织

以《初心·使命》微动漫系列片创作项目为例，有关影像创作教学中浸入式实践教学模式的代入，我们从以下几个方向进行了教学思考和方案设计：

1. 教学对象的选择上，以需为主，兼顾普适教学的人群。因为该项目是受校方委托承制的真实的创作任务，有严格的完成时间和计划，以及较高的制作要求，所以在教师团队和学生团队的搭建上，首先考虑的是按需招募。主题构思、文本写作、脚本配音是按照相关教师＋少量学生，创作、教学个别辅导的方式进行的。美术、分镜及动画的创作则纳入到当期开设的相关课程中，由课堂教师指导把关，学生组成创作小组来进行。这样，可以及时、有效地获取学习情况和创作信息，有针对性地制定教学指导的对策方法，也可以更准确、快速、直接地观察和了解学生创作学习的情况与问题，及时对他们进行纠正和引导。

2. 范式学习与个性化创作培养相统一。掌握影片的创作叙述范式是教学的基本出发点，更何况这是一个系列片的创作项目，更需要在叙述风格和样态上保持一定的统一。教师在创作教学前期就创作归纳和确定作品基本的形态和风貌，从文本、配音、人物设计、美术、动画风格上总结出一定的标准和样式，以供参照和学习。学生在揣摩和实践中掌握视听语言的基本语素和范式规律，在创作中加以应用和发挥，最终实现范式学习基础上个性化的创新表达。

3. 多角度的影像叙事思考以及视听语言应用的充分实践。在创作教学过程中，教师除了必要的参与、指导和把关，不过多干预学生的创作思考和实践。学生能够进入完全真实并且相对独立的创作语境，驱动其积极主动的思考和解决问题。特别是从构思到实现，是一个不断反复、磨合尝试、践行的过程，也是一个不断遭遇、解决、升华的过程，对于影像思维的建立、视听语言的习得，都会是一个巨大的锻炼和进步。

（三）教学成果及评价设定

以真实任务驱动的浸入式教学实践，一方面，可以以真实任务的创作目标及作品质量和完成度作为考核标准；另一方面也可以在课程教学中有完整的形成性评价记录作为对于过程考核的依据。《初心·使命》影片创作项目最终形成了每集 3 分钟共十集的微动漫系列片，作品报送后获得重庆市委组织部“2018 年全市党员教育课件评选一等奖”，在重庆党员教育频道播出，获得了不错的反响。学生在此过程中建立起了对于整个项目创作实施的观念和意识，较好地习得和应用了视听语言进行思考和创作，培养和锻炼了剧作思维和影像思维，较为充分地延展了其个性化创作的能力。

四　创新解决浸入式教学问题与难点的思路和关键

浸入式实践教学模式进入影像创作教学中还存在诸多的问题和难点，比如影视专业实践教学中浸入式教学模式的方案设计、实施与反馈，以及浸入式教学模式应用过程中的功能和效果考核评估。

针对影像创作教学中浸入式实践教学模式的方案设计问题，一方面要考虑到影视专业人才培养的特点和难点，另一方面要考虑如何充分发挥浸入式实践教学模式的功能。在研究方案设计的过程中，需要充分调研考察影视专业特别是综合性高校的影视专业中，人才培养特别是实践教学环节的现状和问题。把对问题和症结的思考与解决纳入通盘的方案设计考量中，建立起既有宏观又有微观的视野。

针对浸入式实践教学方案的实施与反馈问题，我们的《初心·使命》影片创作项目在实施之前就已经进行了长时间和多次的时间尝试与磨合，并及时做好了项目驱动的前期准备，比如真实的创作任务，较为充足的创作资金和创作周期，优化的流程控制，实践教学能力出色的教师，跨学科跨专业跨方向联合创作教学研究的经验，项目带入课程的实际经验等等。在这样的基础上，其应用和实验的展开是有充分保障的，并且实施过程中每一个环节的问题都能得到较有经验且及时的处理和反馈。

针对浸入式教学模式应用于影视专业实践教学的功能和效果考核评估，我们可以通过产出和呈现的创作实践教学成果和形成性评价记录来完成。同时，建立收集起完整的创作档案和资料。在对浸入式实践教学模式的实施效果进行考核和评测时，可以将教学应用的结果放入历时的标准中比较。（如果有多个以上的教学班级，涉及同一门课程，也可以用共时的标准去比较。）对于实践创作学习的主体——参与项目的影视系和新媒体系的学生，则可以通过问卷和座谈的形式搜集他们的反馈意见，使其逐步完善和成熟。

五　创作与教学反思

以《初心·使命》微动漫创作教学为例的浸入式实践教学模式代入是在学院过去几年基于真实任务驱动的实践教学创作尝试和广播电视编导、数字媒体艺术等专业的实践课程改革基础上进行的，有比较丰富的前期实践基础和思考，在产学研联合转化、跨学科跨专业跨方向项目实施和创新性应用等方面具有经验和优势。浸入式教学作为一种语言符号习得的教育方式已经逐渐从语言学科的单一研究中走了出来，进入了教育研究更广阔的视域，引发了更广泛深刻的关注和思考。

由于艺术教学学科本身的特点，决定了其在知识传授、教学手段与方法，教学管理、教学成果呈现、教学评估等各方面都有其特殊性。这些特殊性一方面把以影像思维和技能习得为内容核心的实践教学推崇到了极高的地位，另一方面又暴露出了现实语境的实践教学中面临的问题和瓶颈。

浸入式实践教学方式的代入，设计的是师生共同进入同一块“场域”实践创作的情境，主张的是影视视听语言与内容融合的教学与习得。它“试图转变教学主体，将既往的以教师为主题的授课机制转变为以学生为主体，教师引导的互动性教学机制”，“形成探究式的师生学习共同体”。[①]在创作过程中，适时适量把创作任务引入课程的内部，顺应创作的规律和流程，突破学科方向和课程的边界，培养超越单一技能习得的影像思维和习惯，构筑起立体综合的影像观念。在此基础上，浸入式实践教学的开展能够逐渐成熟和丰厚，对于教学对象的把握和引导更有针对性，学生对于视听语言的应用与习得更为流畅自然，个性和风格更为凸显，由此，在潜移默化中获得影像学习的深度经验和技巧，构建起清晰的富有创造力的影像思维和表达。这也是影像创作教学中浸入式实践教学摸索、研究者期望达到的意义。

① 王蓓：《“图像浸入式”教学创新模式的实践研究——以动画分镜与剧作设计课程为例》，《重庆科技学院学报（社会科学版）》2018年第6期。